Harvard Business School Press

Innovator's Guide to Growth:
Putting Disruptive Innovation to Work

イノベーションへの解
実践編

イノベーターの確たる成長に向けて

スコット・アンソニー／マーク・ジョンソン／
ジョセフ・シンフィールド／エリザベス・アルトマン 著
クレイトン・クリステンセン 序文
栗原潔 訳

SE
SHOEISHA

イノベーションへの解　実践編

装幀 戸田ツトム

The Innovator's Guide to Growth: Putting Disruptive Innovation to Work
by Scott D. Anthony, Mark W. Johnson, Joseph V. Sinfield, Elizabeth J. Altman

Published by arrangement with Harvard Business School Press, Massachusetts
through Tuttle-Mori Agency,Inc.,Tokyo

本書を推薦する言葉

本書をまず最初に自分で読み、次にチームの全員が読むことをお勧めする。安易な選択による失敗を避け、困難だが正しい選択を行なうために本書を是非活用していただきたい。

カール・ロン（プロクター・アンド・ギャンブル・ヘルスケア社 新規事業開発バイス・プレジデント）

画期的な学術的思想と現実的なアドバイスを的確に組み合わせることに成功した本書は希少な存在だ。すぐにも実行可能な信頼できる概念が豊富に提供されている。

ビジェイ・ゴビンダラジャン（ダートマス大学タック・スクール・オブ・ビジネス教授
ゼネラル・エレクトリック社 駐在教授兼チーフ・イノベーション・コンサルタント）

今日の環境では、ビジネスを改良していくだけでは十分ではない。ビジネスを改革することが必要だ。本書では、破壊的動向が顕著な時代において企業を最先端に位置づけるための実践的な解決策が提供されている。

マイケル・マネス（ガネット社、デザイン・アンド・イノベーション、バイス・プレジデント）

イノベーションへの解　実践編　目次

序文――破壊的イノベーションを振り返る

クレイトン・クリステンセン

正しいとされてきた経営規範が破壊的変化を活用しようとする企業の障害になってしまうことがある。そのような研究を書籍として初めて出版してから、すでに一〇年以上が経っている。単純で、便利で、安価なイノベーションが、多くの業界において、一見したところ不敗に思える市場リーダーを打ち負かして来たことを私の研究が示してきた。

過去一〇年間、イノサイトの現場経験が私の学術的研究をより強固なものにしてくれた。イノサイトは、二〇〇〇年に私が共同創設したコンサルティングと経営者向け研修を行なう会社である。私とイノサイトの仲間たちは、数十社もの革新的企業や起業家たちによる強力な成長事業の創成を支援してきた。さらに、志をともにする多くの研究者や実務家とも協力してきた。ブリガムヤング大学マリオット・スクール経営大学院のジェフリー・ダイヤー、アモス・タック経営大学院のビジェイ・ゴビンダラジャン、メルク社前CEOのレイ・ギルマーティン、リチャード・フォスター（同氏によるイノベーションに関する初期の研究、および、S字曲線とテクノロジーの不連続性が競合にもたらす影響に関する重要な研究結果は、私自身の研究にも大きな影響を与えた）、アロー・エレクトロニクス社前CEOのスティーブ・カウフマン、レッグ・メイソン・キャピタルのマイケル・モーブッサン、そして、コダックのデジタル事業を数年間統率してきたウィリー・シーなどの人々である。※1

過去数年間にイノサイトが大きな成果を上げたことを嬉しく思っている。私がイノサイトを創設したのは、私自身の頭脳だけでは限界があることを知ったからだ。破壊的イノベーションのパターンは私にとって極めて明瞭であるが、（特に大企業において）新たな成長事業を実際に立ち上げることの真の難しさが過小評価されてしまう可能性がある。イノサイトが破壊的イノベーションの理論を現実に適用しやすくしてくれたことで、破壊的イノベーションに関する知識体系は大きく拡充した。本書は、イノサイトにおける三人の仲間、そして、志をともにする経営者により執筆された。本書の目的は、企業のマネジャーや起業家が破壊的イノベーションの理論をさらに容易に活用できるようにすることにある。

私の仲間たちにペンを渡す前に、新規成長事業の成功を妨げる四つの重要なパラダイムについてまとめ、企業の変革に必要とされる主要な要素について私の考えを示したい。

■欠陥パラダイム1：常に最良の顧客の声を聞く

『イノベーションのジレンマ』の中核にある考え方は、自社の最良の顧客の声に集中する企業が、新規成長事業の機会を逸してしまうことが多いということだ。要求が厳しい顧客の声を聞くことには大きな価値がある。厳しい顧客からのフィードバックにより、企業は高価格を設定し、魅力的な利益率を維持し、競合他社を打ち負かすための方向性を決めることができるようになる。しかし、地位を確立した企業は、自社の最良の顧客のニーズにのみ対応してしまう傾向があるため、将来の破壊的イノベーションによる中核事業への影響を把握することが困難になってしまうのだ。※2

最良の顧客の声だけにフォーカスする企業は、主流の顧客にとって過剰に優れた製品やサービスを提供してしまう結果になりがちだ。このような「過剰満足」状態は、単純で安価なビジネスモデルで武装した破壊的イノベーターに絶好の機会を提供してしまう。一見したところでは、ローエンドの市場で破壊的イノベーターに対抗するよりも、ハイエンドの顧客に対応するほうが魅力的にみえる。ゆえに、利益を最大化しようとする企業はハイエンド市場に逃げようとする。多くの業界において、このようなパターンの結果、市場リーダーがハイエンドの市場に押し込められてしまい、破壊的イノベーションによる成長の機会を逸するという結果になっている。さらに、要求の厳しい顧客にのみ集中することは、企業がローエンドの市場や「非消費者」（製品やサービスを消費しない人）における一見些細な市場機会を見失うことにもつながる。

この欠陥パラダイムに当てはまる破壊的イノベーションの古典的事例は、数多い。たとえば、統合製鋼メーカーに対する「ミニミル」（小型製鋼メーカー）、デパートに対するディスカウント・ストア、ミニコン・メーカーに対するパソコン・メーカーなどである。

■欠陥パラダイム2：市場のセグメンテーション

私の考えでは、ほとんどの企業における市場のセグメンテーションのやり方は間違っている。これらの企業はイノベーションがもたらす真の機会を見つけられていない。「用事」という概念、すなわち、顧客は製品やサービスを買うのではなく、生活における「用事」を片づけるために製品やサービスを「雇う」のであるという概念は、従来からあるセグメンテーションの手法に代わる優れた方式だ。[※3]

一般に、企業による市場セグメントの定義は、開発する製品、製品の機能、市場への製品の投入方法に影響を与える。[※4] 一般的なセグメンテーションのやり方では、誰を競合他社とみなしているか、そして、市場機会はどの程度の規模と考えられるかを定義する。ほとんどの企業は、製品の特性（カテゴリーや種類）あるいは顧客（年齢、性別、未婚・既婚、地域、収入）に基づいて市場を分類する。企業間取引を行なう企業では、業界や企業規模により市場を分割する。このようなセグメンテーションの手法における問題点は、それが静的であるという点だ。顧客の購買行動は、人口動態データ（デモグラフィックス）、サイコグラフィックス（価値観）、個性などよりはるかに速く変化する。たとえば、消費者向けのマーケティングでよく使われる一八歳から三四歳という年齢層の定義も実際には一七年間の幅がある。教育レベルは通常三〇歳までに確定する。個人の年収は多少変化するが、数年間はほぼ一定であることが通常だ。このような人口動態データでは、なぜある人がある晩に異性と映画館に行き、次の晩にはオンライン・レンタルビデオのネットフリックスから借りたＤＶＤを観るためにピザを注文するのかを説明することはできない。

製品の特性や顧客の特性は顧客の行動の指標としては適切ではない。顧客の視点から見れば、それらが市場を構成しているわけではないからだ。顧客による購買の意思決定は、人口動態データにおける「平均的顧客」と一致するとは限らない。また、顧客はソリューションをその製品カテゴリー内だけで求めるとも限らない。

片づける必要がある「用事」があるときに、顧客はそのために製品やサービスを「雇う」という考え方を採用すべきだ。ゆえに企業は、自社の製品が「雇われる」目的となるような、顧客の生活における「用事」を理解する必要がある。すなわち、市場のセグメンテーションや分析の基本的単位とすべきなのは顧客や製品ではなく、「用事」だということだ。

マーケティングの歴史における大成功のほとんどは、顧客が片づけようと考えている「用事」をうまく感じ取ることができ、より多くの人がその「用事」を効率的に、便利に、そして安価に片づけることができる方法を見つけ出したマーケティング担当者によって実現されている。その一方で、失敗ケースは、同じカテゴリーの他の製品よりも優れた機能を有する製品を開発したり、人口動態データの平均的顧客が何を求めているかだけを分析したりした結果であることが多い。片づけなければならない「用事」を理解することの重要性は大きい。

■欠陥パラダイム3：サンク・コスト

欠陥があるパラダイムの三番目は、将来の投資を評価するときにサンク・コスト（埋没コスト）は考慮すべきでないという考え方だ。この考え方は、攻撃する側の企業に大きな優位性を与えてしまい、破壊的イノベーションによる攻撃に対応しようとする既存企業の足かせとなってしまう。

この考え方の基本は、マネジャーはイノベーションの投資に必要な将来の現金支出（資本であれ、経費であれ）だけを比較し、その出費を将来得られる可能性があるキャッシュ・フローから差し引き、結果を割り引いて正味現在価値とすべきということだ。このアプローチは理にかなっているように見えるが、同じ投資が、攻撃側の企業にとって魅力的に見え、攻撃されている側の既存企業にとって魅力がないように見えてしまう可能性がある。これは、「イノベーションのジレンマ」を悪化させるだけだ。

たとえば、小型製鋼メーカー（ミニミル）による破壊的イノベーションに対抗しようとする統合製鋼メーカーにとって、以下の二つの選択肢があった。同様な小型高炉を作って競合するか、既存の高炉の空き容量を使って低コストの製品を生産するかである。限界利益率を最大化すると選択した場合、企業は常にまず遊休容量を埋める方向に動く。この考え方に忠実に、統合製鋼メーカーは長期的な平均コストを下げるために新たな製鉄所を作るという案を却下した。この一見理にかなった意思決定により、ミニミルは破壊的イノベーションをさらに推進できることになった。[※5]

攻撃側の企業が優勢になりつつあるときには、攻撃される側の企業の経営者は自社の投資分析を攻撃側と同じ方法で行なう必要がある。これが、攻撃者の視点で状況を見る唯一の方法であり、攻撃者の成長計画に先手を打つ投資を行なわなかった場合の結果を予測できる唯一の方法である。

破壊的イノベーションの力を最大活用しようとする企業は、このような欠陥のある財務管理のパラダイムにより、非生産的な方向に進んでしまわないように十分に注意する必要がある。たとえば、正味現在価値による分析を行なっている場合には代替のシナリオを考慮することが重要であり、短期的

な投資効果が得られない戦略的プロジェクトから人材が流出している場合には報酬の体系を再考すべきだ。[※6]

■欠陥パラダイム４：コア・コンピタンス

企業は、自社のコア・コンピタンスとみなされる要素に基づいて多くの意思決定を行なう。四〇年以上前に、経営学者のセオドア・レビットは、企業が自社のコア・コンピタンスを誤解しているために成長の機会を逸しているケースが頻繁に発生していると指摘した。[※7] その四〇年後でも、残念なことに、多くの企業が同様の誤解による間違いを繰り返している。

これらの間違いには多くのパターンがある。企業の中核製品におけるイノベーションを推進するプロセスにより、新たな構造のイノベーションが阻害されてしまうことがある。[※8] 企業が、その時点では二次的な付加価値活動とみなしていた業務をアウトソースすることで、アウトソーサーが将来の成功に必要な能力を手に入れてしまうこともよく見られる。[※9] さらに、企業が自社のマネジャーの真の意味でのコンピタンス（強み）を理解できないこともある。中核事業で必要な結果を出すという点では十分に信頼できる経験を積んだマネジャーが、新規事業の立ち上げに適格でないこともある。[※10]

■変革の推進方法

イノベーションを通じた成長を追求するマネジャーは多くの障害に直面する。過去の常識は、静的な環境では通用するが、環境自体が変化している場合には通用しない。この変化は、新規参入企業にとって有利に働くため、既存企業は破壊的イノベーションで成功するために必要な組織構造の構築に精力を傾けなければならなくなる。

このような課題は『イノベーションのジレンマ』で述べた基本的推奨事項を裏づけるものだ。つまり、破壊的イノベーションを実現しようとする既存企業は、イノベーションを行なう社内ベンチャーに対して大幅な自立性を提供しなければならないということだ。[※11] 破壊的イノベーションのプロジェクトを中核事業運営の中に押し込むことは失敗につながるだけである。

しかし、破壊的イノベーションの能力を身につけるにはこれだけでは十分ではない。破壊的イノベーションの変革の力をフルに活用したい企業には、共通言語の確立、イノベーション・プロジェクトのタイプごとに異なった手法の適用、そして、多様なアプローチの価値を示すデモンストレーション・プロジェクトが求められると私は考えている。

共通言語

破壊的イノベーションの研究において最もよく知られた事例の一つに、一九九〇年代において、インテルがローエンドのマイクロプロセッサー・ビジネスでの脅威に対抗したケースがある。この事例では、共通言語という要素が重要な役割を果たした。一九九〇年代後半に、私はインテルに二〇回ほど出向き、およそ一〇〇人のマネジャーに破壊的イノベーションの原則と用語について研修を行なっていた。セッションを繰り返している途中で、インテルは最もローエンドの市場で競合するために、セレロンという機能を限定した低価格プロセッサーを市場に投入した。セレロンは、AMD（アドバンスト・マイクロ・デバイセズ）やサイリックスの破壊的イノベーションによる攻撃を鈍化させ、インテルにとって重要なビジネスとなった。

インテルがセレロン戦略を具体化し、実行する上では研修が重要な役割を果たした。セレロンが市場で成功した後、当時のインテルのCEOであるアンディ・グローブが私に次のように語ってくれた。「破壊的イノベーションのモデルは我々に問題に対する答を与えてくれることはなかった。しかし、このモデルにより我々は共通言語と問題の共通理解の方法を手に入れられた。これにより、一見直感に反するような戦略について意思統一を図ることができたのだ」。

しかし、二〇〇〇年代にグローブがインテルの業務運営から手を引き、その後、私と交流があった上級役員の多くが退職した。私が教えた上級役員がインテルを去るにつれて、同社の破壊的変化を継続する能力は衰えた。共通言語の体系は組織内に深く浸透していなかったのだ。破壊的イノベーションによる変革を長期的に行なう能力を身につけたい企業は、共通言語の構築に投資する必要がある。

なお、破壊的イノベーションの基本的原則を企業の根幹に取り込むべく、多くの企業が社内研修プログラムの開発を行なうことを決定している点は良い傾向だ。

異なるプロセス

資源配分プロセスはイノベーションのジレンマの根幹にある課題だ。積極的に管理しなければ、暗黙的で、時に目に見えないプロセスが、企業の現在のビジネスを支える取り組みに資金と人的資源を配分してしまう。将来の成長を推進する破壊的イノベーションから資金と人的資源を遠ざけてしまうのだ。

企業は資源配分プロセスを適切に管理し、資金と人的資源が破壊的イノベーションに確実に配分されるようにしなければならない。さらに、イノベーションの機会のタイプごとに扱い方を変えることも重要だ。通常、マネジャーは問題の種類ごとにアプローチ方法を変えているが、私の経験では、企業は成長に関連した案件をすべてひとまとめにして、単一の評価指標群で管理してしまうことが多い。新規市場における野心的戦略を既存の市場における段階的改良の戦略と同じように評価し、監視し、管理することはできない。根本的に異なる機会を、同じ手法を使って追求していけば、どちらかが犠牲になるのは確実だ。

一般的に、新規成長を目指したアプローチでは反復型のプロセスが必要となる。ここでのフォーカスは、重要な仮説とリスクの識別、そしてそれらへの対応だ。正味現在価値や投資効果などの定量的指標は中核事業の業績に関する洞察を提供してくれるが、新規成長のためのアイデアを管理する指標としては適切ではない。企業は、ターゲット市場での成功につながる定性的な指標を使用する必要がある。

デモンストレーション・プロジェクト

学術的研究や企業経営の現場において破壊的イノベーションの強力さを示す証拠は数多くあるが、破壊的イノベーションを管理する上で必要な原則には、地位を確立した企業のマネジャーにとっては直感に反するものが多い。場合によっては、これらの原則が脅威に映ることがあるかもしれない。多くのデモンストレーション・プロジェクトを行なうことで、従来と異なるアプローチを取ることの意義を懐疑派に対して示すことができる。本書で紹介した事例の中でも、破壊的イノベーションにおいて大成功を収めた企業は、イノベーションの取り組みを拡大しようとする前に、まず一つあるいは数件の成功事例を確立している。

本書『イノベーションへの解　実践編』では、共通言語を構築し、異なるプロセスに従い、成功するデモンストレーション・プロジェクトを実現するための現実的な手法が豊富に提供されていると考えている。私自身の過去一〇年間の研究活動において何より嬉しかったのは志をともにするイノベーターの方々から学ぶことができたことだ。読者の皆様が本書で何を学べたかを是非、私やイノサイトの仲間たちに教えていただきたい。そうすることで、私たちは破壊的イノベーションの真の力を活用する方法の理解をともに深めていくことができるだろう。

謝辞

本書の構想は二〇〇〇年にさかのぼる。クレイトン・クリステンセンとマーク・ジョンソンがイノサイトを共同設立し、クリステンセンのベストセラー『イノベーションのジレンマ』でまとめた研究成果を企業が活用する支援を始めたときのことだ。

当初、イノサイトで私たちが扱っていた仕事の多くは、試行錯誤、実験の連続だった。しかし、先進的なクライアントとの実験を繰り返した結果、パターンが明確になり、アプローチが定まってきた。本書は企業内の実務家がイノベーションを通じて成長を創出する力を磨く支援となるように期待を込めて、これらの経験をまとめたものであり、クリステンセンのこれまでの著作を補完する書籍となる。『イノベーションのジレンマ』が基本的な問題の骨組みを提供し、『イノベーションへの解』では概念的な回答を提供した。『明日は誰のものか』は外側からの業界分析が可能であることを解説した。本書『イノベーションへの解　実践編』では、成長事業の構築とイノベーション能力の創造を確実に行なう方法を企業内の人々に示すことを目的とする。

ものを書くということは孤独な作業となり得るが、本書の執筆中に孤独を感じたことはまったくなかった。大勢の同僚、友人、協力者のおかげで、執筆は楽しい作業となった。

各共著者はそれぞれ独自の方法で本書に貢献してくれた。リズ・アルトマンは実務家の声をもたらし、マーク・ジョンソンは単純性と戦略的重要性を探求してくれ、ジョー・シンフィールドは混沌とした問題に秩序を与えてくれた。

イノサイトの長所の一つに、会社そのものが一流の科学者であふれた現実世界の実験室であることが挙げられる。本書で解説される枠組みとツールは会議室で作り上げられたものではない。イノベーションと成長を妨げる数々の問題を解決するためにイノサイトのチームが現場で作り出したものが大部分を占めている。四年前には、イノサイトの社員は六人程度だった。今やイノサイトのチームは約五〇人に拡大した。イノサイトの仲間一人一人には、ただただ感謝するばかりだ。特に何年たっても変わらずに支えとなり、教え手となり、メンターとなってくれたクレイには感謝している。

過去数年間にわたって対話する機会を与えていただいたクライアントや志を同じくする実務家の各位には格段に感謝している。一人一人から何かを教えられた。全員の名前を挙げるには多すぎるが、ボブ・ベンツ、ケン・ブロンフィン、スー・クラーク・ジョンソン、ステファニー・コノートン、マーク・コントレラス、チャニング・ドーソン、ドリュー・デイビス、ボブ・デュア、ジェニファー・ドリアン、マット・エイリング、ロン・ファインバウム、グレッグ・フォスター、リチャード・フォスター、カレン・ギャラガー、ブラッド・ガンビル、リブ・ギブソン、クラーク・ギルバート、ジョージ・グラッキン、デイヴ・グラール、スティーブ・グレイ、トリシャ・グルシキン、ベス・ヒグビー、ジョン・インクルドン、スティーブ・クラウス、ナンシー・レイン、ジョン・ランシング、マイケル・メインズ、ジュディ・ミラー、ブリアント・ムーア、カレン・モリス、アダム・ピーターソン、ジェームズ・プラット、マイケル・パッツ、マイケル・レイノー、デビッド・ルドルフ、タラ・ドノバン・ヤング、スティーブ・ウンカー、エイミー・ゼルフェスに特に感謝の辞を述べる。

私の両親は二人とも医者であり、兄弟姉妹のミシェルとトリシアが臨床心理学博士、マイケルが獣医学、ピーターが法学専攻だ。家族の職業的慣習に従わなかった変わり者の私を支え続けてくれた両親と兄弟姉妹の皆に感謝している。

ハーバード・ビジネス・プレスはいつもどおり最高レベルの支援を提供してくれた。ホリス・ハイムボックは問題点を説得力のある現実的な方法で解決してくれた。ジャック・マーフィー、ジェーン・ゲバート、ステファニー・フィンクスは原稿を完成させるための援助を提供してくれた。

最後に感謝を捧げたいのは私の妻と子供たちだ。彼らの愛情と支えのおかげでこの仕事をやり遂げることができたが、その愛情と支えがなければ、この仕事も価値のないものになってしまうだろう。ジョアンのコーチング、カウンセリング、友情、愛情、変わらぬ支援が私にとってどれほどの意味を持っているか、とにかく言葉で表すことができない。チャーリー、君の明るい笑顔のおかげで陰鬱なときも耐えることができた。ホリー、まさに今、この言葉を文字どおり綴る間にこの世に生まれ、明るい色の青い瞳で皆の心を瞬時に溶かしてしまった。君とチャーリーとジョアンに、この本を捧げる。

——スコット・D・アンソニー
マサチューセッツ州チェスナットヒル

経営者のためのイノベーションと成長の実践的ガイドを著すにあたり、スコット、リズ、ジョーと働く機会が得られたことを嬉しく思う。クレイトン・クリステンセンとともにイノサイトを立ち上げてから八年間、主要な仲間だけだった会社が米国とアジアに五〇人近い同僚を持つに至るまで成長するのを見守ってきた。私たちの期待を超えるレベルで、クライアントや他の仲間が新しい成長のための破壊的イノベーションの原理を適用するのを見守ってきた。同様に、自分たちの会社そのものがこれらの原則を実践し、私たちの誰もが想像だにしなかった成功を収めるのを見守ってきた。これらの成功の多くは、本書で説明されている新しい成長原理を適用したおかげだと考える。私たちは口先だけの集団ではないと誠意を持って言える。これは特にイノサイト社で優れた仕事をしてきた過去と現在の仲間たちのおかげである。この仲間たち、そして、私たちの友人クレイとで、イノベーションから無秩序さを除いてゆき、予測のつきやすいものへと転換させる苦労をともにできたことは真の喜びであった。

また、一緒に働いてくれた優秀な経営者、起業家、学者、実務家の仲間たちへ感謝の意を表したい。ピーター・ブラックマン、リック・ブラディ、シェリル・キャットン、クレメント・チェン、ステーシー・コメス、クロフォード・デルプレーテ、ケン・ディサクン、マット・エイリング、ブラッド・ガンビル、クラーク・ギルバート、ジョージ・グラッキン、デビッド・グラール、カ・ホァ・タン、C・C・ハン、エニグ・カガーマン、ジョン・レイクハム、スティーブ・ミルノビッチ、ダン・パンタレオ、エド・ペパー、マイケル・リヒトベルグ、ウィリー・スミス、S・C・テイエン、ジム・ライトソン、スティーブ・ウンカー。これらの人々には特に感謝している。

最近になってディック・フォスターがイノベーションの卓越したソート・リーダーであることを知った。会社とイノベーションの思想にとって不可欠の資産であってくれることに感謝している。そして当然、イノサイトが紆余曲折を通じて成長する間ずっと一貫して導いてくれた、近しい友であり同僚であるクレイには特別の感謝を表したい。

妻と子供たちには誰よりも迷惑をかけた。ジェーンの確固たる支援と愛情を受けることができる私は幸せ者である。本書の執筆も含むイノサイトのチーム育成の負担と個人的な家族との生活バランスを取ろうとする私のために辛抱強く支えとなってくれた。ジェーンは最も信頼できるアドバイザーであり一番の親友である。本当に協力的であった子供たちにも感謝している。クリスティーナ、マーク、キャサリン、エラ、ウィリアム。君たちがいなければ、私の存在も完全に無意味だ。

——マーク・W・ジョンソン
マサチューセッツ州ベルモント

何年にもわたる知的作業と現場での実験の繰り返しにより本書は生まれた。本書の目標はイノベーションを通じた成長を管理するという仕事を予測可能にすることで、これまで運任せだったものに秩序と方法論をもたらすことだ。本書で解説されている多様な原理と方法論は、的確に狙いを定めて導き出されたものであれ、偶然発見されたものであれ、私が共同作業をともにできた人々の識見を反映している。

その筆頭となるのが三人の共著者たちだ。スコットとマークは常に思想的なパートナーであった。

イノサイトの環境、機能、評判を作り上げる助けとなり、結果的に本書の土台となる豊かな対話を可能にした。リズは緊密な連携作業と何年もの現場経験を通じて、客観的かつ批判的な視点を提供してくれた。私たちはその視点を通じてアイデアを評価し、磨きをかけていった。

さらなる恩義を受けているのがクレイトン・クリステンセンだ。彼の発想した概念が、イノサイトの活動の場となっているイノベーション領域で多くの価値を生み出した。彼の研究が多くのものごとの礎となったのも彼の寛大さがあってこそだ。

本書のアイデアの多くは、クライアントや同僚とともに評価し反復する機会がなければ結実することもなかったはずだ。多いに貢献してくれたイノサイトのチーム・メンバー全員に負うものは大きい。特にデイヴ・ダンカン、マット・エイリング、ブラッド・ガンビル、スティーブ・ウンカー、タラ・ドノバン・ヤング。アイデアの取捨選択を進んで行ない、日々の役割の中でぶつかる課題に対処するための共同作業をいとわなかった実務家の方々にも大きな感謝の意を表する。次の人々は特に、私の思考を気長に支援してくれた。ピーター・ブラックマン、シェリル・キャットン、スティーブ・コルソン、ヨッヘン・ドース、ユリ・ヘス、クラウス・ホフェルマン、ジョン・インクルドン、ショーン・ケネディ、ビル・ノウルズ、エド・ペパー、デビッド・トムソン。

最後に、家族に対してお礼を言わなければならない。私の両親アーサーとガエ・シンフィールドが愛情、気遣い、育て方を通じて私に教えてくれた価値と職業倫理は、目標到達に不可欠のものであった。最大の感謝を妻であり同僚でもあるマリカに表する。いつも嫌な顔ひとつせず私のアイデアを聞いては、助言やちょっとした励ましを与えてくれた彼女の、途方もない忍耐、そして揺るぐことのない愛情と私の能力への信頼があったからこそ、本書の執筆とフィールドワークへの参加が可能となった。最後に六歳の娘ビクトリアに感謝したい。パパがこの原稿を書くために必要とした時間の投資を、誰よりも苦労して理解してくれたようだ。
マリカとビクトリアへ。

――ジョセフ・V・シンフィールド
インディアナ州ウエストラファイエット

何年もの間、産業界での仕事を続けながら学術界に関わり続けたいという欲求をハーバード・ビジネス・スクールのケント・ボーエン教授に話してきた。二〇〇二年に教授は、クレイトン・クリステンセンと共同作業ができないか相談してみてはどうかと勧めてくれた。クレイは一緒に仕事をしようと快く申し出てくれて、以来、イノベーションと「現実世界」の応用研究に関する私たちの対話が始まったのだ。これらの対話が発展して、私も本書の執筆チームに参加することになった。

学術界に関わり続けたいという私のこだわりに貫徹して付き合ってくれたケント、ともに仕事をすることを快諾し無比の見識を提供してくれたクレイ、そして今回の執筆チームに私を参加させてくれたスコット、マーク、ジョーに感謝の気持ちを表する。共著者という栄誉に服せて身の引き締まる思いだ。本書の主席編集者であるスコットには特別の謝辞を寄せたい。彼からは非常に多くのことを学び、その経験と学習能力、適応力、統合力に瞠目させられ続けている。抽象的な概念と研究結果を、煩雑なビジネスの複雑性に巧みに適用する能力を持っている。

学術成果を応用する小さな企業であったイノサイトが、この数年間で世界規模のコンサルティンググループへと成長する様を見るのは感動的であった。

モトローラの同僚たちに感謝を表したいのだが、一人一人名前を挙げるにはあまりにも人数が多すぎる。皆さんからは毎日学ぶことがある。賢く、ものごとを見抜く力を持ち、気遣いがあり、新しいアイデアやアプローチを試すことをいとわない人々だ。皆働き者で、成功のためなら（時として文字どおり）地の果てまでも旅をする。同僚として考え得る最高のグループだ。本プロジェクトを引き受けるにあたって特に支えてくれたジョン・チポラ、トッド・デヤング、ロブ・シャドック、テリー・ヴェガには格段の感謝を表したい。

義理の子供たちであるアダムとエリカへ。私たちが一緒に生活し始めた頃、ちょうど二人はティーンエージャーとしての生活が始まったばかりで、私はいくつものまったく新しい役割をこなそうとしていた。家族として私を受け入れてくれたこと、私の人生にまったく新しい視点をもたらしてくれたことに感謝している。二人が素晴らしい若者に成長してくれて何よりも誇りに感じている。

弟のマイケルへ。生来の気遣いとユーモアは常に健在だ。たいした用事がなくても定期的に電話をくれて、常にそこにいる私の弟でいてくれてありがとう。

夫のミッチへ。賢くて、素敵で、面白くて、心遣いがあり、忍耐力をエンドレスに持つ、これまで会った誰よりも優しい人物だ。彼と会って以来、私の人生は居心地の良いものになった。心から愛する彼へ、私の試行錯誤を全部一貫して支えてくれて、特にこのプロジェクトを通じて支えてくれたことに感謝したい。

父へ。父は私の相談役であり、親友である。本当に重要な事柄にフォーカスし、人生の些細な問題を深刻にとらえすぎないよう幼い頃から教えてくれた。問題へのアプローチの方法と戦略的に考える方法を彼から学んだ。すべてを感謝している。

母へ。母は私が本書に携わっている間に他界した。私の着想の源であり、一番の親友であり、誰よりも私を応援してくれた一番のチアリーダーだった。一緒に本を書こうという話を何度もしたのに、なぜか機会をつかめなかった。いつか二人のことを書くかもしれない。今は、そのような母と父に本書を捧げたい。

――エリザベス・J・アルトマン
マサチューセッツ州フラミンガム

はじめに　成長達成の指針

「樹木は永遠に成長するものではない」。ある数十億ドル規模のメディア企業のＣＥＯは社内の全上級経営陣のグループに対してこう述べ、革新的なアイデアを創案するよう命じた。それは二〇〇五年のことだった。この企業の中核事業の状態は健全だったが、ＣＥＯは長期的な成功のためには新たな成長を生み出すことが不可欠であることを知っていた。

その後の二年間のメディア産業において大きな地殻変動があったことを考えれば、このＣＥＯの発言には先見の明があったといえよう。本書の執筆段階でも破壊的な変化が相次ぎ、メディア産業はまさに変革のただ中にある。新たに登場しつつあるチャレンジャーは、正確性や情報の質という面でのパフォーマンスは低いかもしれない。これらの要素は、ニューヨーク・タイムズ、タイム・ワーナー、ＮＢＣユニバーサルなどが長年にわたり重視してきた。しかし、グーグルの広告サポート付きサーチに代表される新しいモデルが、単純性、アクセス容易性、低コスト性を生かして市場に浸透し、長年にわたって繁栄してきた既存のビジネスモデルを弱体化させている。この変革の影響を最初に感じ取ったのは音楽業界であり、次に新聞業界、そしてラジオとテレビ業界であった。市場の既存リーダー企業がこの変革を乗り越え、次の段階に進めるかどうかは依然として議論の余地がある。

もちろん、ある企業にとって悪いニュースは、他の企業にとっては良いニュースだ。起業家たちが、強力な成長ビジネスを作り出すためにこの動向を利用しようとしている。過去十年間には、グーグル、ダブルクリック、リンクトイン、フェイスブック、マイスペース、ユーチューブ、ベボ（bebo）、ラプソディ、そして、改めて紹介するまでもなくアップルのアイポッド（iPod）の製品ラインなどが登場した。既存プレーヤーも無力というわけではない。ルパート・マードックのニューズ・コーポレーションは、二〇〇五年にマイスペースの親会社を五億八〇〇〇万ドルで買収した。この価格は今にして思えば安い買い物であったと思えるようになっている。三大新聞社が求人サイトのキャリアビルダーを立ち上げた。ハースト・インタラクティブ・メディアは、ネットワークを介してテレビ番組を視聴できるスリングボックスなどの新規テクノロジーに多大な先行投資を行なっている。タイム・ワーナーは、CNN・comやTMZ・comなどの人気のあるウェブサイトを立ち上げた。大手新聞社のガネットは、自社のニュース編集室を地域別の「情報センター」へと位置づけ直し、主婦や高校の運動部などの地域コミュニティを中心としたローカルのオンライン・ビジネスを立ち上げた。そして、地域コミュニティに新たな形で関与できるように自社のコンテンツ・モデルを変革した。

メディア業界そして他の業界における多くの市場機会にもかかわらず、成長を追求するイノベーターにとって課題は山積みだ。この状況はスタートアップ企業でも大企業でも同様だ。ほとんどのスタートアップ企業は、最高レベルのベンチャー資本の支援があった場合でも破綻してしまう。そして、大企業におけるほとんどの社内イノベーションの取り組みの結果は失望に値するものだ。[※1]

一回だけでも成功できる可能性がこれほど低いのならば、企業の中核事業を強化し、拡張しながら同時に新たな成長事業を継続的に作り出していかなければならない企業のCEOはなんとも大変な職業ではある。この二重の課題の克服は極めて複雑だ。課題をより困難にしているのは、期待に応えるだけでは、平均以上の株価上昇を達成することができないという点だ。[※2]結局のところ、証券市場は企業の将来の期待を株価に織り込み済みである。「アップサイド・サプライズ」、つまり、市場が予期していなかったような成長を達成することが求められている。

多くの場合、自社の戦略について率直な企業は、自社のイノベーション・ポートフォリオでは期待に応えるのに十分ではないこと、ましてや期待を越えるにはさらに十分ではないことを認識している。自社の中核事業を、新たな地域、新たな顧客セグメント、新たな市場へ拡大するための素晴らしい計画がすでに存在しているかもしれない。今後三年から五年以内に、それなりの成長をもたらしてくれる魅力的な製品やサービスが開発段階にあるかもしれない。しかし、予測データの分析を行なった企業の多くが、自社の事業ポートフォリオを現実的に評価すると、期待する目標と予測される結果の間にかなりの格差があることを発見する。これを「成長ギャップ」と呼ぶ。

成長ギャップを埋めてくれる奇跡が自社の研究所のどこかに存在してほしいと、企業が天に祈ることもよくあるケースだ。しかし、奇跡は滅多に起こるものではない。ほとんどの大規模な調査が示すように、投資家や証券アナリストが要求するような成長の継続的な波を作り出す能力を企業は有していない。

経営者は、このような現実に直面すると、イノベーションの本質である不確実性を責めることが多い。確かに、イノベーションの世界は霧に包まれており、その霧が有望な機会を見えにくくし、長期的な成功を困難にしていると一般に思われている。この霧は、イノベーションのプロセスに要する期間が予期できず、成果物の品質もさまざまであり、極めて多額のコストを要することがあることを意味している。

このような霧が存在している理由の一つは、企業の中核事業においては極めてうまく機能するツールやアプローチが、新たな成長事業を創出する際には役に立たなかったり、場合によっては有害なことすらもあるという点だ。本書は奇跡を起こすことはないが、このイノベーションの霧を突き破るための実践的、かつ、市場で実証されたツールとアプローチを提供したい。なお、本書で紹介する実践的ツールおよびワークシートは、ウェブサイトwww.innosight.com/resourcesにおいてオンラインで利用可能になっている。

本書の主な対象読者は、新たな成長事業の創成を目指す企業の上級役員や中間管理職の方々だ。また、本書における概念やツールは、起業家、ベンチャー・キャピタリスト、投資家、政府機関責任者、戦略立案家、コンサルタントなどのイノベーションに深い関心がある方々にとっても有用であろう。本書では、新たな成長事業にフォーカスを当てているが、紹介するツールやアプローチは既存事業の強化や拡張における新たな手法にもなるはずだ。本書の助言に従えば、成長の機会を発見し、把握する能力を向上し、そして、イノベーションを通じた成長の追求をより確実に行なえるようになるだろう。

■成長の重要手段としての破壊的イノベーション

破壊的イノベーションは成長ギャップを埋め、定期的に市場にアップサイド・サプライズを与えるために重要な役割を果たすと筆者は考えている。これは膨大な調査によって裏づけられている。ハーバード・ビジネス・スクールのクレイトン・クリステンセン教授のハードディスク・ドライブ業界に関する独創的な研究では、この業界において破壊的アプローチを取るスタートアップ企業の成功の可能性が、およそ六倍になることが示されている。[※3]『Blueprint to a Billion』の内容を分析すると、一〇億ドルの収益を達成した時点で高い市場価値を有していた企業の五〇パーセントが破壊的イノベーターであった。[※4] イノサイトの調査によれば、一九九四年にはフォーチュン誌のグローバル・トップ企業リストに載っていなかったが、二〇〇五年にはランク入りした一七五社の三分の一が破壊的イノベーションにそのルーツを持っていた。リチャード・フォスターは、一九七〇年から二〇〇一年の間における任意の一五年間の期間において最大の総株主価値を達成した企業のトップ一〇社のうち七社が破壊的イノベーターであることを発見した。[※5]

『イノベーションのジレンマ』、『イノベーションへの解』、『明日は誰のものか』の読者の方は破壊的イノベーションの基本的モデルをご存じだろう。[※6] このモデルについてご存じない読者のために本章の末尾のコラム「破壊的イノベーションのモデル」において解説を行なっている。

■破壊的イノベーション

破壊的イノベーションの概念は、クリステンセンの研究によりハードディスク・ドライブ業界において興味深いパターンが発見されたことを契機に生まれた。既存顧客に評価されることを目指してより優れたハードディスク・ドライブを製造するというイノベーションが行なわれた場合には、市場の既存プレーヤーが常に勝利する。クリステンセンは、このようなイノベーションを「持続的イノベーション」と名づけた。顧客の要望に応えて、より優れた性能を提供することで、過去の性能向上のカーブを持続することになるからだ。しかし、小型かつ柔軟ではあるが性能が低すぎるために現状の顧客が使用できないようなハードディスク・ドライブを製造するというイノベーションにおいては、市場への新規参入者が勝利することが多い。新規参入者は、メインストリーム市場では魅力的でないイノベーションであっても、その独自の価値を認めてくれるような新規市場を追求する。クリステンセンはこのようなイノベーションを破壊的イノベーションと呼んだ。手短に言えば、既存プレーヤーは持続的イノベーションでの戦いに勝つ可能性が高く、新規参入プレーヤーは破壊的イノベーションでの戦いに勝つ可能性が高い。

さらなる研究により、このパターンはハードディスク・ドライブ業界に特有のものではないことが明らかになった。一三〇年以上前に、ウェスタン・ユニオンは電話ビジネスに参入し損なった。電話は数マイルしか信号を送れなかったからだ。一八八〇年にはコダックのブローニーというカメラが、個人が簡単に写真を撮れるようにすることで写真業界を変革した（「ボタンを押せばあとはおまかせ（You push a button, we'll do the rest.）」という広告キャンペーンを覚えているだろうか）。一九五〇年代にはソニーが小型の携帯ラジオにトランジスターを採用した。真空管時代の大企業もトランジスターのテクノロジーに投資したが失敗した。一九五〇年代の後半にはトヨタが初めて米国市場に自動車を投入した。箱形ボディの安価なコロナをデトロイトの自動車メーカーはほとんど無視した。一九六〇年代には、ウォルマートが最初のディスカウント・ショップを開設し、商品を超低価格で販売した。一九七〇年代においては、パーソナル・コンピュータは当初はおもちゃとして扱われていた。一九八〇年代には、シスコが企業の部門間を接続するための機器を市場に投入し、ネットワーク・ビジネスの変革を密かに開始した。一九九〇年代には、イーベイが、インターネットの登場前には取引が極めて困難であったコレクター商品の販売を開始した。

これらのすべての場合において、破壊的イノベーターは、既存マーケットのローエンドにおいて単純で安価なソリューションを提供するか、「非消費者」が日常生活で直面する問題を解決する援助を行なうことで、性能という言葉を再定義し、成長を達成した。

破壊的イノベーションのより最近の例としては、スカイプによるインターネット電話サービス、ユーチューブのオンライン・ビデオ・サービス、ミニットクリニックの医療キオスクのモデル、プロクター・アンド・ギャンブル（P&G）のスイッファーとファブリーズの製品ライン、セールスフォース・ドットコムのホステッド・ソフトウェア・サービス、任天堂のWii、メトロの無料日刊紙などがある。筆者らの考えでは、自社の既存市場に影響を与えたい場合には、目標達成のために持続的イノベーション戦略が重要になる。しかし、市場を再定義したり、新しい市場を創出したり、ローエンドからの攻撃を防いだりしたい場合には、破壊的イノベーション戦略が成功のために不可欠だ。

■破壊的イノベーションの原則

クリステンセンとともに、筆者らは六〇種以上の業界における破壊的イノベーションの発展について研究してきた。製品販売ビジネス、サービス・ビジネス、規制産業のビジネス、消費者向けビジネス、完成品を他企業に販売するビジネス、部品サプライヤーのビジネス、原材料サプライヤーのビジネスなどだ。過去におけるこれらの破壊的イノベーションの事例を研究し、破壊的ビジネスを構築しようとする企業にコンサルティングを提供することで、イノベーターが破壊的イノベーションを正しく理解するために役立つ単純なパターン、原則、プロセスが明らかになってきた。さらに望ましいことには、これらのパターンや原則の多くは持続的イノベーションの機会追求においても同様に有効である。これは、既存の事業を維持しながら、同時に破壊的な成長事業を立ち上げるための能力を身につけなければならない既存企業にとっては良い知らせだ。

これらのパターンや原則については以降の章で詳述するが、ここでは、三つの重要な原則、「過剰満足」、「ルールの破壊」、「ビジネスモデルの力」について説明する。これらの原則は、破壊的イノベーションを成功させるために極めて重要な要素だ。

原則1：過剰満足が破壊的イノベーションの前提条件を作り出す

破壊的イノベーションのモデルにおける重要な要素の一つは、企業が人々の生活の変化よりも速くイノベーションを行なってしまうという点だ。これは、ほとんどの場合に、魅力的な利益率を追求する既存企業が市場に「過剰満足」を提供する結果になることを意味している（過剰満足については、第三章

で より詳しく述べる）。要するに、平均的な人が使用するには性能が高すぎる製品を提供してしまうのだ。たとえば、表計算ソフトウェアについて考えてみよう。投資銀行に勤めてでもいない限り、表計算ソフトウェアの機能のごく一部しか使っていないのが通常だろう。企業はこの状況を理解する必要がある。既定の方向性で進んでいく持続的イノベーションは、地位を確立した企業において不可欠だ。しかし、持続的イノベーションだけを行なっている企業は、破壊的イノベーションを行なう他社に市場奪回の機会を提供してしまったり、素晴らしい成長機会が間近にあるにもかかわらずそれを逸してしまったりという結果になる。

一方、破壊的イノベーターは、「必要にして十分」が実は素晴らしいということを知っている。そして、ある特性における性能を犠牲にして「必要にして十分」なレベルに抑えることで、単純性、利便性などのかつては見逃されていた特性で性能を向上させることができる。これにより、既存の製品やサービスに満足できていなかった顧客グループの心をとらえることができる。

原則2：破壊的イノベーションはルールを破ることから生まれる

インテュイットの創設者であるスコット・クックは破壊的イノベーションを熟知している。同社の最初のソフトウェア・パッケージであるクイッケンは、個人の家計管理を容易にしてくれた。そして、その拡張版であるクイックブックスは、会計の知識がない小規模事業主が自分のビジネスを管理できるようにしてくれた。一九九三年に、インテュイットはおよそ二億五〇〇〇万ドルを費やし、納税用ソフトウェアの大手であるチップソフトを買収した。チップソフトの所有するソフトウェアによって顧客は税務申告を電子的に行なうことができるようになった。このソフトウェアとインテュイットの会計業務を単純化する能力を組み合わせることで、強力なブランドであるターボタックスが生まれた。今日では、インテュイットのクイックベースというソフトウェア（これにより小規模企業がハイエンドのERP〔統合アプリケーション〕のメリットを享受することができるようになる）および給与計算ソフトウェア（大手ベンダーのソリューションをコスト的に採用できない企業をターゲットとしている）には、破壊的イノベーションの大きな可能性がある。

二〇〇七年のインタビューで、スコット・クックは破壊的イノベーションについて以下のように述べている。

破壊的イノベーションの本質は発想の転換にある。複数の発想の転換が行なわれることもよくある。これが、あらゆる企業が破壊的イノベーションを行なえるとは限らない理由だ。今までのやり方、あるいは今までに予期されていたやり方とはまったく異なる要素が必要だ。おそらくは、そのような要素が数多く必要だろう。（中略）クイックブックスを開発したときの大きな問題は、我々が市場を完全に理解していた、より正確に言えば、理解していたと思い込んでいたという点だ。顧客の反応に驚かされ、顧客がどのように仕事をしているのかを見たことで初めて我々は自分たちの理解が間違っていたことを知った。我々だけではなく、市場のすべてのプレーヤーが機会を見失っていたのだ。この機会を見つけるためには、顧客の反応を直視し、潜在顧客がどのように仕事をしているかを実際に見てみるしかなかった。その結果、我々は業界初の会計の要素がない会計ソフトウェアを開発した。そして、その製品は一カ月で市場のリーダーになった。この製品は、業界全体の発想とはまったく異なる発想に基づいていたため、この結果は容易に信じが

たいものだった。※7

クイックブックスの登場前の一般的な常識は、小規模企業向けのソフトウェアは会計機能を備えていなければならないというものだった。しかし小規模企業の経営者は、これらの機能をほとんど気にせず、理解もしていなかった。単に資金繰りが悪化しなければよいと考えていたのである。インテュイットは業界の常識に挑み、強力な成長事業を作り出した。

破壊的イノベーションの成功事例のほとんどすべてにおいて、イノベーターが常識を覆すことが必要になっている。以下の例を考えてみよう。

□モップ関連製品を扱っている誰もが、モップは一度購買すればしばらくは再購入しない商品であると考えていた。しかし、P&Gのスイッファーの取り替えシートは、年間一〇億ドルに近い収益を生み出している。

□医療業界の誰もが、医者はすべての症状を同等に扱わなければならないと考えていた。しかし、ミニットクリニックの医療キオスクでは、ルールベースのテストにより確定的に診断できる特定の症状だけを治療することでビジネスを構築できることを示した。

□ダウ・コーニングの誰もが、自社はローエンドのコモディティ市場では競合できないと考えていた。しかし、同社のローエンド向けの流通チャネルであるザイアメターは急速に成長している。

□ビデオゲーム業界の誰もが、成功のためにはグラフィックス機能を向上して、高品質のゲームを提供することが必須と考えていた。しかし、任天堂のWｉｉは単純で直感的なゲームが成功に結びつき得ることを示した。

□音楽業界の誰もが、海賊版の音楽にアクセスするような人はＭＰ３ファイルに対価を支払わないと考えていた。しかし、アップルのアイチューンズ・ストアが、アイポッドと緊密に連携され、適切な設計と価格設定を備えたシステムであればＭＰ３ファイルの販売で成長できることを示した。

成功する破壊的イノベーターはトレードオフの技を熟知している。これらのイノベーターの製品は従来型の性能特性で評価すると優れてはいないことが多い。実際、従来型のメインストリーム市場では重要であった特性で評価すると「必要にして十分」というレベルであることが多いのだ。破壊的イノベーターは、見逃されていたイノベーションの可能性を見抜き、性能という考え方を再定義する。そして、単純性、利便性、アクセス容易性、低コスト性などを生かした破壊的イノベーションを実現する。

原則３：ビジネスモデルのイノベーションが破壊的イノベーションを推進することが多い

破壊的イノベーションの真の力は製品やサービスの機能ではなく、それらの製品やサービスを提供するためのビジネスモデルにあることが多い。破壊的イノベーションの成功事例では、新たな収益モデルや利益モデルが顕著だ。低価格でも利益を上げたり、小規模な市場でも利益を上げることができるビジネスモデルだ。新しいパートナー、サプライヤー、市場へのチャネルから成るまったく新しい価値連鎖が活用される場合もある。既存プレーヤーの地位を覆すのは優れたテクノロジーではなく、優れたビジネスモデルであることが多い。考えてみてほしい。すでにうまくいっている既存プレーヤーが、主流の顧客が使用できず、なじみのない流通チャネルを使用しなければならない、一見して低利益率の製品に対して競合しようと思うだろうか。そこに、新規参入プレーヤーの市場獲得の機会がある。

■よくある間違い

破壊的イノベーションの概念には明らかな魅力がある。その名前そのものが強力で説得力がある。破壊的イノベーションのアプローチを取ることで、新規市場に参入する企業が成功の可能性を高められるという点を考えるだけでも、この概念の魅力がわかる。

しかし、言葉というものには注意が必要だ。「破壊的」という言葉には、多くの意味やニュアンスが込められている。その中には、クリステンセンが元々の研究で発見したパターンとは合致しないものも多い。この概念がメインストリームに浸透していくに伴い、この言葉の意味のずれが、混乱、誤解、そして、時として資源配分の誤りに結びついてきた。

破壊的イノベーションを正しく理解していない企業や投資家は、結果的に戦略を混乱させ、まったく間違ったプロジェクトに資源を投入することになりかねない。

このモデルの適用において最も典型的に見られる誤りには二つある。一つは、破壊的イノベーションとブレークスルー、つまり、性能の大幅な向上を混同してしまうことであり、もう一つが、イノベーションを社内的視点だけから分析してしまうことである。

破壊的イノベーションとブレークスルーを混同してしまう

最も犯しがちな誤りは、性能の大幅な向上が破壊的イノベーションと同義であると考えてしまうことである。以下のような例を考えてみよう。五五〇座席の巨大なA380ジェットを製造したエアバス、極めて高速なデータ転送を実現する次世代テクノロジーを導入した携帯電話産業、複雑な仕組みでひげ剃りの刃の数を増やそうとしているジレット、速度の最大化と燃料消費の最小化のための経路発見に数百万ドルを投資しているUPS（ポイントの一つは左折〔訳注：日本では右折〕を最小化することだそうだ）、大幅に再設計された表計算、ワードプロセッサ、プレゼンテーションといったソフトウェアから成るオフィス2007を投入したマイクロソフト。

これらのタイプのイノベーションは、既存製品よりも優れた性能を提供することで、各企業の製品ラインのブレークスルーとなったといえる。これらの製品には数億ドルの投資が必要なこともあり、適切に管理されれば多大な価値を提供し得る。しかし、これらは破壊的イノベーションではない。

破壊的イノベーションとは、今までとは違うトレードオフを提供することに他ならない。つまり、単純性、利便性、低価格性などの新たな価値を提供する代償として、一部の特性における性能を犠牲にするということだ。たとえば、「空飛ぶタクシー」として機能できる十席の小型ジェット機、二五ドルの簡易型携帯電話、インターネット経由でアクセスできる「必要にして十分」な機能のオンライン・ワードプロセッサなどだ。

製品の性能を向上しさえすれば、既存の競合他社を出し抜き、市場の最も先進的な顧客層に対して販売を行なうことで市場に成功裏に参入できるだろうと考えている企業には、大いなる失望が待っていることが多い。

自社から見て従来と違っていれば市場において破壊的であると考えてしまう

あらゆる企業にはバイアスがある。強力なエンジニアリング組織を擁する企業は、あらゆる機会を技術的な次元で評価してしまいがちだ。強力なブランド力を有する企業は、マーケット指向の視点で世界を見てしまうだろう。これらのバイアスにより、企業は、自分が未だかつて行なったことがないものが破壊的イノベーションと誤解してしまう可能性がある。

しかし、ある企業にとって破壊的イノベーションであるものが他の企業にとっては持続的イノベーションに過ぎないこともある。ゆえに、イノベーションの真の影響を理解するためには、その機会を市場の視点から評価する必要がある。企業内の個人にとってはあるアプローチが破壊的に「感じられる」場合でも、既存顧客や競合他社にとっては持続的であり、プロジェクトの成功の可能性が極めて低くなってしまうこともある。

インターネット時代における失敗事例はこの原則を思い出させてくれる良い例だ。多くの企業が、ウェブ自身が破壊的存在であることから、自社のビジネスプランが確実に成功すると主張していた。実際には、インターネットは単に技術的基盤に過ぎず、ある企業にとっては破壊的であっても別の企業にとっては持続的である。金融系企業にとっては、インターネットは持続的な存在であった。オンラインによる残高照会、支払い、資金移動などによって顧客サービスを向上することができた。しかし、新聞社にとってはインターネットは破壊的存在であった。かつては新聞の長所と考えられていた三行広告の魅力的なビジネスを、イーベイ、モンスター・ドットコム（訳注：米国の大手求人サイト）、マッチ・ドットコム（訳注：米国の大手出会い系サイト）などが奪っていったからである。

このようなバイアスを排除するためには、企業は外部的視点を取り、ターゲットとする顧客と競合他社の視点で市場機会を評価しなければならない。もし、ターゲットとする顧客が、ソリューションが既存のものと比較してわずかな進歩でしかないと考え、そして、潜在的競合他社が十分に競合可能だと考えているのであれば、破壊的成長を成し遂げるという期待のもとに行なわれた多大な投資も失望をもたらすだけになる可能性が高い。

■成功事例

破壊的イノベーションで成功する方法を習得することは十分に可能だ。過去一〇年間において、筆者らは成長ビジネスを作り出すために破壊的イノベーションの概念を積極的に活用する企業を見てきており、またそのための援助も行なってきている。たとえば、バークレイズ、ベル・カナダ・エンタープライズ、シスコ、シトリックス、ダウ・コーニング、イーベイ、E・W・スクリプス、インフィニアム、インテル、ジョンソン・エンド・ジョンソン、ロッキード・マーティン、モトローラ、P&G、SAP、セールスフォース・ドットコム、スカイプ、スポットランナー、テラダイン、ターナー・ブロードキャスティングなどの企業だ。これらの企業のケーススタディについては本書を通じて紹介していくが、ここでは、特に重要と思われるダウ・コーニングとP&Gの事例を紹介しておこう。

ダウ・コーニングの事例

ダウ・コーニングは化学業界の巨人ダウ・ケミカルとガラスメーカーのコーニングのジョイント・

ベンチャーである。この二つの巨大企業は一九四三年、当時急成長していたプラスチックの市場を活用して、シリコン市場の可能性を追求するためにジョイント・ベンチャーを設立した。今日では、ダウ・コーニングはシリコン製品の主要サプライヤーであり、世界中のバイヤーに対してハイエンドの設計サービス、パーソナライズされた販売サポート、柔軟なサービスを提供している。

二〇〇〇年代の初頭、同社は自社の卓越性がシリコン製品を熟知した顧客グループにとって過剰満足の状態になっていることを認識した。これらの顧客グループはオープンな市場において最も安価なシリコンを求め始めていた。

当時のCEOであったゲイリー・アンダーソンは、上級経営陣の一人に対して、この市場を勝ち取るための小規模なチームを構成するように命じた。ザイアメターと名づけられた事業部が、ローエンドの市場を勝ち取るために低コストのモデルを構築しなければならなかった。ザイアメターは、ダウ・コーニングのハイタッチでサービス重視型の伝統的販売モデルから決別し、商品提供のコストを最小化し、柔軟性を大きく制限した。ザイアメターのチームは、低コストのモデルを実現するために、オンラインの受注システムを開発した。そこでは、低価格で購買したい顧客は厳密なビジネスルールに従わなければならなかった。納期、発注量、顧客サービスなどを定めた標準ルールから逸脱していたり、独自の受注処理が必要な場合には、追加の料金がかかる。価格は市場のスポット価格に基づいて決定され、従来型製品と比較して平均一〇から一五パーセントの値引きが可能になった。

六カ月という短い期間で、ザイアメターは試行を開始し、その三カ月後にはフル稼働を始めた。そして、さらにその三カ月後には、ダウ・コーニングはザイアメターへの投資をすべて回収できた。つまり、ダウ・コーニングは一年以内にアイデアの考案からビジネスの立ち上げまでを成功裏に実行できたのである。二〇〇六年には、オンライン販売がダウ・コーニングの売り上げの三〇パーセントを占めている。さらに素晴らしい点は、ダウ・コーニングの中核事業が浸食されていない点だ。ザイアメターのビジネスのほとんどは、価格上の理由からダウ・コーニングの製品を購買していなかった新規顧客からのものだ。このベンチャー事業のめざましい成功は、ダウ・コーニング全社において新たな起業家精神を生み出し、社内でのイノベーションの取り組みも増加させることになった。

ダウ・コーニングはこの取り組みに続き、破壊的イノベーションに関する研修コースを開催し、社内インキュベーターにおいてビジネス面あるいはテクノロジー面の破壊的イノベーションを行なうための取り組みにフォーカスした。二〇〇五年に、当時のチーフ・マーケティング・オフィサーであったスコット・フュソンは「破壊的イノベーションはわが社の社内文化を完全に変えてしまった」と述べている。

P&Gの事例

P&Gは世界最大の消費者向け製品製造企業だ。オールウェイズ、バウンティ、クレスト、ドーン、フォルガーズ、ジレット、アイボリー、ミスター・クリーン、オレイ、パンパース、パンテーン、スイッファー、タイドなどのブランドが世界的に有名だ。同社は、二〇億人の消費者を対象とし、二億ドル相当（一日あたりの数字である）の製品を販売している。

P&Gにとって破壊的イノベーションはなじみのない概念ではない。実際、同社の強力なブランドの多くは破壊的イノベーションにルーツを持つ。一九四〇年代には洗剤のタイドにより、消費者はクリーニング店に衣類を出したり、何時間も手洗いをすることなく、容易かつ安価に衣服の洗濯を行なえるようになった。一九五〇年代には、クレスト・ブランドのフッ素含有歯磨き粉が、歯のケアを治療中心から予防中心へと変革した。一九六〇年代には、パンパースの使い捨て紙おむつが育児に革命を起こした。

P&Gの最近の成功にも破壊的イノベーションから生まれたものがある。クレスト・ホワイトストリップスにより、歯のホワイトニングを容易に家庭で行なえるようになった。今では、二億五〇〇〇万ドルを売り上げるブランドだ。スイッファーの取り替えシートは、掃除を単純で迅速にし、一〇億ドルの収益をもたらした。ファブリーズにより、消費者はかつてないやり方で衣類をさわやかにできるようになった。これもほぼ一〇億ドルを売り上げるブランドだ。

破壊的イノベーションは、これらの歴史的事例と最近の事例に共通する現象だ。どの事例でも、P&Gは複雑で困難な課題を取り上げ、単純で安価にしている。

二〇〇四年にP&Gは、成長目標を達成するためには破壊的イノベーションに対して、よりシステム的なアプローチを取ることが必要であると判断した。ある事業部長が筆者らの一人に語ってくれたところによれば「イノベーションの全体的ポートフォリオにおける破壊的イノベーションの割合を増やさなければ業績目標を達成することが困難だった」のである。二〇〇四年にイノサイトは、七つのプロジェクト・チームとともにワークショップを行なった。あるチームは二〇〇六年に除臭スプレー製品を立ち上げ、その製品は同年においてカテゴリー中で最も成功した製品となった。画期的な育児用製品を中国市場に投入したチームもあった。第三のチームは画期的な医療製品をウェブとクチコミでテスト・マーケットする創造的な方法を発見した。市場から学ぶことで、このチームは重要な戦略の変更を行なうことができた。消費者がやっかいな健康上の問題を容易に管理できるようにすることを目的としたこの製品は、二〇〇七年の後半に五億ドルのブランドとなる可能性がある。

P&Gは、ウォール街に対してアピールしていた「一〇年にわたる成長」を達成するためには、破壊的イノベーションの能力を開発することが不可欠であることを確信した。二〇〇五年に同社はイノサイトの協力のもとに、上級経営陣とプロジェクト・チームが破壊的イノベーションをマスターするための「ガイド役」のチームを構成した。これらのガイド役は破壊的イノベーションの深い能力を身につけ、複数の試行プロジェクト・チームとの協業を開始した。同社は自らの歴史を振り返って、成功した破壊的イノベーションの取り組み（これを「美女」と呼んでいた）と失敗した取り組み（これを「野獣」と呼んでいた）を分ける特定のパターンを把握し、多様な破壊的イノベーションの取り組みの優先順位づけにこのパターンを利用し始めた。さらに、破壊的イノベーションのアイデアを考案するプロジェクト・チームの多様な戦略の評価を援助できるツールとテンプレートを作成した。今までとは異なるツールが必要とされていた。P&Gの標準的ツールは、既知の市場での指針としては極めて有効であったが、評価が困難な新規市場においては不十分であったからである。

二〇〇六年末に、P&GのCEOであるA・G・ラフリーは、各事業部が全イノベーション・ポートフォリオの一〇から二〇パーセントを破壊的イノベーションにフォーカスすることを期待していたと述べている。ガイド役のチームが、事業部が一貫した破壊的イノベーションの戦略を立案し、有望なイノベーションのポートフォリオを構築することを援助するために、明確なプロセスを定義した。同社は、マネジャーたちが破壊的イノベーションによる変革をマスターするための発想や手法を学べるように一連の研修コースも作成した。

これらの取り組みの中には長年の間成果を生み出せないものもあった。しかし、認知を広めたこと、上級経営陣の支援を得られたこと、ツールやプロセスを開発したこと、時間と資金を破壊的イノベーションのプロジェクトに配分するためのポートフォリオを構築したことにより、P＆Gは競合他社よりも数年は先んじた能力を着々と身につけている。

■本書の概要

本書の基本的前提は、適切な手順に従い、適切な組織構造を採用することで、マネジャーや起業家が利益率が高い成長ビジネスを創成できる可能性を大幅に増加できるというものだ。この考え方は、イノベーションはランダムなものであり、独創的な天才でなければ実現できないという世の中にはびこった考え方とは対照的だ。筆者らの考えは、適切な手順に従えば、どんなマネジャーでも成長ビジネスを成功裏に実現できるというものだ。この考え方は市場で実証されている。さらに、適切なシステムや組織構造を実現できた上級経営陣は、イノベーションを阻害する既存のプロセスやポリシーの足かせから社内のイノベーターを解放できるだろう。

図Ｉ‐１は、本書の構成を示したものである。

第一章では、イノベーションのための三つの前提条件を示した。すなわち、安定した中核事業、成長のための「作戦」、資源配分プロセスへの熟達である。

以降の七つの章では、市場機会を見つけ出し、把握するための三つのステップについて解説している。最初のステップはイノベーションの機会を識別することだ。第二章では、消費を制約している障害を識別するための方法について述べている。第三章では、過剰満足の状態を発見するための分析方法をいくつか提示している。第四章では、重要ではあるが満足に解決されていない「用事」を識別するためのヒントについて述べている。これらの章におけるツールと手法は、革新的な成長ビジネスを作り出すための機会が実際に存在するかどうかを判断する上での助けになるはずだ。

第二のステップは、識別された機会を把握する戦略の公式化と具体化に関するものだ。第五章では、破壊的イノベーションにつながるアイデアの構築方法を示している。第六章では、初期段階の不確実な戦略を評価し、具体化するための分析手法のいくつかを紹介する。

最後のステップは事業の構築についてだ。第七章では、「創発的戦略」と呼ばれる方法でアイデアを実現してい

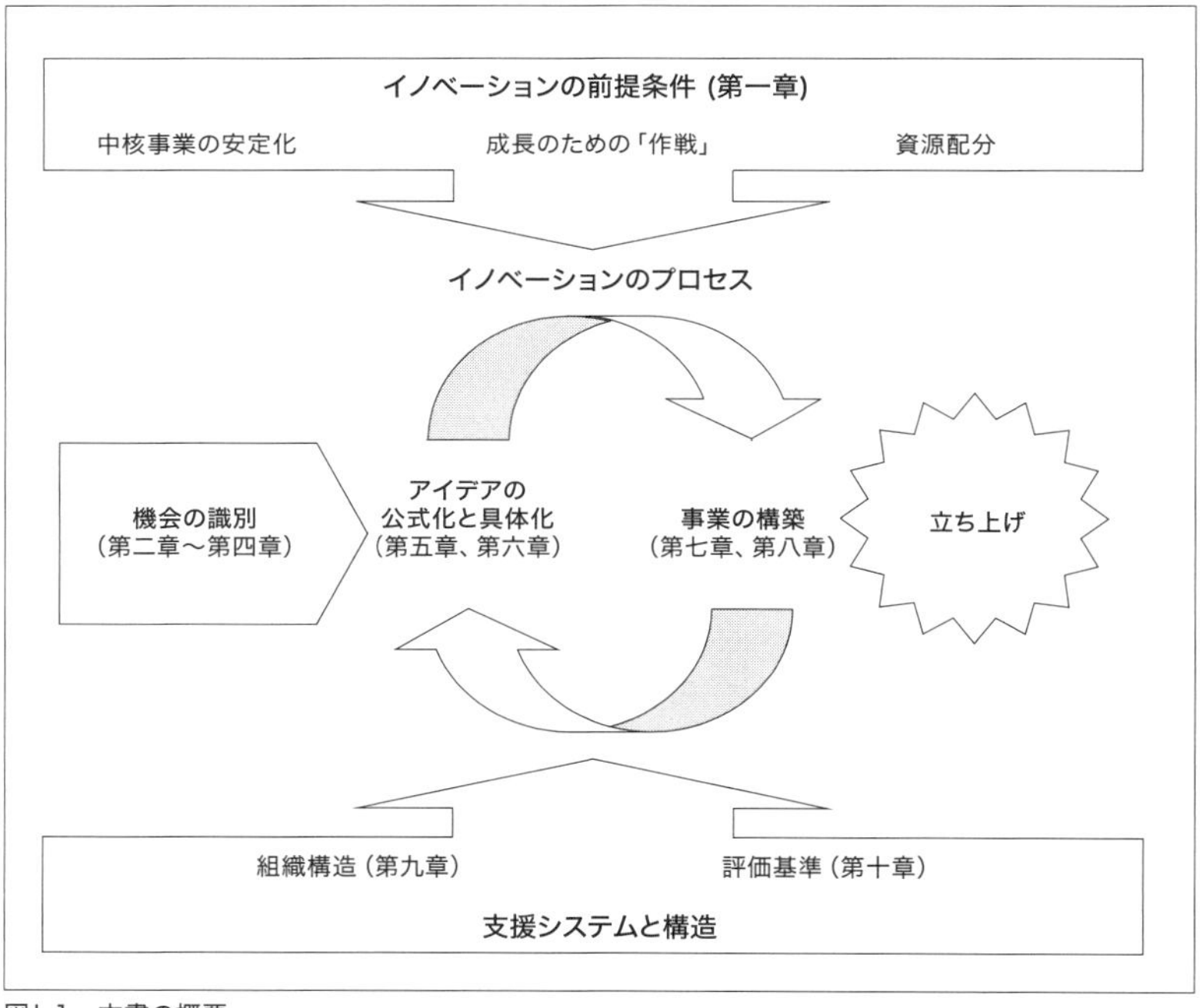

図I-1　本書の概要

く方法について説明する。第八章は、破壊的イノベーションによる成長を達成するためのチームの結成と管理の方法について示す。図I‐1が示すように、アイデアを構築し、戦略を立案するプロセスは反復型だ。新たに得られた洞察から市場機会を再考し、異なるソリューションを考案することになる。

第九章と第十章では、組織がイノベーション主導型の戦略をよりシステム的に追求していくための方法について述べている。第九章では、イノベーションのための組織構造について論じる。第十章では、イノベーション活動の進捗の管理に役立つ測定基準と評価指標を紹介する。

本書は破壊的イノベーションこそが新たな成長を生み出すための最善の方法であると述べてはいるが、実際には破壊的イノベーションについて記したものではない。イノベーターがものごとを今までとは違った形で眺めたり、扱ったりすることができるようにするための現実的なツールや手法について述べたものである。成長を目指すときには、世界を顧客の視点から理解し、過剰な性能を提供していないかを判断し、品質が相対的な言葉であることを理解し、重要な前提にフォーカスするために計画を分割し、イノベーションの適切な評価指標群を定義することが重要だ。そして、破壊的イノベーションのパターン、原則、実例はあらゆるイノベーションの取り組みにおいて有効だ。

イノベーションがマニュアル本どおりに実行できるほどわかりやすくなったわけではないが、成功と失敗のパターンが日増しに明らかになりつつある。本書中のチェックリスト、質問のガイド、テンプレート、演習は、以下の点でイノベーターを援助することになるだろう。

□他社が見失う可能性が高い機会を識別する

□一見難攻不落に見える市場リーダーを混乱させつつ、新しい成長を達成できるソリューションを創出する
□初期段階のプロジェクトのリスクを管理する
□成功できる事業を繰り返し構築するための組織構造とシステムを実現する

本書で示すガイドは、イノベーションの世界をやっかいで不確実なものから、確実でパターン化されたものへと変革し始めた実務家にとっての助けとなるだろう。イノベーションのパターンが見えない人々がいる限り、それを見ることができる人は強力な競合優位性獲得の源泉を得たことになる。あなたのイノベーションに成功があらんことを。

破壊的イノベーションのモデル

図I‐2に基本的な破壊的イノベーションのモデルを示す。縦軸が性能、横軸が時間である。モデルは三つの重要な要素から成る。最初の要素は、顧客の特定のグループが要求する性能を表す点線だ。この線は比較的水平である。これは、顧客が解決しようとする問題は時間が経過しても実際にはそれほど急速には変化しないことを表している。この線は市場の主流の顧客を表している。右側のベル曲線は、いかなる市場においても、極めて要件が厳しい顧客から、ローエンドの厳しくな

い顧客まで多様な顧客が存在していることを示している。

このモデルの二番目の重要な要素は、企業により提供される性能値を表す実線の矢印線だ。これらの線は点線よりも急なカーブになっている。これは、ほとんどの場合に、企業のイノベーションのスピードが、人々の生活がそのイノベーションをフル活用できるように変化するスピードより速いことを意味する。利益を追求する企業は、この矢印線に沿って移動していく。顧客の要件が厳しければ厳しいほど、より優れた製品やサービスに高価格を支払ってくれる可能性が高くなるからだ。

このモデルの三番目の要素は、二つの異なるイノベーションのタイプを区別するものだ。最初のタイプのイノベーション（点線の矢印曲線で示されている）は、確立した性能向上のペースを維持している。これが持続的イノベーションに相当する。優れた製品やサービスにより最良の顧客に対して高い価格を要求できる場合には、企業は持続的イノベーションを行なう。持続的イ

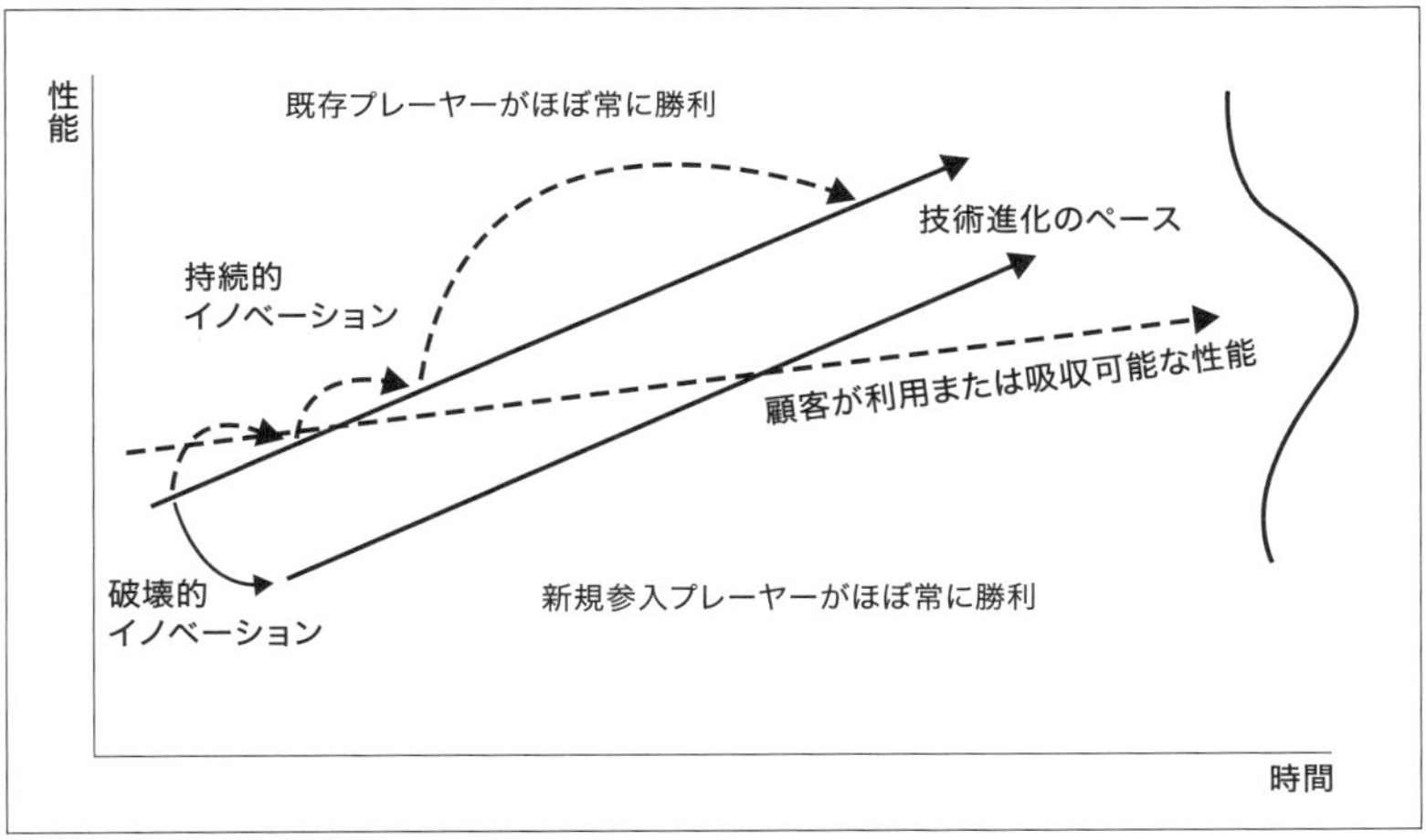

図I-2　破壊的イノベーションのモデル

ノベーションの例は、ジレットの五枚刃ひげ剃りであるフュージョン、エアバスのA380スーパージャンボ・ジェット、ソニーのプレイステーション3などがある。学術的研究によれば、持続的イノベーションにおける戦いでは常に既存プレーヤーが勝利する。第二のタイプのイノベーション（下方に向かい、新しい矢印線につながる実線の矢印曲線で示されている）は、企業が既存の前提を破壊し、方向を再定義するときに起こる。これが破壊的イノベーションだ。破壊的イノベーションでは、少なくとも従来の主流の市場では重要であった特性における性能が低下している。その代わり、単純性、低コスト性、カスタマイズ性などの他の特性においては性能が向上している。破壊的イノベーションの例としては、低価格の小型ジェット機、イーベイのオンライン・オークション、任天堂のWii、グーグルの広告モデルなどがある。破壊的イノベーションの戦いにおいては、ほとんどの既存のプレーヤーが敗れることを示唆する調査結果がある。

どのような経営者もイノベーションの力をマスターすることがいかに困難であるかを直感的に知っている。このような直感を裏づける多くのデータが存在する。ほとんどのアイデアがその場限りのもので終わってしまう。偉大な功績を成し遂げた企業が破綻してしまう。長期的に事業を行なっている大規模企業のパフォーマンスは市場の平均を下回っていることが多い。[※1] 業績向上のために事業の多角化を目指したコングロマリットの企業価値が各事業の価値を合計したよりも低くなっていることも多い。

本書で明らかにしたいのは、このような傾向を食い止めることを可能にする現実的方法が存在するということだ。適切なやり方を取ることができれば、企業は今までとは異なるアプローチによって継続的な成長を達成することができる。

本書に書かれたアイデアを実行しようとする企業は、多様なイノベーションの取り組みを直ちに開始したり、ソリューションを開発するために成長戦略立案グループを設立しようとすることが多いかもしれない。このような行動が必要なこともあるが、あまりに拙速に進めようとしてもうまくいかず欲求不満をつのらせるだけに終わったり、失敗につながるだけだ。組織のイノベーションを増強したいと真剣に考えている企業は、まず、自社がイノベーションの取り組みのための適切な「前提条件」を備えているかを確認すべきだ。本章では以下の三つの重要な前提条件について述べる。

□一　中核事業の安定化
□二　成長のための「作戦」
□三　資源配分プロセスへの習熟

組織のイノベーション能力を強化したい企業にとって万能の解は存在しない。しかし、これらの三つの前提条件を組み合わせることで、企業内にすでに存在するイノベーションの潜在力を現実化する可能性を大きく高めることができるだろう。

■一　中核事業を安定化する

筆者の知人のある経営幹部は、数百億ドル規模の企業における数十億ドル規模の事業部の上級役員であり、同事業部内でベンチャー事業を成功裏に立ち上げ、一連の破壊的な成長をもたらした人物だ。

会社は、この役員に対して破壊的な成長の機会を求めている他の事業部に対して助言を行なうよう指示した。彼が最初にした助言とはどのようなものだったろうか。それは、「破壊的成長をもたらすビジネスを行なおうと思ってはいけない」というものだった。

この役員が、このような直感に反するような助言を行なったのは、事業部が最初に対応すべき課題は、自部門がイノベーションを行なうための「権利」を有しているかどうかという点であることを理解してもらうためだった。彼の見解では、安定した中核事業の存在がイノベーションの前提条件なのである。[※2]中核事業が安定していなければ、ほとんどの場合、成長のための取り組みから時間と集中力が奪われてしまう。これは当然といえるだろう。

デルタ航空の例について考えてみよう。二〇〇五年に中核事業の経営状況が急速に悪化したとき、同社は低価格航空路線のベンチャーであるソング航空を中核ビジネスに再統合し、どうしても必要であったキャッシュを捻出するために、成長中の地域航空会社であった傘下のアトランティック・サウスウェスト航空をスカイウェスト航空に売却した。しかし残念ながら、同社の中核事業は成長の取り組みを支えられるほど堅固なものではなかった。

中核事業が適切に安定しているかを判断するためには、単に事業の成長率をみるだけでは不十分である。最初にやるべきことの一つは、自社の収益と利益の年間成長率を、同業種の他社の平均値と比較することである。平均値と同じレベルで成長できていないのであれば、自社の中核事業が適切に統制されていない可能性がある。仮に業界全体が構造的に衰退傾向にある場合でも、その衰退の度合いを同業他社と同じレベルでコントロールできているかどうかを判断することはできる。

中核事業の安定性を獲得しようとする段階で、業績がかんばしくない事業を売却するという意思決定を行なわなければならないこともある。一般に、成長を求める企業にとっては、特定事業の売却の判断が極めて重要な能力となる。リチャード・フォスターが二〇〇一年の著作『創造的破壊：断絶の時代を乗り越える』（翔泳社）で述べたように、企業が市場の成長率を超えて成長するためには、中核事業の統制を失うことなく、市場のペースと同じ速さで変化できなければならない。より具体的には、新しい成長事業を「創出」し、既存の事業を適切に「運営」し、低迷している事業を「売却」する能力を獲得できなければならない。[※3]

企業がある事業から撤退したことでイノベーションの潜在力を最大限に発揮できたという有名かつ古典的な事例がインテルのケースだ。一九八〇年代初頭において、インテルは、依然としてDRAM（ダイナミック・ランダム・アクセス・メモリ）事業の研究開発に数十億ドルを費やしていた。しかし、この事業はコモディティ的な特性を有しており、インテルの利益全体に対する実際の貢献度はわずかなものであった。インテルの利益の主要な推進要素はマイクロプロセッサーであった。インテルはこのような事態を意図していたわけではないのだが、結果的にはこうなってしまっていた。よく知られている話だが、この問題に対応するため、アンディ・グローブとゴードン・ムーアは自分自身をDRAM事業のCEO職から「解雇」し、マイクロプロセッサー事業のCEOとして「再雇用」した。インテルはDRAM事業から撤退することで、それ以降の二〇年にわたる記録的成長の基盤を築いたのである。[※4]

同様な事例として、一九八八年にデュラセルがLBO（レバレッジド・バイアウト）事業の大手であるコールバーグ・クラビス・ロバーツ（KKR）によって一八億ドルで買収された後に起きた出来事を見てみよう。KKRはデュラセルに低迷している事業を売却し、生産機能を集約するための援助を行なった。中核事業が安定し始めるとともに、デュラセルは製品ラインを拡大し、事業を多角化していった。その結果、ほとんど成長がない状態が何年間も続いていた同社のキャッシュ・フローは、一九八九年から一九九五年の間に年間一五パーセントのペースで増加した。同社は、充電式電池やバッテリー・マルチパックなどの多くのイノベーションを投入し、市場リーダーの地位を確保した。そして、一九九一年には株式を上場し、一九九六年にジレットに二八億ドルで買収された。営業キャッシュフローも含めると、KKRは投資に対しておよそ四〇パーセントの収益を得たことになる。フォスターは、「デュラセルは創造するために破壊しなければならなかった」と書いている。※5

以降の三章において述べる破壊的イノベーションの概念を理解すれば、どのような資産を売却すべきかの判断が容易になるだろう。「非消費者」にリーチできるより強力な基盤となり得る資産をもっている場合（第二章）、過剰満足度が問題になりそうか、すでに問題になっている場合（第三章）、また顧客が重要な仕事を完了する手助けとなる資産を所有している場合（第四章）などが事業売却のヒントになるだろう。

■二　成長の「作戦」を立てる

中核事業が適切に統制できたならば、次の作業は成長のための「作戦」を立てることだ。効果的な「作戦」には、イノベーションの取り組みが目標とする結果の評価、イノベーション・ポートフォリオの定義、イノベーションのための「時刻表」の作成、イノベーションの目標と境界条件の決定、成長領域の識別が必要となる。

成長ギャップの算出

最終的に目指す結果がどのようなものであるかがわからなければ、「作戦」を立てるのは難しい。まず最初に企業は、組織として目指す成長目標と準備中のイノベーションの間にあるギャップを理解する必要がある。

第一に、イノベーションの取り組みから期待される結果と、成長が期待される領域を明確に記述することが必要だ。一般的に、成長は、組織としての業績拡大および企業買収からもたらされる。企業買収は、中核ビジネスの拡張、近隣市場への進出、あるいは新規事業の開拓という領域で成長をもたらす。企業は財務的目標を見積もり、さらに、上記の領域のいずれからどの程度の成長を期待できるかも大まかに見積もっておくべきである。

次に、上記の各領域において、自社のイノベーション・パイプラインにどの程度の潜在力があるかをボトムアップ的に推計することが必要だ。この分析が完了したら、望む結果と予想される結果の間のギャップをチェックする。ここでは、不確実な成長予測に伴うリスクの調整を行なうことが重要だ。

成長のギャップを算定することは容易な作業ではない（関連情報についてはツール1‐1を参照されたい）。算定のためには多くの仮定を行なう必要があるが、その多くは確実に誤っている。しかし、この作業から得られた方向性の確認だけでも有効なことがある。ここで避けなければならない点は、「すべての」イノベーション・プロジェクトが予測以上の結果を出した場合だけが成功であると定義してしまうことだ。

ある大規模な消費者向け製品企業の例を検討しよう。この企業は、一カ月かけて自社の中核事業の既存製品および開発パイプライン中の製品からどの程度の成長を達成できるかを詳細に見積もった。

■説明

現在収益：現会計年度の収益

5年間の成長率：既存事業において予測される平均年間成長率（近隣市場への進出や新規事業は含まない）

5年後の中核事業収益予測：現在収益×(1＋成長率)[5]

目標とする近隣市場：中核事業を拡張できる新たな顧客・地域・チャネルの記述

5年後の近隣市場収益予測：近隣市場進出から期待される収益

新規取り組み数：その年度における成長のための取り組みの件数の予測

取り組み当たりの5年後の収益：その年度に開始した取り組みが生み出すことが期待される5年後の収益の平均（たとえば、2年目に開始された取り組みであれば、取り組み開始から3年後における収益）

予測成功率：その年度における取り組みの成功率の期待値

5年後の新規成長収益：新規取り組み数×取り組み当たりの収益×成功率

5年後の目標収益：5年目における収益の戦略的目標

現在の事業	新規市場進出	新たな成長の取り組み	1年目	2年目	3年目	4年目	5年目
現在収益：	目標とする近隣市場：	新規取り組み数					
5年間の成長率：		取り組み当たりの5年後の収益					
5年後の中核事業収益予測：	5年後の近隣市場収益予測：	予測成功率					
備考：	備考：	5年後の新規成長収益					
		備考					

5年後の目標収益 ____________________

5年後の予測収益 ____________________

成長ギャップ ________________________

注記：上記のツール、および本書で使用しているいくつかのツールは www.innosight.com/resource にも掲載されている。

ツール1-1　成長ギャップの算出

その結果、ショッキングなことに最も楽観的なシナリオであっても、一〇年後の戦略的目標を達成するためには一〇億ドルのさらなる成長が必要であることが明らかになった。経営陣は、この作業を行なう前にもイノベーションが重要であることを感じていたのだが、この作業の後にはイノベーションは同社の全社的課題における最優先項目となった。このような洞察により、同社は自社の課題を明確にし、イノベーションへの新たなアプローチを取るために主要なマネジャーを結集することとなった。

高度な分析手法によって潜在的結果の分散値を知ることで成長ギャップ分析の洞察をさらに深めることができる。たとえば、収益五〇億ドル規模のある企業は、望ましくない将来の状態を記述した「世紀末」シナリオを作成して、各シナリオにおいて主要な経営指標がどのようになり得るかについて、経営陣の意識統一を行なった。そして、シミュレーション・ソフトウェアの「クリスタル・ボール」で数千ものシナリオを分析した。分析ではあらかじめ設定したパラメータにしたがって変数をランダムに変化させることができる。この分析により、同社は五年間で五億ドル（事業所得の二〇パーセントに相当する）の成長ギャップが発生する可能性がかなり高いことを確信した。もちろん、この予測が間違っている可能性はあるが、予測されるギャップがかなり大きかったため、同社のリーダーたちは必要なアクションを取らざるを得なくなった。余談ではあるが、このようなアプローチを取ることで、潜在的結果について意識統一を図ることが極めて容易であることを同社は発見した。これは、最も確実な予測値についてコンセンサスを確立したり、各自に正確な答を求めて署名してもらうようなやり方よりもはるかに容易である。経営陣がシミュレーション・モデルに対する入力データについて合意さえすれば、あとは単に計算するだけである。このアプローチは単純にみえるが、経営陣が集団思考の罠に陥らないようにし、成長ギャップをより明確にするために有効だ。

バランスの取れたイノベーション・ポートフォリオの計画

成長ギャップの分析により、イノベーション・ポートフォリオの適切なバランスが取れていないことが明らかになることがよくある。優秀な投資家であれば、自分の投資目的とポートフォリオ間の整合性を取ることの重要性を理解しているだろう。たとえば、積極的な利益獲得を追求するのであれば、資金の五〇パーセントを小中規模企業の株式に投資し、四〇パーセントを大企業の株式に、一〇パーセントを債券に投資することなどが考えられる。特定の年だけを見れば損失が出ているかもしれないが、長期的に見れば大きな利益が達成できているだろう。もしリスクを下げたいのであれば、五〇パーセントを大企業の株式に投資し、三〇パーセントを債券に投資し、二〇パーセントを現金で保有するなどが考えられる。得られる利益の期待値は小さくなるが、特定の年に損失を出す可能性も低くなる。

これと同様に、企業も、成長の目的を達成するために選択するプロジェクトの組み合わせを注意深く検討する必要がある。自社のイノベーション・ポートフォリオの調査を行なった企業が、投資の割り当てと意図した戦略とが合致していないことを発見することがよくある。投資の大部分が中核事業に近い段階的改良に向けられていることも多い。このポートフォリオは一見「安全」に思えるかもしれない。しかし、ポートフォリオ理論に従えば、リスクを低減するためには多様性を増大させることが重要になる。

中核事業およびそれを活用できる近隣市場を維持するために必要な段階的改良、そして、新たな成長のための斬新な取り組みという二つの領域の間で、より適切なバランスを達成することが重要だ。

そして、前記の成長ギャップ分析により、どのカテゴリーにどれだけの投資を行なうべきかについての方向性が明らかになるはずだ。

大規模な企業では、全部門におけるバランスが達成できない可能性が高いという点は注目に価する。企業全体として適切な配分を達成するには、各部門に対する投資額に大きな差をつけなければならないこともある。

「時刻表」の作成

イノベーションのポートフォリオは、ある特定時点における多数の取り組みを管理するために有効な「時刻表」の作成に役立つ。

この「時刻表」という概念は、ミネソタ州に本社を置く医療機器メーカー、メドトロニックに関するハーバード・ビジネス・スクールによる事例研究から生まれたものだ。同社によってペースメーカーの市場が生み出されたといっても過言ではない。[※6]

一九七〇年代を通じて、そして一九八〇年代の初頭において、同社および同社が属する業界は成長し、複雑性を増していた。メドトロニック社内の官僚主義の増大に嫌気がさして、マネジャーたちが離職し、小規模で俊敏な競合会社を起業し始めた。これらの新企業は、競合製品をより迅速に市場に投入し始めた。それと同時に、メドトロニックの製品開発の取り組みの速度は極めて遅くなっていった。

メドトロニックの製品開発には絶えず繰り返される問題があった。新製品を投入しようと思ったタイミングには、よりフォーカスの利いたビジネスを行なっている同業他社が、メドトロニックの製品にない機能を有する類似製品を先に市場に投入しているのである。メドトロニックの販売部隊は「この機能なしに製品を市場に投入することはできない。開発作業のやり直しだ」と不平を述べた。そして、メドトロニックがようやく新しい改良製品を市場に投入できる準備が整うと、別の競合他社がさらに新しい機能を備えた類似製品で市場に先回りしているのだ。再び、メドトロニックの販売部隊は、市場でより効果的に競合できるようになるまで新製品の投入を遅らせるよう要求してきた。

その結果、メドトロニックはペースメーカーの分野で積極的な投資を行なっているにもかかわらず、約一〇年間にわたり新製品を提供できない状態になってしまった。同社の市場シェアは約七〇パーセントから三〇パーセントにまで低下した。

この課題に対応するために、メドトロニックは製品開発プロセスを統括する上級役員を新規採用した。この役員は多くの重要な変革を行なったが、特に重要なのは、今後一〇年間にわたる同社の各製品ライン開発の詳細なタイムフレームを図示したイノベーションの「時刻表」を作成したことだった。スケジュールには、メドトロニックが各製品の開発を始める日付と第一世代の製品を市場に投入する日付が明記されていた。メドトロニックは、開発組織がスケジュールを遵守し、各新製品を予定どおりに出荷するための資源を確保できるようになった。

「時刻表」では、イノベーションが何であるかを厳密には規定していないが、イノベーションのタイプは区別している。数年おきにメドトロニックは新規プラットフォームを市場に投入し、その後に続けて、製品ライン拡張と派生製品の提供を行なわなければならなかった。

「時刻表」は、組織全体に明確化の効果をもたらした。誰もが、新規プラットフォームや製品ライン拡張の開発を開始すべき正確な日付を知ることができるようになった。マネジャーは六カ月前に新規プラットフォームに含める機能を列挙した契約書を準備しなければならないことがわかるようになった。技術的な不確実性がある段階では、開発の列車に何も乗せることはできないからである。こうすることで、特定の時点では実現が困難なアイデアが迅速にふるい分けられるようになった。

とりわけ販売部隊への影響は明らかだった。競合他社が新機能を発表し、販売部隊が不平を漏らすと、経営陣は「その電車はもう駅を出てしまったが心配はいらない。次の電車がすぐに発車する予定だ。このアイデアを採用して付箋に書き、それを時刻表に貼りつければよい。こうすることで、アイデアを最適なタイミングで検討できる」と答えられるようになった。

メドトロニックがこのようなペースで新製品を投入できたことで、競合他社はバランスを崩され、メドトロニックがかつて立ち向かっていたのと同じ問題に立ち向かわざるを得なくなった。メドトロニックの市場シェアは一気に約六〇パーセントにまで回復した。

「時刻表」は、メドトロニックが直面していたような基本的な問題を避けるために役立つ。つまり、あまりに多くのプロジェクトが並行的にかつ無政府的に稼働しているためにフォーカスが定められなくなってしまうという問題だ。「時刻表」の存在により、企業は資源を管理し、適切なタイミングで適切な結果を出せるように、十分に早い時期に新規プロジェクトを開始できるようになる。

複数世代の製品計画を記述した「時刻表」は、企業が将来の成長ターゲットを確実に満たせるようにするためにも効果的だ。駅を発車するさまざまな列車の予測される規模、成功率、必要な資源をマネジャーが理解していれば、特定の時点で対応すべき取り組みの数を正確に予測することができるようになる。

我々が懸命の努力を行なっているにもかかわらず、イノベーションは依然としてリスクが高く、不確実な課題であることを肝に銘じてほしい。「時刻表」に活動をいくつ置くべきかを判断するための適切な方法の一つは、自社における過去のイノベーションの取り組みを考えてみることだ。多くの企業は、イノベーションの取り組みにおける失敗の確率が思った以上に高いことに驚愕するだろう。つまり、より多くの取り組みを行なうか、成功率を高めるかをしなければならないということだ。筆者らは、本書で提供するツールにより失敗率を減少させることができると考えているが、企業は「時刻表」作成において、イノベーションの不確実性を必ず考慮に入れておくべきである。

目標と境界の識別

多くの企業が、イノベーションの可能性を最大化する方法がカオス状態に任せることであると考えている。この理論によれば、企業はイノベーション活動を制限しないようにすべきであり、マネジャーに最善のアイデアを思いつかせるために過去の常識にとらわれない思考を行なうよう推奨すべきであるということになる。

カオス状態に任せることが不適切な考え方だといえる理由はいくつかある。第一に、何の制約条件もないと、マネジャーたちが最終的には実りの得られない道を追求して、多大な時間を費やしてしまう可能性がある。たとえば、イノサイトのあるクライアント企業の検討チームは潜在的な買収を評価するために三カ月を費やした。買収ターゲットの企業は典型的な破壊的イノベーションの戦略を実行しており、小規模ではあったが急速に成長していた。しかし、このクライアント企業は最終的に買収を行なわないという決断をした。なぜだろうか。買収ターゲットはサービス・ビジネスを行なっており、このクライアント企業は、低価格の消費者向け商品の大量生産を行なうメーカーであった。最終的には、買収を成功させるにはあまりに特性が違うと判断されたのだ。この検討チームは行き止まり、多大な時間と資源を浪費する結果となってしまった。

その一方で、マネジャーが自分の会社の業務範囲外であると誤解して、良いアイデアを却下してしまうこともある。いかなる企業においても、中間管理職がイノベーションのアイデアの選別に重要な役割を果たす。トップ・マネジメントが「なぜ、我が社では優れたアイデアが生まれないのか」と尋ねたとき、その答は中間管理職が自分の守備範囲外と考えたアイデアをふるい分けて破棄してしまっているからというものである可能性が高い。中間管理職によく見られる傾向は企業がその時点で行なっている事業に合致しないものを拒絶してしまうということだ。別のいい方をすれば、中間管理職の心理的制約はトップ・マネジメントと比較してはるかに大きいということだ。

この節の最後に指摘しておきたい点は、企業が自社が何を行ない、何を行なわないのかの定義を明確に行なっていないと、中核事業から逸脱するようにみえるアイデアに対して「社運を賭けて」しまう傾向があるという点だ。そして、最終的に成功の可能性がほとんどないということが明らかになるまで、リスクを重ねていくことになりがちだ。企業が現時点での中核事業の定義に制約されないようにすべきである一方で、中核事業から大きく離れすぎることもまた危険だ。コンサルティング会社ベイン・アンド・カンパニーのグローバル戦略プラクティスのディレクターであるクリス・ズックによる研究では、企業が、同時に複数の特性において中核事業から逸脱したときには成功の可能性が低くなることが示されている。※7

このような罠から逃れるために、企業は以下に示す質問に答えることにより、自社のビジネスの特性に沿って何を「時刻表」に載せるべきで何を載せるべきでないかを判断し、明確に定義すべきである。

□**どの顧客グループをターゲットにできるのか**：消費者指向の企業であれば、企業顧客を対象として考慮できないだろうか。逆に、企業指向の企業であれば、消費者をターゲットにできないのだろうか。大規模企業をターゲットとしている企業であれば、小規模企業をターゲットにできないだろうか。サービス事業者に対して販売を行なっているのであれば、エンドユーザーへ直接販売することはできないだろうか。

□**どのような流通チャネルを使用できるか**：通常は小売りのチャネルを使っているのであれば、直販は検討できないだろうか。主に大量販売のチャネルを使っているのであれば、ニッチ市場は検討の対象になるだろうか。

□**安定状態においてどの程度の収益を達成しなければならないか**：一億ドルだろうか、五〇〇〇万ドルだろうか。また、安定状態とは具体的に何を意味するのか。

□**安定状態においてどのような利益率を確保する必要があるのか**：現状の利益率以上か。現状と同等か。現状以下でよいのか。

□**どのような製品やサービスを提供するのか**：通常は製品の販売を行なっているのであれば、サービスの提供はできないか。通常はサービスの提供を行なっているのであれば、製品の販売はできないだろうか。

□**どの地域をターゲットとするか**：特定地域向けに事業を行なっているのであれば、グローバルに展開することはできないだろうか。すでにグローバルに事業を行なっているのであれば、特定地域向けに展開することはできないだろうか。対象地域を広くすべきか狭くすべきか。

□どのブランドを使用するのか：新しいブランドの採用は検討に値するだろうか。

□どのように収益を得るのか：新たな収益源を考慮することができるだろうか。そのうちのどれが検討済みか。

□どのサプライヤーやパートナーと取引するか：新たなサプライヤーの採用を検討できないだろうか。通常は自社で行なっている作業のアウトソースを検討できないか。通常は、アウトソースしている作業を社内で行なうことはできないだろうか。

□どのような戦術を使用するか：企業買収や提携は検討できないだろうか。

□どのようなマーケティングのアプローチを採用するか：完全ではないプロトタイプでテスト・マーケティングを行なうことが検討に値するだろうか。

特定の業種においては、他の特性の検討も重要になる。たとえば、製薬企業は薬の有効性（効果が見られるというレベルか、臨床試験で検証されているかなど）に関する視点が必要になるかもしれない。化学業界では、許容される環境への影響（まったく影響がないのか、管理可能か、深刻なレベルかなど）を考慮しなければならないかもしれない。メディア企業では、広告のリーチ（地域限定、全国的、国際的など）を検討することになるだろう。

いかなる企業においても、重要なポイントは「望ましいもの」、「検討に値するもの」、「問題外であるもの」を識別することにある。最初の段階から、これらのパラメータを明確にし、新たな情報を入手した段階で柔軟に変更できるようにすることで、チームが適切な活動にフォーカスできるようになる。図1‐1では、企業が目標と境界を明確化するための簡単な図を示した。

成長領域の選択

「作戦」の最後の構成要素は、イノベーションの潜在力が高い「領域」のリストを作ることだ。優先順位が高い少数の領域を選択することは、イノベーターが初期の努力のフォーカスを定めるために重要だ。初期リストになかった領域において大きな成長事業が生まれる可能性もあるが、優先順位が高い領域にフォーカスすることはほとんどの場合に有効だ。

大きな潜在力を持つ未開の領域が常に明らかであるとは限らない。そのような領域を見つけるた

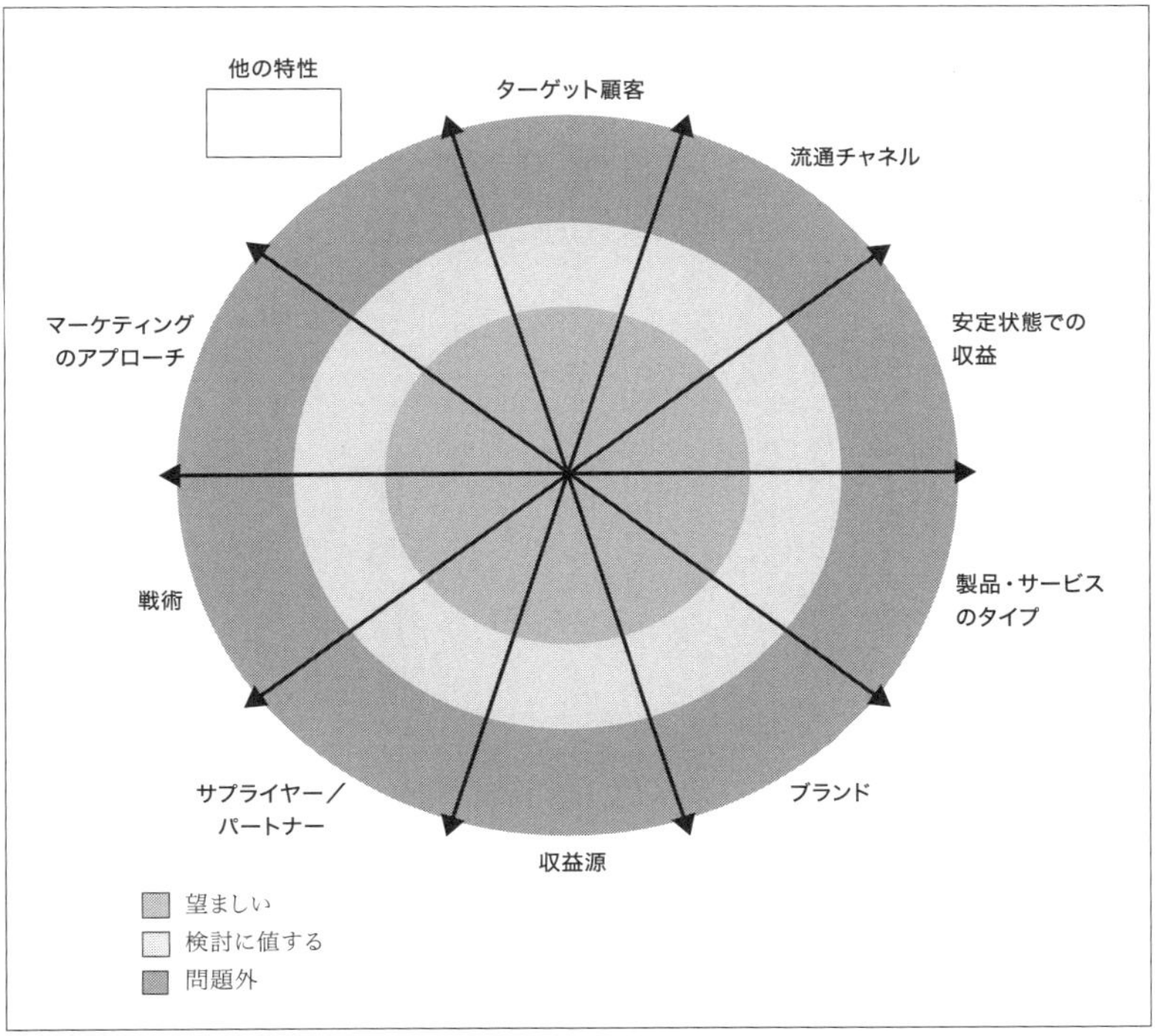

図1-1　目標と境界条件

めにうまくいくことが多い方法として、現時点で多少は関与しているが積極的には参入していない近隣市場を検討してみる、というものがある。現在の能力、資産、知識を使って新たな成長の基盤を生み出すことができるほどに中核事業に近く、同時にまた従来の競合他社が容易に追随できないくらいに中核事業から離れている領域を探してみるのだ。たとえば、インドのある運送機器メーカーは自動車向けのテクノロジーを活用するために、近隣市場として車いす市場をターゲットとすることを決定した。

「非消費」の概念（詳細は第二章で述べる）も有効だ。製品コスト、複雑性、利便性不足などが消費をどの程度制約しているだろうか。たとえば、米国には医療保険に加入していない国民が四七〇〇万人存在する。明らかに、この市場には破壊的な成長を達成できる可能性があるだろう。

一般には、真に肥沃な土地となる機会の領域と、すでに多くが参入し有益な新規市場につながる可能性が低い領域を区別するには個別の判断が重要だ。自社の現在の市場での「通常」の機会を越えた可能性を求める企業にとって理想的な方法は、上級経営陣の叡智に社外のアイデアを少量加えることだ。このステップにおいて重要なのは、経営陣が自社の市場の周辺部分に自ら出向くことである。たとえば、一九九〇年代後半にジョンソン・エンド・ジョンソンが新たな成長機会を構想していたときには、中国が大きな機会となることが明らかだった。上級経営陣の数名が中国市場の視察を兼ねて中国に出向き、数日間にわたって会議を行なった。機会の源泉となる場所に出向いたことで、経営陣はこの機会を新たな視点から見ることができるようになった。[※8]

領域の選択には極めて微妙なバランス感覚が必要とされる。ハーバード・ビジネス・スクールのハワード・スティーベンソンは、起業家精神（アントレプレナーシップ）とは、「管理できる資源とは関係なしに機会を追求すること」と定義している。その一方で、企業は市場で勝利するために何らかの権利を有している（あるいは能力を作り出すことができる）ことも必要だ。機会がある領域を見つけ出すためには、明日求められる能力が今日とは大きく異なる可能性もあることを念頭に置きつつ、このバランスを管理していくことが必要になる。

最後にもう一つ助言を述べておこう。現時点でのビジネスの定義が将来の成長の機会を明らかにするために重要な役割を果たすということだ。四〇年以上も前のことだが、ハーバード・ビジネス・スクールのセオドア・レビット教授は、自社がどのようなビジネスを行なっているかを企業自身が正しく理解していないことがある点について苦言を呈した。※9 レビット教授は、ある企業が実際には運輸産業に属しているということを理解しておらず、鉄道産業に属していると考えており、その結果、航空産業や物流産業へ進出する機会を逸していることなどを例として挙げている。企業は、製品・サービスのカテゴリーや基本的特性によって、自社の中核事業を定義することが多い。しかし、それだけでは不十分だ。なぜ顧客が自社の製品やサービスを購入しているかを尋ねることで、「我々はどのようなビジネスを行なっているのか」という質問に対するより正確かつ広範な答、つまり、自社のビジネスの正しい定義が得られるだろう。

例として、プロクター・アンド・ギャンブルのクレストというブランドを考えてみよう。一九九〇年代の初頭においては、同社は、このブランドを基本的にチューブに入ったフッ素配合歯磨き粉であると定義していた。この定義に基づき、同社は新しいフレーバーなどの、チューブの中に入れる機能にのみフォーカスしていた。しかし、一九九〇年代の半ばになり、このブランドの担当チームは消費者がこの製品を購入するのは「歯の健康と魅力的な笑顔」を得るためであるということを認識した。

この新たな認識により、同ブランドの競合他社、そして市場機会の範囲は、うがい薬、デンタル・フロス、歯ブラシ、電動歯ブラシ、歯科医によるホワイトニングなどの美容サービスにまで拡大した。なぜ顧客が自社の製品を買ってくれるのかを分析することで、新たな成長の可能性が明らかになることがあるということだ（この点については第四章でより詳しく述べよう）。

もう一つの例としてリーガル・シーフードというレストランについて考えてみよう。ボストン近郊のシーフード好きにとって、リーガル・シーフードは長きにわたりお気に入りの店であった。最近になり、同社は、米国東海岸地域の三〇カ所以上へ店舗を拡大した。リーガル・シーフード・レストランで食事をしたことがある人に、同社のビジネスが何であるか尋ねてみればほとんどの人は「レストラン・チェーン」であると答えるだろう。

しかし、リーガル・シーフードは、自社のことを総合的シーフード・ビジネスと考えていた。レストランは自社の主要な流通チャネルの一つに過ぎないと考えていたのである。このような考え方により、同社は単に店舗を増やす以外の新たなタイプの流通の機会やアイデアの判別が容易にできるようになった。たとえば、スーパーマーケットでリーガル・シーフードのブランドの商品を販売したり、欧州市場にシーフード製品を販売することなどが検討対象になった。

■三　資源配分のプロセスを理解する

資源配分のプロセスは「イノベーションのジレンマ」の中心にある。大企業の運営の仕組みの中に深く埋め込まれている、複雑で習得が困難なプロセスだ。このプロセスを適切にコントロールすることは困難であるが、成功のためには避けて通れない。

資源配分のプロセスを習得するために企業が取り得る最も重要な行動は、成長のための取り組みに独立した資源（人員と予算）を割り当てるということだ。結局のところ、イノベーション・ポートフォリオに均等に資源を割り振ってもあまり意味はない。多様なイノベーションのそれぞれに対して適切に資源を割り当てていく必要がある。重要なポイントは、戦略によって資源の配分方法が決まるのではないということだ。資源をどう配分するかによって戦略が決まるのである。別のいい方をすれば、自社の時間と資金をどう使うかが自社の優先順位を反映する。適切な資源をイノベーションの実現のために割り当てていなければ、イノベーションが重要であると主張しても意味はない。※10

資源の個別のプールを確保し、それを確実に保護することが極めて重要だ。イノベーションのための全資源を一つの容れ物で管理しようとする企業では、低リスク（かつ低リターンでもある）の中核的取り組みを優先するために、リターンは高いがリスクも高い投資が後回しになってしまうことがよくある。

どれだけの資源が必要か

これまで説明してきた分析により、成長のための取り組みに割り当てるべき資源が明らかになるはずだ。さらに、以下の四つの要素も適切な配分を決定するために有効だ。

□**中核事業の成長率**：成長率が低下しているのであれば、新たな取り組みに対してより多くの資源を割り当てなければならない。

□**中核事業における競合の強さの変化**：中核事業において競合が強まっている場合（あるいは、競合が強まるであろう兆候を発見した場合）には、より多くの資源を新たな取り組みに割り当てるべきである。これは、特に中核事業が成熟している場合に当てはまる。

□**企業における新たな成長事業創出の経験**：もし、以前に新たな成長事業を立ち上げた経験がないのであれば、はるかに多大な資源を割り当てる必要がある。なじみのない領域を進んでいくということは必然的に多くの過ちを犯すことにつながるからだ。

□**中核事業と比較した潜在的な新規事業の資本集約度**：資本集約度が相対的に高い取り組みには、より多くの資源が必要になる。

たとえば、企業がまったく一からスタートした新興企業であったり、業績不振状態が続いていてキャッシュ面での管理が必要である場合などの例外的なケースを除き、資源の一部を新しい取り組みのために割り当てておくべきである。

しかし同時に、企業は新しい成長の取り組みに多くの資源を割り当て過ぎないように注意する必要もある。企業は、中核事業の維持と新規事業の創出の間のバランスを取らなければならない。どちらかの方向に極端に傾くことは、企業に修正不可能な損害をもたらしかねない。新規事業の取り組みの強化が不足していれば、その後数年後に問題が発生することになる。一方、中核事業への集中が足りなければ、一年程度で問題が発生することになるだろう。

成長の取り組みのためにあまりに多くの資源を投入すると逆効果になる可能性がある。新しい方向を採用したときには、間違った方向に進んでしまう可能性を無視することはできない（この問題については第七章において、より詳細に述べる）。過大な資源を確保できたチームは、間違った方向に長い間進んでしまう可能性がある。逆に、限定的な資源しか持たないチームは重要な仮説を迅速に検証し、実験することにより、適合していかざるを得なくなる。

これは、イノベーションへの旅を始めたばかりのコスト重視型企業にとっては良いニュースだ。初期段階においては、企業が行なわなければならない最重要投資は時間であって金銭ではない。マネジャーが新規成長ビジネスを見つけて育成することに長けているのであれば、初期段階では数百万ドルのレベルの投資で十分な場合もある。

最も希少な資源は時間である

イノベーションのための資源を用意するときには財務的資源だけではなく、人的資源も割り当てておくことが重要だ。実際、多くの企業においては、人々の時間は金銭よりも希少な資源なのである。

スティーブ・シルバーマンは、カリフォルニア州パーム・スプリング市で事業を行なっているガネット傘下の新聞社であるデザート・サン紙の編集主幹である。二〇〇六年に、同紙はイノベーションを戦略的優先事項の一つとすることを決定した。シルバーマンとデザート・サンの経営者であるミッシェル・クランスは、全経営陣に四カ月間にわたって週のうち一日を割り当ててイノベーションにフォーカスするよう命じた。経営陣は既存製品の改良を行ない、地域のレストランと若い消費者をターゲットとしたクーポンを多数提供するウェブサイトを立ち上げ、イノベーションを反復可能な取り組みにするための社内組織を設立した。[※11]

四カ月間にわたるプロセス終了後に、シルバーマンはこの経験を振り返り、次のように述べている。「中核事業に極めて多くの時間を取られていたため、特別に時間を割り当てない限り、イノベーションを実現することは不可能だった。ある時、我々は休暇先で、中核事業からある程度の時間を削っても特に問題は起きないのではと考えた。そして、『イノベーションのために時間を割り当てなければ何か問題が発生するのか』と自問した。そして、その答は『イエス』だったのだ」。

企業が人的資源をイノベーションに割り当てる際には、根本的な選択の課題に直面することになる。部門あるいは事業部の全従業員に対して、自分の時間の一部をイノベーションに割り当てるように命じるべきか（3Mやグーグルのようなやり方）、あるいは、イノベーションに専念する小規模なグループを作るかという選択だ。常にいえることだが、ここでの問題はどちらのシステムが客観的に優れているかというものではなく、どちらがその企業の状況に適合しているかというものである。多数の人々それぞれに少しずつ時間を割り当ててもらう方式（これは「一〇パーセント計画」とでも呼べよう）は、個人が革新的なアイデアを考案する能力を有している場合には効果的だ。また、企業が伝統的にイノベーションを行なってきており、良いアイデアかどうかを社員が集合的に判断できる能力を有している場合にも有効だ。

特定の従業員のグループをイノベーションに専念させる方式は、企業がイノベーションの取り組みにおいて初期の段階にあり、新たな指標（第九章を参照）を作り出さなければならない場合に適切であることが多い。また、目標が中核事業から遠く離れたアイデアを開発するものである場合にも有効だ。新製品の開発が、他の仕事との並行作業として行なわれた場合には、ほとんどのマネジャーはまったく異なるアプローチを採用するのではなく、すでに経験したことがある考え方に落ち着くことが多いだろう。社員に自分の時間の一部をイノベーションに割り当てるよう提案しても、ほとんどの場合には中核事業の緊急性ゆえに、重要なイノベーション活動が後回しにされてしまう。これは無理からぬことだ。

要するに、筆者らの認識では、「一〇パーセント計画」はマネジャーが安心感を得るためのお守り（「当社はイノベーションに資源を割り当てているのだから大丈夫だ」）としては機能しているが、意味のある結果に結びついていないことが多いということだ。他のすべての条件が同じであるとするならば、一〇〇人がそれぞれ一〇パーセントの資源をイノベーションに割り当てるよりも、五人がそれぞれ一〇〇パーセントの資源をイノベーションに割り当てたほうが望ましいだろう。※12

経営陣にとって、マネジャーを中核事業から異動することは最も困難な意思決定となり得る。成長事業を成功裏に立ち上げることができるマネジャーは、通常、中核事業においても重要な役割を果たす（常にそうだとは言えない。この点については第八章を参照）。しかし、イノベーションの取り組みを加速したい企業は、中核事業を適切に軽量化したり、重要な職位の社員を迅速に採用できる能力を高めなければならない。

投資を資本配分の意思決定とみなす

多様な取り組みのために予算と要員を個別に割り当てるには十分な規律が必要だ。中核事業が問題を抱えた場合には、会社を救うために長期的なベンチャー事業に割り当てていた資源の一部を使いたいという抗しがたい誘惑にかられるだろう。このようなやり方は、短期的には意味があるように思えるが、長期的には破滅的結果をもたらすことがある。

独立した資源のプールを用意する場合には、経営陣は経費を資本支出と考えるべきであり、営業経費とみなすべきではない。成長のための取り組みを予算サイクルに取り込むことは、不合理な行動につながりがちだ。つまり、翌年度の予算枠を確保するために、現時点で割り当てられた予算を使い切ってしまおうとするのである。これは、稼働率ベースの予算計画において、「使わなければ枠を失う」というアプローチを取っている場合に常に起きる問題だ。これは、未知の領域で事業を行なっている成長ビジネスのグループにとってはとりわけ深刻な問題となる。成長戦略にフォーカスしたグループは経費の無駄使いをすべきではない。機会の拡大に伴い賢く経費を使うほうがはるかに適切なアプローチだ。

経営環境が厳しい場合には、新規事業の取り組みへの支出を削減したいという誘惑が極めて厳しいものになるのは理解できる。しかし、成長ビジネスのための投資を完全に割り当て済みの経費ととらえている企業では、環境が厳しいときでもイノベーションを継続しやすくなる。

■現場マネジャーへの助言

本章で議論してきた課題の多くは戦略的な特性をもっており、上級経営陣の深い関与とリーダーシップが必要となる。もし、自社が必要な前提条件を欠いていると考えているが、それを自分で変えられる権限がないのであれば、以下のようなステップを検討してみるとよいだろう。

□上級経営陣と成長とイノベーションについて議論するための半日のセッションを設ける。経営陣に対して以下の質問を行なう。

▼ 自社の五年間における成長目標は何か

▼その目標達成において、自社の能力にどの程度の確信を持っているか
▼同業他社と比較して自社のイノベーション能力はどの程度か
▼他業種の革新的企業と比較して、自社のイノベーション能力はどの程度か
▼自社の属する市場が今後五年間に根本的な変化を経験すると信じるに足る理由があるか。そのような変化に対応できるよう十分な準備ができていると考えられるか
▼今後五年間に自社のビジネスを二〇パーセント縮小させる条件とはどのようなものか。そのような条件が成立すると思われる兆しがあるか
▼自社のイノベーション・ポートフォリオのうちのどの程度が中核事業に近いイノベーションに割り当てられているか

□似た考えを持つマネジャーたちとディスカッション・グループを構成してみる。イノベーションに関する「クチコミ・キャンペーン」を始められるような協力関係を築いてみよう。
□破壊的イノベーションのプロジェクトの作業を夜間および週末に行なうための小規模なチームを構成しよう。このアプローチは資本集約型の業界ではあまりうまく機能しないが、多くの場合、小規模なチームは一定の時間内でめざましい成果を発揮できる。差別化されたアプローチの価値を示すことでさらなる行動が促進されることもある。

■上級経営陣への助言：期待値の管理

イノベーションの取り組みを始めたばかりの企業がすぐに効果を得られる可能性は低い。実際、

『イノベーションへの解』では、新規成長事業を作り出そうとする企業は、成長については忍耐強く、利益については性急であるべきだと述べた。[※13] 企業がこの助言に従うのは難しい。特に、ビッグバン的な急拡大の必要性を感じている企業にとってはそう言える。

上級経営陣、特にＣＥＯや事業部長は、企業がこのモットーに従うことができるようにするために重要な役割を果たす。上級経営陣は、社内外の期待値を慎重に管理し、成長の取り組みのために必要な資源を提供しなければならない。

上級経営陣の役割はイノベーションの必然性について十分以上の意思伝達を行なうとともに、新規成長事業の取り組みが利益を上げるまでには、育成のための期間が必要であることを強調することである。もちろん、このような考え方を実際の行動に結びつける必要がある。

フィル・ケントは、ターナー・ブロードキャスティングのＣＥＯである。ターナー・ブロードキャスティングはタイム・ワーナーの数十億ドル規模の子会社の大手放送事業者であり、ＴＮＴ、ＴＢＳ、ＣＮＮ、ｔｒｕＴＶ、カートゥーン・ネットワーク、ターナー・クラシック・ムービーなどのブランドを擁している。ケントと経営陣がイノベーションが同社の戦略的緊急事項でなければならないと決定したときに、ケントは各事業部に出向いて「ターナー２・０」というタイトルのプレゼンテーションを行なった。このプレゼンテーションでは、自社の歴史が大胆なイノベーションに基づいたものであること、急速に変化するメディア業界において成功するためにはイノベーションを行なわなければならないことが主張されていた。

ケントの努力、および、新たな製品グループとプラットフォーム研究開発グループ向けに予算を確保するという決定により、同社内ではイノベーションは単なる流行語ではないのだということが明らかになった。さらにケントはプレゼンテーションの中で、すべてのイノベーションの取り組みが成功するわけではないこと、そして、イノベーションが利益を上げられるまでには時間を要することを明確にしていた。

社外の利害関係者にイノベーションの取り組みの価値を理解してもらうのは実に難しい。これは、イノベーションによる利益の特性が中核事業の特性と異なっている場合にはなおさらだ。最初は小さく始めることが賢明であるもう一つの理由は、投資が小規模であればオープンな市場の鋭い監視から隠れることが容易になるということだ。投資が大規模になると市場の目も厳しいものになり、期待値が段階的に増大して、成功が不可能な段階にまで至ってしまう可能性もある。利用できる手段の一つとして、成長の取り組みの隠れ蓑として適切な規模の企業買収を行なうという方法がある。また、新たな成長のために独立した子会社を設立することも考えられる。

経営陣にとっては、アナリストそして株主に向けて説得力がある成長のストーリーを説明できることが重要だ。二〇〇五年から二〇〇六年にイノサイトが、破壊的イノベーションに関して米国新聞協会にコンサルティングを行なっていたときの話だが、多くの新聞社の経営陣が投資家や証券アナリストからの圧力により、自分が正しいと思ったことを実行できないと非公式の場で述べていた。より具体的には、社外からの圧力によって利益率が薄い成長ビジネスを創出することが困難だと述べていたのだ。従来からの新聞のビジネスの経常利益と同等レベルの利益を提供するような新規ビジネスはほとんどないため、経営陣は唯一の選択肢が、構造的に衰退傾向にある既存中核事業を維持していくことだけであると感じていた。しかし、アナリストとの対話においてプロジェクトチームが聞いた最大の不平は、新聞社は自社のビジネスの凋落を食い止める方法についてうまく説明できていないというものだった。アナリストは懐疑的であることを求められる職業であることを考えれば、成長のための一貫した計画を有する新聞社こそがアナリストの支持を受けられる可能性が高いだろう。

■まとめ

個々のイノベーションの取り組みやイノベーションのための組織作りに取りかかる前に、企業は自社がイノベーションのための適切な前提条件をもっていることを確認すべきだ。この章では、三つの重要な前提条件について説明した（図1‐2）。

□一　安定した中核事業
□二　全体的目標、求められるイノベーション・ポートフォリオ、イノベーションの「時刻表」、イノベーションの目標と境界、ターゲットとなる成長領域などから成る成長のための「作戦」
□三　財務および人的資源を確保し、確実に保護するための資源配分プロセス

これらの前提条件のギャップに対する認知度向上を検討しているマネジャーは、破壊的イノベーションのプロジェクトに対する草の根型支援、上級役員によるセッション、「副業型」の実行などを検討してみるべきである。上級経営陣は、社内外の資源の整合性を確保するために、明確かつ頻繁な意思疎通を行なうべきである。

■実地演習

□自社の五年前の戦略計画を調べてみよう。成長のターゲットはどのようなものであったか。ターゲットは達成されたか。どのようにして達成されたか。

□小規模なグループを任命し、より少ない人材でも運営可能な領域を十件挙げてもらおう。これは解雇すべき人材を知るためではない。イノベーションのために活用できる人材を知るためである。

□一カ月間にわたり、経営陣に時間の使い方を日記に記録してもらうか、経営陣の予定表を分析してみることで、どの程度の時間が成長とイノベーションのために費やされているかを調べてみよう。時間の使い方が優先順位の表れであることを念頭においてほしい。

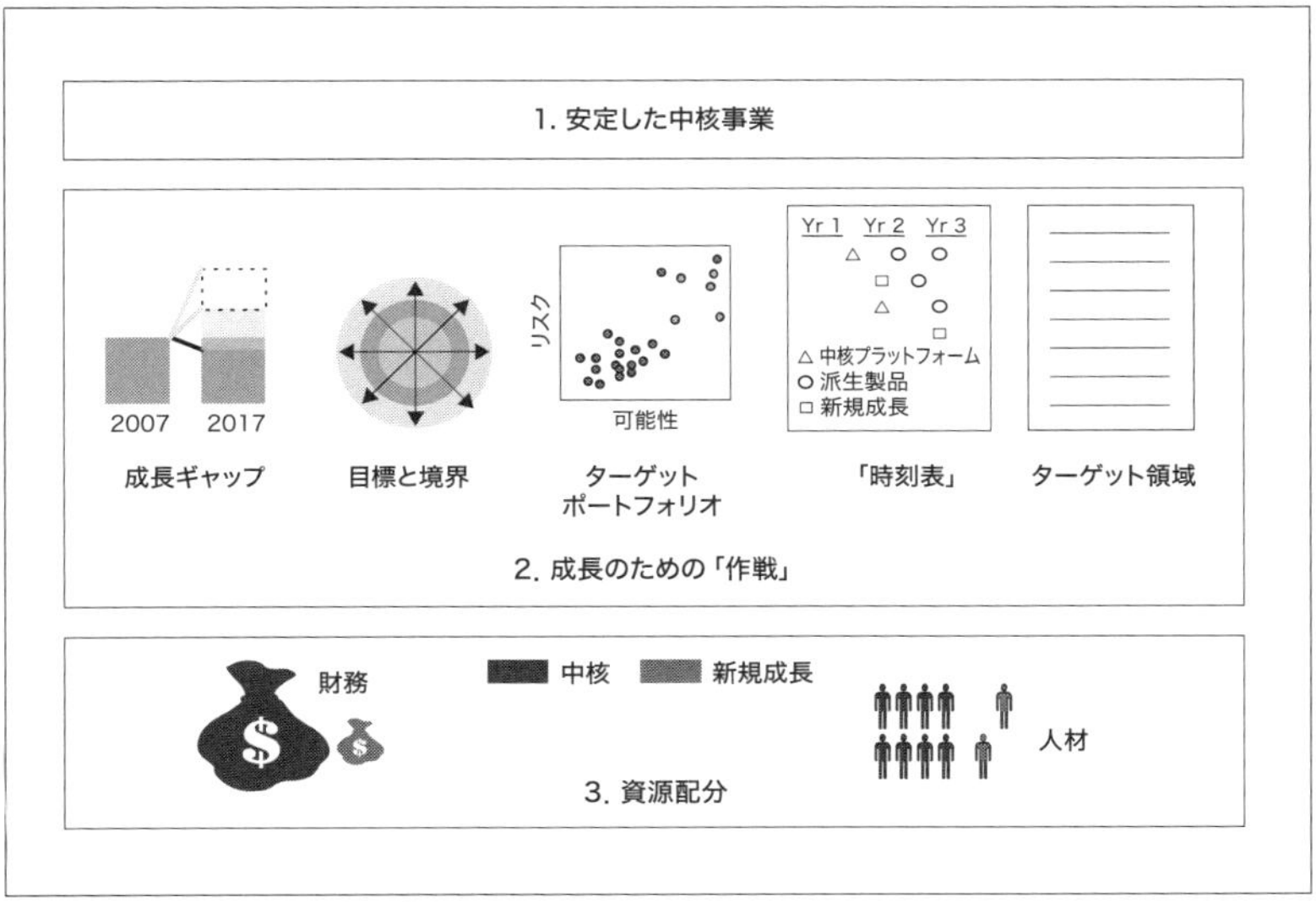

図1-2　イノベーションの前提条件

■ヒント

□余った資源は例外なく何かの目的に使われてしまう。新しい人材を雇用するのでない限り、イノベーションに対して資源を割り当てるということは、社内の何らかの活動を停止する必要があることを意味する。

□成長ギャップの明確化の作業を行なっている場合には、問題の潜在的重要性を明らかにするために考えられる最悪のシナリオを検討してみるとよい。

□意思疎通はどれほど行なってもやりすぎということはない。上級経営陣は自身のイノベーションへのコミットメントを明確かつ頻繁に意思疎通していく必要がある。

第一部
機会の識別

イノベーションの前提条件を念頭に置き、以下の七つの章では、発見した成長領域内で破壊的イノベーションによる成長事業を実現していくための三つのステップから成るプロセスについて述べていく。

最初のステップは、斬新な成長事業を創出する機会を見つけることだ。このような機会を識別するには、新しい形の思考と行動が必要になる。現時点における消費者ではなく、何らかの理由で消費を行なえない顧客について考えなければならない（第二章）。あるいは、需要は小さいが異なる解決策を求めている可能性がある顧客も考慮する必要がある（第三章）。顧客に対して単にどのような解決策が欲しいかを尋ねるのではなく、現時点で顧客が適切に解決できていない問題、いわば「片づけるべき用事」を理解すべきだ（第四章）。プロセスにおけるこの段階が終わると、ターゲットとする顧客を識別し、顧客の欲求不満の理由を理解し、潜在的な解決策についての仮説を公式化できるようになる。答をすぐに得ようとあわててはならない。潜在的顧客について慎重に検討し、顧客が抱える問題を理解することで、以前には予測もできなかった成長への道筋が明らかになるだろう。

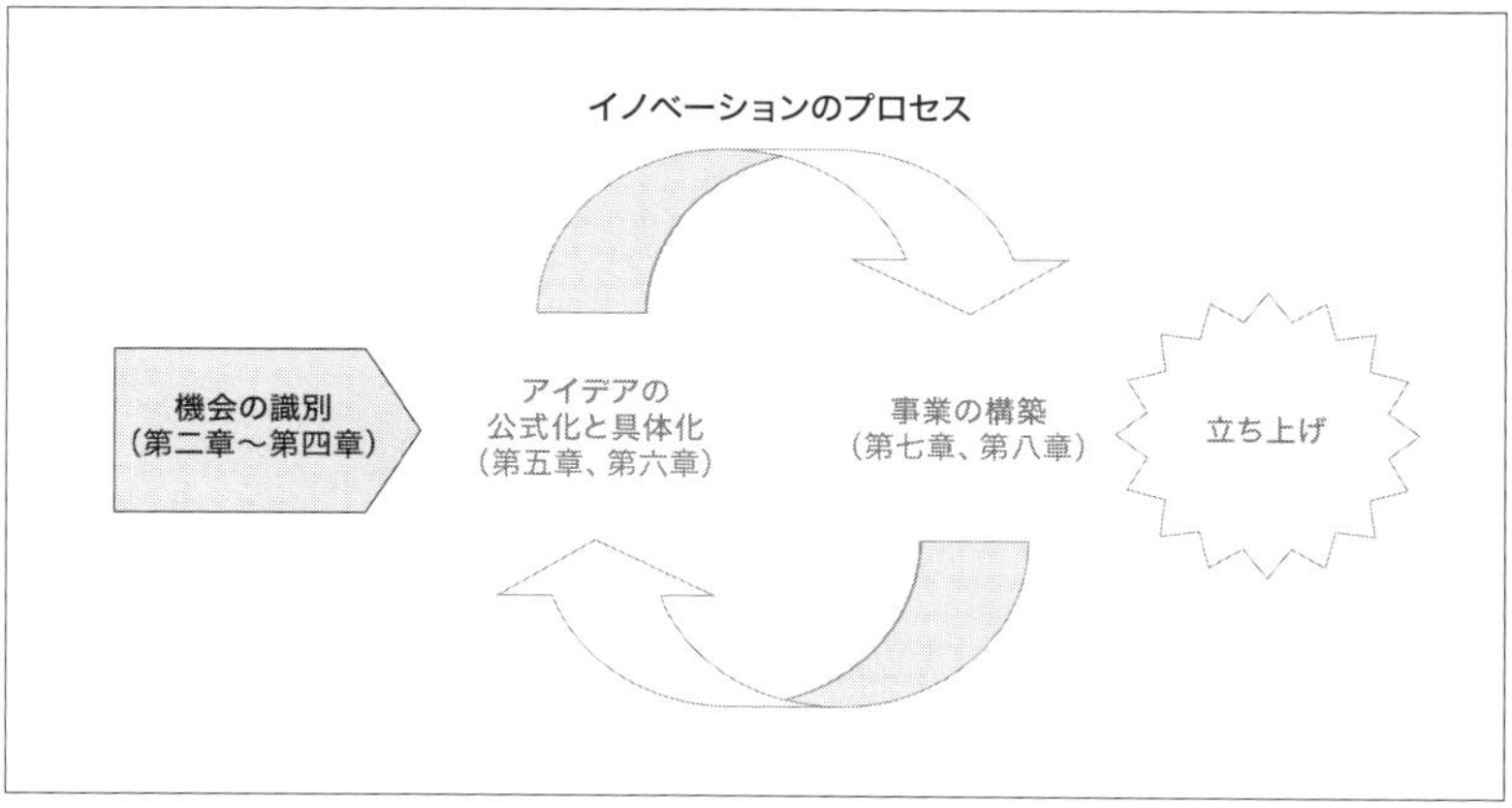

当社においては、フォーカスすべき市場の選択、開発すべき機能群、そして、次にターゲットとすべき目標を選択する上で破壊的イノベーションの理論が有効だった。既存のプレーヤーが当社の製品は不十分だと述べたときには、それらのプレーヤーの製品が高級すぎると考えている顧客に当社が売り込む機会があることを意味する。競合他社が当社の製品を不十分であるとみなしている場合も、我々はそれを肯定的にとらえている。当社が追求すべきニッチ市場が明らかになっていると言えるからだ。

——バヌー・ボーズ、バヌー創業者兼CEO

消費を行なわない者が成長事業のターゲットになる可能性が高いという考えは、直感的には受け入れ難いかもしれない。しかし、破壊的イノベーションの強力さの一つは、何らかの消費の「制約条件」が存在していた人々、つまり「非消費者」に対してドアを開くことで、市場を大幅に拡大できる点にある。

実際、社内のイノベーターにとって、「非消費者」との結びつきを作る方法を見つけることは、破壊的変化を脅威ではなく機会と位置づけるための重要な手法の一つだ。破壊的変化を、魅力的な既存事業を破壊する存在として非難するのでなく、次の魅力的な成長事業を築くための切符として肯定的に考えることができるようになるはずだ。多くのマネジャーは暗黙の内に破壊的イノベーションをヨーゼフ・シュンペーターによる「創造的破壊（creative destruction）」の概念と結びつけて考えているだろう。しかし、「非消費者」に対応することは重要な「創造的建設（creative construction）」に結びつく。このアプローチは強力だ。新規参入プレーヤーが手強い既存プレーヤーの反撃を最小化しつつ、市場での地位を確立できるからだ。結局のところ、新規参入プレーヤーが、既存プレーヤーが対応していない顧客に対応するのであれば、既存プレーヤーは被害を受けないため、反撃してくる可能性も低くなる。

市場調査レポートにおいて、市場の「非消費者」の規模が特定されることはあまりない。ゆえに、「非消費者」を識別するためには、適切な構造的思考と手法が必要になる。この章では、「非消費者」について定義し、需要を制約している条件の識別方法について述べ、企業が「非消費者」にリーチするためのアイデアをどのように概念化すべきかについて示す。

■「非消費」の定義

『明日は誰のものか』の用語解説では、「非消費（訳注：『イノベーションへの解』では「無消費」という訳語を使っている）」を以下のように定義している。「非消費」とは「消費の不在を示す。通常は、消費が何らかの障害によって妨げられている人（非消費者）あるいは状況（非消費の状況）を指す」[※1]。別のいい方をすれば、「非消費者」は重要な問題を解決できる能力を制限する障害に直面していることになる。「非消費者」は、既存の製品やサービスなしで、あるいは、既存の製品やサービスを何とか使いこなして問題の解決を行なわなければならない。これは不適切な解決策に結びつき、「非消費者」にフラストレーションを与えてしまう。

ほとんどの場合、企業が「非消費者」について考えると、潜在的市場全体がはるかに大きくなり、自社の現状の市場シェアがはるかに小さく見えるようになる。

多角化したメディア企業であるメディア・ジェネラルのエグゼクティブ・バイスプレジデント兼COOのライド・アシェが、「非消費」についての考え方を使ってバージニア州リッチモンドにおける市場を再考する契機とした事例をみてみよう。この市場では、一般消費者を対象にする企業が一万六〇〇〇社存在しており、これらの企業はメディア・ジェネラルの製品を利用してもよいはずだった。しかし、二〇〇六年時点では、メディア・ジェネラルはそのうちの三五〇〇社にしか対応できていなかった。他の一万二五〇〇社ができることは、イエロー・ページに広告を載せることだが、それでは、事業を行なう上で直面する多くの重要な問題を適切に解決することはできなかった。

なぜこれらの企業はメディア・ジェネラルのサービスを使わなかったのだろうか。これらの企業の多く、とりわけ小規模な企業は、メディア・ジェネラルのサービスが高価すぎ、自社のターゲット顧客に対応できておらず、複雑すぎて利用が困難だと考えていた。これらの「非消費者」に貢献する方法を見つけることで、成長のための大きな機会を発見できる可能性があった。

市場が飽和したかのように見えている場合でも、「非消費者」を識別することで新しい成長機会を発見できることがある。たとえば、筆者らの一人が二〇〇五年に大手ケーブル放送事業者向けに「非消費」の概念を説明していたときのことである。出席者の一人が手を挙げ、「すでに米国の世帯の九〇パーセント以上がケーブルテレビに加入しています。「非消費」の概念が当社に当てはまるとは思えませんが」と尋ねてきた。講師は次のように答えた。「視聴者がテレビの前に座っていないとき、貴社の番組を見る機会はどれくらいありますか」。質問者は黙してしまった。彼は自社製品の「非消費」という概念をあまりに狭く定義していたのである。

過去数年間にわたり、パーソナル・コンピュータや携帯電話などの動画視聴を新たな環境で行なえるようにするための数々のソリューションが登場してきた。かつては「非消費」に見えていた環境に動画サービスをもたらすことで、もう成長が見込めないと思われていた市場においてさらなる成長を達成できる可能性が生まれた。

消費を制約している障害を見つける方法を説明する前に、この過程で企業が陥りがちな二つの誤解について説明しておこう。

最初の誤解は、そもそも「非消費者」は消費したがっているものと思い込んでしまうことだ。関心を持たないようにみえる顧客が本当に関心を持っていないこともある。特定の問題を解決したり、特定の仕事をしたりすることが単に優先的な事項ではないがために、消費を行なわない顧客もいる。関心のない状態と消費が制約されている状態とを混同すると、誤った目標を追いかけることになりかねない。

一九九〇年代半ばの米国において、パーソナル・コンピュータをまだ購入していない顧客層向けに低コストのコンピュータを提供しようとしていた企業の例を考えてみよう。[※2] これらのコンピュータ・メーカーは、これらの顧客層は既存のソリューションが高価すぎたがために、まだコンピュータを買っていないのだろうと考えた。しかし、コンピュータがうまく解決してくれる問題そのものを抱えていない人々もいたのである。このような人々は、どれほど安価でもコンピュータを使おうとはしないだろう（筆者は、祖父に買ってあげたコンピュータが結局ペーパーウェイトにしかならなかったことを覚えている）。

企業が陥りがちな二つ目の誤解は、自社の製品の「非消費者」がどの製品も消費しないと思い込んでしまうことである。たとえば、筆者と新聞社とのブレーンストーミング・セッションにおいて、多くの新聞社経営陣が、ティーンエージャーは「非消費者」であると簡単に結論づけてしまった。ティーンエージャーが一〇年前と比べて新聞を読まなくなったことは調査で明確に裏づけられている。これは、ティーンエージャーが日常生活で直面する情報や娯楽関連の課題に対して、適切なソリューションを見つけていないということを意味するのだろうか。多くの市場において、答はノーだ。テレビ番組（ザ・デイリー・ショー〔訳注：米国で人気の風刺ニュース番組〕）、オンラインのソーシャル・ネットワーキング・サイト（マイスペースやフェイスブック）、著名ブランドのウェブサイト（ヤフー！）、テキスト・メッセージングなどティーンエージャーが十分満足できている数多くのソリューションが存在する。ティーンエージャーたちは、新聞よりもこれらの情報源を好んでいるというだけの話である。

これは、新聞社がティーンエージャーに向けたイノベーションを行なっても成長することができないということではない。ティーンエージャーを従来の「非消費者」と混同することで、イノベーションの努力を誤った方向性に傾けてしまうリスクがあると言いたいのである。

最も高い成長の可能性がある「非消費者」は、現実の障害要因により、重要なニーズが満足されないことで欲求不満に陥っている人々である。

■四つのタイプの制約条件

一般的に、消費を制約する障害は四種類ある。スキル、資力、アクセス、時間だ。それぞれの制約条件の発見方法は異なる。以下では、それぞれについて詳細に述べていく。

スキル関連の制約条件

個人に適切なスキルがないために消費が行なえない場合がある。そのような場合は、問題解決を行なってくれる専門家に頼るか、頼らずに自分で何とかするしかない。スキル関連の制約条件は、サービス関連の業界において顕著に見られる。自学することができないので専門家である教師から教育を受ける、自分の病状を診断することができないので専門家である医師の診察を受ける、などだ。

新しいテクノロジー・ビジネスが登場したばかりの段階においては、スキル関連の制約条件が存在する可能性が高い。一九七〇年代初頭においては、コンピュータのテクノロジーを消費している人は多くなかった。多くの企業に存在していたメインフレームやミニコンピュータを使うためには特別な研修が必要であった。そのような研修がなければ、ほとんどのマネジャーはコンピュータが提供する力を活用できなかった。もちろん、ソフトウェアやプロセッサのテクノロジーの進化により、今日のパーソナル・コンピュータにおいては、複雑性の多くが隠されている。その結果、コンピュータを用いたサービスの消費は指数関数的に増大した。

生産に関するスキルの不足

企業間取引の環境では、スキル関連の制約条件は、企業（あるいはプロフェッショナル）が、ある物を自分で「生産」するための必要な能力をもっていない場合に生じる。

ヘルスケア産業には、このような「非生産者」の例が数多く存在する。たとえば、クレイトン・クリステンセンは、最近、ハーバード・メディカル・スクールの医学生向けに行なった経営管理に関する授業で、破壊的イノベーションがヘルスケア産業にどのような影響を与えるかを発表した。[※3] そして、破壊的イノベーション理論の意味として、過剰満足とモジュール化がコモディティ化を推進することがあると述べた。

教室には、他の医学校の学長である医師が集まっていた。医師の一人が尋ねた。「医師がコモディティ化される可能性があるとおっしゃっているのですか」。クリステンセンがまさにそのとおりだと述べると、会場は大騒ぎになった。そして、著名な整形外科医が立ち上がった。

その整形外科医は言った。「もし医師がコモディティ化されないとお考えであれば、私のことを見ていただきたい。私は今まさにコモディティ化されています」。そして、過去において腰や膝の移植手術において、病院以外の経費のほとんどが医者に対するものであり、インプラントの製造業者に回されるコストの割合は極めて小さかったことを説明し始めた。医師は述べた。「これは妥当なことでした。移植の成功の可能性は極めて熟練した整形外科医の技術、判断、経験に大きく依存していたからです。しかし、インプラントのメーカーは、整形外科医が常に完璧な移植手術を行なえるよう、自社製品を継続的に改良し、より使用を容易にし、間違いを防ぐようにしました。メーカーが、複雑性を手術から取り払い、インプラント側で解決するにつれ、医師はコモディティ化されることになりました。経験のない整形外科医でも手術ができるようになったのです」。その医師は、二〇〇四年には、手術代に占めるインプラント・メーカーの取り分の割合が、初めて医師の取り分を越えたと述べた。

この例は医療業界でみられる一般的パターンに合致する。機器メーカーが、経験の少ない外科医でも高品質の治療を容易に行なえるようにする製品を開発することで成長を達成する。実質的に、これらの企業は、かつては最も優れたスペシャリストだけが利用可能であった技術をどの外科医でも利用できる製品に埋め込むことで、「非消費」に対抗していることになる。

たとえば、除細動器の市場の発展について考えてみよう。「除細動器」という言葉はなじみがあるとは言い難いが、テレビでやっている医療ドラマをみたことがある人はそれが何だか知っているはずだ。患者が心臓発作を起こした場合、医療のプロフェッショナルがこの機器を使用する。外科医が機器を充電し、「離れて!」と叫び、機器に接続された電極を患者の胸に押し当てる。強力な電流のショックで止まった心臓を復活させようとするのだ。

テレビドラマであれば、劇的な音楽が大きくなり、患者の心臓が動き出し、緊急医療室はまったく問題がない状態になる。しかし、現実には悲しいことにこの救命装置が迅速に提供されないケースも多い。米国心臓病学会は、心臓発作が原因で一日に一〇〇〇名の米国人が命を落としていると推定している。一分一分が重要だ。除細動の処置がなければ、患者の生存可能性は一分ごとに七パーセントから十パーセントずつ低下していく。

携帯型の自動体外式除細動器(AED)の登場により、救命作業が緊急医療室だけでなく救急車でも、そして野球場やショッピング・モールなどの多くの人が集まる場所でも実施可能になった。フィリップスは、一九九〇年代後半に最初のAEDを市場に投入し、それ以来、一五万台を販売している。同社の機器のさまざまなバージョンが、研修目的や大手航空会社の機上などで利用されている。

フィリップスが二〇〇二年に市場に投入した家庭用除細動器であるハートスタートは、AED普及の動きの最先端にある製品だ。ユーザーはこの装置を通常の薬局で買うことができる。つまり、医師の処方箋は不要ということだ。最初のバージョンの価格はおよそ一五〇〇ドルである。これは、心臓発作のリスクが高い家族を持つ多くの個人にとって十分に手が届く価格帯である。そして、単純な図解と音声による指示機能により、専門家でなくてもこの装置を適切に使用することができる。

スキル関連の制約条件の識別

スキル関連の制約条件を識別するためには、商品やサービスの消費チェーンあるいは生産チェーンを描いてみるとよい。最終的な消費が起きる前に、長いチェーンが存在しているのであれば、スキル関連の制約条件が発見されたことになる。

ここでも、ヘルスケア産業におけるわかりやすい事例がある。今日では、患者がまずホームドクターのところに行くと、ホームドクターは専門医を紹介する。さらに、専門医が部下の専門医を紹介することもあるかもしれない。

このように長いチェーンが存在する場合には、問題解決の方法の変化を知るためにより注意深く観察してみることが必要だ。プロセスをルールベースの簡単な方式に置き換えることで、非専門家に問題を自分自身で解決してもらう機会が生まれることもある（次ページのコラム「破壊的イノベーションのルール」を参照）。

スキル関連の制約条件を探している企業は、市場に参入したがっているが特定の専門スキルを欠いている製造業者も探してみるべきだ。たとえば、裕福な顧客向けにサービスを提供しているスパや美容サロンを経営する企業の多くは、石けんやシャンプーなどの個人向け製品に自社ブランドを拡張したいと考えているだろう。しかし、それらの企業の多くは、自社の高級なイメージに合致できる製品を製造できる能力を欠いている。ゆえに、多くの企業にとっての選択肢は、あまり良くない製品を提供するか、まったく製品を提供しないかのいずれかになる。大手シリコン製造企業であるダウ・コーニングのチームは、これらの「非消費者」をターゲットにするための巧妙な方法を考案した。

過去においては、ダウ・コーニングはP&Gやユニリーバなどの消費者向けパッケージ商品のメーカーにシリコンを販売してきた。これらの企業は、シリコンを他の材料と混合し、自社ブランドの最終製品を製造している。ダウ・コーニングはこれらの企業に高品質のシリコンを提供していたが、多くのサプライヤーの中の一社に過ぎないことから、高額での販売を行ない魅力的な利益率を確保することは困難であった。

ダウ・コーニングは、他の素材サプライヤーを活用して、製品メーカー以外のスパ、美容サロンなどの顧客に対する独自のソリューションを提供できると判断した。このソリューションは新たな顧客層にアピールしただけではなく、ダウ・コーニングはP&Gへのコモディティのサプライヤーとして機能している場合よりも魅力的な利益率を確保できるようになった。[※4]

破壊的イノベーションのルール

課題に初めて直面したときには、「エジソン式」の試行錯誤の手法を用いて、構造的ではない実験的やり方で解決を行なう必要がある。課題を解決する者は、物事の因果関係や根本原因を知らないため専門家の判断に頼る必要がある。ゆえに、専門家の知識や科学的技能を高く評価する。たとえば、銀行のローン担当者が借り手候補の信用を審査する場合を考えてみよう。担当者は、借り手のローン返済能力を審査するために自身の判断に頼らざるを得なかった。借り手の金融取引の履歴を精査し、個別に面接を行ない、リスクの有無を判断していた。実質的に、ローン担当者は、良い申込者と悪い申込者を区別するための実験を行なっていたことになる。

しかし、長期的に実験を行なっていればパターンを発見できる。ローン担当者は良い借り手を識別する要素を認識し始めるようになる。たとえば、現在の家での居住期間、現在の会社での勤務期間、年収、過去の支払い実績という四つの要素が良い借り手と悪い借り手を区別することになるだろう。

このようなパターンを認識することができるようになれば、問題解決をより効率的に行なうための専門知識が得られたことになる。「これはよくあるパターンの一つだ。私がこうすれば、結果はこうなるだろう」というようなことだ。また、他の社員が同じ専門知識を獲得し、同じパターンを見つけられるようにすることもできる。しかし、この段階では破壊的イノベーションは依然として困難だ。想定される重大な問題に対応するために、特別な知識が必要となることもあるからだ。

パターン認識が暗黙的な直感から、明確に定義され公式化されたルールになったときに、大きなブレークスルーが生まれる。ルールベースの手法への遷移が起きたこのタイミングこそが、イノベーターが破壊的イノベーションをもたらす製品を作り出すことができる時だ。

一九五六年にフェア・アイザックという企業が、標準的な予測型のリスク評価ツールを市場に投入した。個人のパターン評価能力に依存するのではなく、上述の四つの変数を統計的アルゴリズムへの入力として、単一の「与信スコア」を計算する。この分野の知識がない者でも、アルゴリズムを使用して申込者の信用力の審査を行なうことができる。この方式の正確性は、余分な情報により判断を誤ることもあるローン業務の担当者と同等のものだ。

与信スコアの評価手法がさらに改良されたことで、銀行業界の解体と破壊的イノベーションが促進された。ルールの改良により、融資の意思決定が最終的な消費者の近くに移動し、多くのタイプのサービスが実現可能になった。たとえば、MBNA（二〇〇五年にバンク・オブ・アメリカに三五〇億ドルで買収された）などのクレジットカード発行専門会社が登場してきた。これらの専門会社は、専門家によるリスク評価の知識はないし、多数の担当者を抱えているわけではないが、必要にして十分以上のサービスを提供し、カスタマイズ性や利便性を次第に高めつつある。専業会社は、自動車ローン、住宅ローン、そして最近では小規模事業者ローンなどの分野で実績を積んできている。

資力関連の制約条件

消費の制約条件のなかで最も明白なものの一つが、既存の製品やサービスを購入するための資力の不足である。歴史を通じて、製品やサービスの価格を大幅に低下することができたイノベーターは、製品の市場を上流階級から大衆へと拡大することで消費を劇的に拡大することができた。

このパターンの古典的事例は自動車産業だ。二〇世紀の前半においては、自動車という高価な機械の市場はそれを購入できる一部の好事家に限られていた。ヘンリー・フォードの洞察は、異なる製造モデルを採用し、自動車の価格を劇的に低減し、より多くの人々が購入可能にするというものだった。自動車を大幅に安価にすることでフォードは消費を大きく拡大した。

その七〇年後にサウスウェスト航空は同じ基本パターンに従った。最初の段階では同社の主要な競合は他の航空会社ではなかった。競合しているのはバス、あるいは旅費が高すぎるためにまったく旅行を行なわないという人々の意思決定であった。多くの人々が飛行機を利用できるほど運賃を安価にすることで、サウスウェスト航空は航空路線の市場を大きく拡大できた。

一般的にいって、多くの発展途上市場では多大な資力関連の制約条件が存在するために、比較的単純で安価な製品を歓迎する多数の「非消費者」が存在する。たとえば、ミシガン大学のC・K・プラハラードは、企業が「ピラミッドの底辺にある宝」を開拓する方法を探るべきであると説いている。[※5]このアプローチを採用して成功した企業として、エンジンや発動機を生産する米国企業であるカミンスがある。数年前に、同社は比較的単純で安価な発電設備（「ジェンセット」）をインド市場に投入した。小規模な小売店、農家、地域の病院などの顧客が百キロワットのジェンセットを信頼できるバックアップ電源として利用し始めた。よく知られているように、インドにおける送電網の信頼性は低いからである。ジェンセットの出力は、カミンスの従来型の発電機と比較して二〇パーセントに過ぎないが、安価な電力を必要とする顧客にとっては十分以上のものであった。カミンスの発電機の総売り上げは二〇〇三年から二〇〇七年の間に三倍増となった。[※6]

資力関連の制約条件の識別

資力関連の「非消費」状態に対応した競合の機会を見つけるためには、消費のピラミッドを描いてみればよい。購買力に基づいて市場をセグメント化し、ピラミッドの各層に対する製品やサービスの浸透度を検討してみる。ピラミッドの上位において高い浸透度を達成しているが、ピラミッドの下位における浸透度が低いソリューションは、何らかの機会が存在することを表していることが多い。たとえば、二〇〇六年時点では、多くの先進国市場では携帯電話の普及率が人口の一〇〇パーセントを超えていた。しかし、開発途上国の市場では普及率ははるかに低く、特に低所得層に対する浸透率は極めて低かった。モトローラによる二〇〇六年における低価格のモトフォーンの導入は、これらの「非消費者」を明確なターゲットとしたものであった。

このピラミッドは世界中のすべての消費者を対象としていなくてもよい点に注意してほしい。特定地域の市場向けにピラミッドを作ることもできる。また、企業向けのビジネスを行なっている場合であれば、ターゲットとする企業の収益に基づいて自社製品の浸透度を評価してみるとよいだろう。もし、小規模企業における浸透度が低いのであれば、単純で安価なソリューションにより市場を拡大して成長を達成する機会があるかもしれない。

たとえば、過去数年間におけるグーグルの爆発的成長は、安価で効果的なターゲット広告サービスで小規模企業を対象としてきたことによる。従来型のメディア企業は、多数の視聴者をマスとして扱うビジネスモデルを採用しており、小規模企業に適切なサービスを提供することはできなかった。グーグルの単純なテキストベースの広告やキーワードのセルフサービス型オークション・システムは広告市場を拡大し、同社の爆発的成長の源泉となった。

消費ピラミッドの下層における可能性を評価する場合には、実際に消費を制限している要素を確実に理解することが重要だ。コストが問題であることもあるが、他に解決しなければならないもっと重要な問題を「非消費者」が抱えていることもある。[※7]「安くしたのだから、売れるはずだ」という考え方には常に注意が必要だ。

アクセス関連の制約条件

三つ目の制約条件はアクセスに関するものだ。消費することはできるのだが、特定の場所や状況だけでしか消費できないような商品やサービスが存在する。一九七〇年代の電話について思い出してみよう。もちろん当時でも、家庭やオフィスで電話を使うことはできた。しかし、固定電話がない場所だったり、空港で公衆電話がすべて使われていたり故障したりしていた場合にはどうしようもなくなってしまった。技術的な制約条件が特定の場所における消費を限定していたのである。同様な例として、数十年前に多くの大規模企業に存在していたコピー・センターを思い出してほしい。ゼロックスが販売していた巨大で複雑なコピー機が集中設置されていた。少数のコピーを迅速に取りたい人にとって適切な解決策はなかった。携帯電話メーカー、そして、キヤノンやリコーなどのコピー機メーカーのイノベーションがこれらの障害を取り除き、大規模な成長市場を作り出した。

情報へのアクセスを民主化する上で、インターネットは強力な役割を提供した。インターネット出現前には、情報は集中化された場所か、専門家の頭の中にしかなかった。今では、サーチエンジンにより豊富な情報に容易にアクセスすることができる。[※8] また、情報の生産においても民主化が進んできた。グーテンベルグが最初の有効な印刷機を作り出す前は、言葉を紙で表現できるのは限られた少数だけだった。印刷機が発明された後でも、印刷媒体を大衆に対して効率的に提供できるビジネスモデルを利用できるのは少数の企業だけだった。インターネットの普及により、消費者の多くがコンテンツの消費者から生産者へ、そして、流通業者へと立場を変革した。過去においても、人々は日記を付けていたが、その日記を世界中で共用するのはほぼ不可能だった。

今日では、見たところすべてのティーンエージャーが、オンラインのツールを使って日常生活を驚くべきほど（そして、両親にとっては時として恐ろしくなるほど）詳細に記述している。コンピュータの処理能力とネットワークの帯域幅の増加により、動画の制作においても同様の現象が起きている。高品質の動画作品を撮影・編集・制作することが次第に容易になっている。動画制作の民主化は、映画制作者やテレビ局のビジネスモデルに劇的な影響をもたらす可能性が高い。[※9]

アクセス関連の制約条件の識別

アクセス関連の制約条件を識別するためには、以下の二つの質問をしてみればよい。

□一　誰かが既存の製品を消費したいのだができないというような「状況」があるか：消費したい状況と消費できる状況の間のギャップは、「非消費」に対応するための機会を表している。たとえば、最近におけるジェネラルミルズのゴーグルト（Go-Gurt）などの外出先で食べることができるような食品の市場の拡大について考えてみよう。[※10]ひょっとすると、ヨーグルトをさまざまな状況で食べたいという人がいてもおかしくない。家での朝食時、通勤の車中、あるいは学校帰りのサッカーの試合中でなどだ。しかし、およそ一〇年前にはヨーグルトの消費は主に家庭内に限られており、商品カテゴリーとしてのヨーグルトは沈静化して、面白みがないものと考えられていた。ジェネラルミルズやダノンなどの大手食品メーカーが、新しく、よりおいしくなった製品を、より魅力的な（しかし従来型の）パッケージで提供し続けていたが、これらのイノベーションだけではわずかな成長しか達成されなかった。そして、一九九九年に、ジェネラルミルズは、子供向けの製品であるゴーグルトを導入した。ジェネラルミルズは製品の特性を変えるのではなく、その提供形態を変えたのである。ゴーグルトはチューブに入っているため、片手で食べることができる。座ってスプーンで食べるのではなく、子供たちはゴーグルトを手で持ち、「ゴー(Go)」という名前が示すように移動中に食べることもできる。

ゴーグルトは、単純なイノベーションではなかった。ジェネラルミルズは、けがをしたり中身が漏れたりすることなく、子供が口にすることができるパッケージを開発しなければならなかった。利便性のためにゴーグルトのパッケージの開封は容易でなければならなかったが、バックパックの中で不用意に破裂したり裂けたりしないようにしなければならなかった。

ジェネラルミルズの努力は十分に報われた。ゴーグルトは人気を博し、初年度の売り上げは一億ドル以上になった。そして、ヨーグルトのカテゴリーを再活性化し、ジェネラルミルズがダノンから市場のリーダーシップを獲得することに貢献した。「飲むヨーグルト」に関する他のイノベーションの貢献もあり、米国のヨーグルトの総販売高は、一九九八年から二〇〇三年の間におよそ六〇パーセント拡大した。

□二　顧客が求めているにもかかわらず、アクセスできないような解決策が存在するか：一般的にいって、「ロングテール」関連のビジネスモデルはアクセス関連の障害を排除する。アマゾンの書籍、アップルのアイチューンズ・ストアの音楽、動画、ポッドキャスト、オーディオブック、そして、ネットフリックスのDVDレンタル・ビジネスなどは、物理的店舗の制約条件がないため、実質的に無限の種類の書籍、音楽、映画を提供できる。これらのモデルが登場する前には、消費者は、主流の市場では人気がないニッチ的なコンテンツを見つけ出すのが困難だった。

時間関連の制約条件

消費に関する最後の制約条件は時間である。人々が提供されている製品やサービスを消費できる能力も資力も持っているにもかかわらず、そうすることが面倒であったり時間がかかりすぎたりする場合もある。この制約条件を表す二つの例として、コレクター向け商品の売買と新聞の購読がある。

一九九〇年代初頭においては、熱心なコレクターにとって頻繁に取引を行なうことは困難だった。近所のあらゆるガレージセールを探し回ったり、場合によっては他のコレクターが集まるコンベンションやショーに出席したりすることはできるが、蒐集活動に専念できる一部の人を除いては同好の士を見つけるのはあまりにも時間を要する作業だった。その結果、多くの分野においてコレクションの取引は極めて限定的だった。

オンライン・オークションの提供者であるイーベイがこの状況を一変した。イーベイは、ビーニーベイビー（動物のぬいぐるみ）やペッツのディスペンサーなどの比較的単純なコレクター商品を取引したいと考えている消費者向けの市場を構築し始めた。同社のシンプルなソリューションは、以前にはコレクションを売買するための効率的な方法を持たなかった消費者にとって朗報だった。

このようなささやかなスタートから、イーベイは安価なコレクター商品から高級自動車までのあらゆる物を販売する真の巨大流通業者へと成長した。何十万人ものユーザーが、イーベイで商品を売買して多額の金銭を稼いでおり、何が自分の本業かがわからなくなっている状況だ。

同様に、過去数十年間において新聞の購読者が減少し続けている理由の一つは、人々の生活がますます忙しくなり、紙の新聞を何時間も座って読むことが困難になっていることにある。皮肉なことに、多くの新聞社がこの問題に対して記事を追加することで対応しているため、新聞を読むことが時間の投資という点でさらに困難になっているのだ。

一部の新聞社および新規参入企業は、時間に追われる消費者にリーチするために異なるアプローチを取っている。たとえば、スウェーデンの新聞社であるメトロは、読者がすぐに読むことができる短い記事から成る無料の新聞を提供している。同社は、事件を総合的、かつ、詳細に扱うのではなく、まったく逆のことを行なおうとしている。人々が日々のニュースを容易に知ることができるようにしているのである。メトロのモデルは、大規模な通勤ネットワークを有する多くの都市に広まっていった。新聞を駅などの中央の場所でのみ配布し、記事の内容を通信社に依存することで、これらの企業はコストを低く抑え、中核製品を無料で提供しても利益を上げられるようになった。

時間関連の制約条件の発見

時間関連の制約条件を見つけ出すためには、以下の二つの分析が有効である。

□一 **「ドロップアウト」、つまり、かつては消費していたがやめてしまった消費者を評価する**：かつての新聞購読者の多くは、新聞を読むための時間がないために購読をやめてしまった。顧客が製品を使用する面倒さがその価値に見合わないと考えたときには、より単純な解決策を開発することで潜在的機会が生まれる。人々が日常生活で解決しようとしている課題はそれほど急速には変化しない傾向がある。変わっていくのは、人々が消費する解決策であり、それらの解決策を消費するときの制約条件である。

□二　製品を使用するために必要な時間を分析する：企業は、自社製品を長期的に改良していくにつれて、機能をより豊富にし、複雑にする傾向がある。この複雑性の増加は、顧客が最新バージョンへのアップグレードのために要する時間が長くなることを意味する。もし、この傾向が続けば、製品の最新バージョンのアップグレードに時間がかかりすぎると考える顧客が出てくる。

このような傾向の一つの例が、ビデオゲーム業界だ。厳密な分析を行なったわけではないが、過去一〇年間において平均的ユーザーが新しいビデオゲームで楽しく遊べるようになるまでに要する時間は急速に長くなっていると考えていいだろう。ゲームをマスターするまでに使うことができる時間がなくなっていることが、一部のユーザーが新しいビデオゲーム・システムを購入する制約条件となっている可能性がある。わかりやすいゲームを提供する任天堂のＷｉｉなどの「カジュアル・ゲーム」は、まさにこのタイプの消費の障害に対応するものだ。

企業は、この変数に対する洞察を得るために、定期的に消費者の調査や観察を行なうことができる。

これまで議論してきた四つのタイプの「非消費」（表２－１）が互いに一部重複していることもよくみられる。たとえば、過去においては、企業管理職としての教育を受けるためには、あまり便利でない場所にある集中型の教育機関に通うために高い授業料を払い、二年間にわたり専門家の授業を受けなければならなかった。この文の中にある制約条件について考えてみよう。職場を二年間離れることができない者にとっては時間関連の制約条件が存在することになる。授業料を支払う余裕がない者に

制約条件の種類	説明	例	発見のための分析方法
スキル	問題解決に必要な専門知識がなく、個人は自分だけでは解決できない	• 19世紀末における写真 • 1970年代におけるコンピュータ	• 製品やサービスの消費チェーンを描く • 重要スキルがないため市場から閉め出されている生産者を見つける
資力	現状のソリューションが高価であり、裕福な者だけが利用可能になっている	• 1970年代以前の飛行機旅行 • (グーグル・アドワーズのような) 安価で単純なサーチ広告登場前の広告	•「消費ピラミッド」の作成 • ピラミッドの上位向けのソリューションが高価すぎるためにピラミッドの下位で問題の解決ができないケースがないかを評価
アクセス	消費が特定の状況下でしか利用できない、あるいは、ソリューションの多様性が限られている	• 携帯電話の登場前の電話 • ネットフリックスやビデオ・オン・デマンド登場前のマイナーな映画	• 既存製品を消費できない状況を分析 • 望ましいソリューションが「閉じ込められて」おり、利用できない場合を評価
時間	消費に時間がかかりすぎる	• イーベイ登場前のコレクター製品の売買 • 任天堂Wii登場前のビデオゲーム	•「ドロップアウト」(かつては消費していたが消費をやめてしまった人々) を評価し、時間の不足が消費の中止の原因になっていないかを評価 • 製品を使用するために必要な時間の変化の傾向を分析

表2-1　消費の制約条件のまとめ

とっては資力関連の制約条件が存在することになる。学校の場所に通えない者はアクセス関連の制約条件に直面している。自学で同等の教育を受けようという者はスキル関連の制約条件に直面している。もちろん、確立したMBAプログラムがない国の学生にとっては、制約条件はより厳しいものになる。OJT（オン・ザ・ジョブ・トレーニング）、フェニックス大学やオープン・ユニバーシティ（放送大学、通信教育大学に相当）などの単純で利便性が高いソリューション、そして、コンピュータ・ベースの教育の将来性について、筆者が一貫して楽観的である理由は、これらのソリューションが消費の複数の制約条件に同時に対応しているためである。

■消費の制約条件を発見することの意味

消費の制約条件が存在するのであれば、ほぼ常にイノベーションの機会が存在する。そのような制約条件が発見されたならば具体的に何をなすべきだろうか。対処法は単純だ。制約条件を排除する製品やサービスを開発すればよい。制約条件が資力に関するものであれば、ソリューションの価格を下げればよい。スキルに関するものであれば、使いやすくすればよい。アクセスに関するものであれば、アクセスを容易にすればよい。時間に関するものであれば、より迅速にすればよい。

すでに市場に参入しているのであれば、制約されている顧客に対して既存製品を提供するためにはどのような変更が必要であるかを考えてみるとよいだろう。もし、市場に参入していないのであれば、何もない状態よりはるかに優れている便利なソリューションを考えてみるのも良い考えだ。

「非消費」の領域で競合を行なおうという企業は、次の三つの重要な原則を念頭に置くべきである。

原則１：複雑なものを単純にする

「非消費」に対応するほとんどの場合において、ソリューションを単純に、便利に、そして、安価にするためのイノベーションが必要になる。理想的なソリューションは、個人が自分で作業をできるようにするものだ。

一八八八年に、ジョージ・イーストマンによるシンプルなカメラである「ブローニー」により、プロの写真家を雇わなくても個人が容易に写真を撮れるようになった。一世紀後には、インテュイットが、個人や小規模事業者が会計ソフトのクイッケンやクイックブックスを使って資金繰りを管理できるようにした。今日の医療の領域では、個人が自身の健康管理を簡単に行なえるような自己管理型のソリューションを多数の企業が開発中である。

これは、「非消費」に対応することが技術的に単純であるといっているのではない。実際、複雑なものを単純にするのはエンジニアが直面する最も困難な課題の一つといえるだろう。「非消費」に対応するためには、顧客から複雑性を見えなくする必要がある。ロード・アイランド造形大学学長のジョン・マエダは自身の著書『シンプリシティの法則』（東洋経済新報社）において、次のように述べている。「シンプリシティを実現する最もシンプルな方法は、考え抜かれた削減を通じて手に入る」。そして、単純性（シンプリシティ）と複雑性（コンプレクシティ）の間には明らかなトレードオフがあることを説明した上で次のように書いている。「迷ったら削る。だが、何を削るかは慎重に」[※11]。

原則2：主流市場における批判に惑わされてはならない

ウォールストリート・ジャーナル紙の有名な製品レビュアーであるウォルター・モスバーグは、二〇〇五年にフィリップスの家庭向け除細動器のハートスタートを評価した。彼は以下のように書いている。「ハートスタートは適切に設計された使いやすい機器であり、一般的ユーザーでも使いこなせる。取扱説明書をみたり、自動的な音声ガイドに従ったりすれば、何の問題もなくこの機器が使用できるだろう。価格は高いかもしれないが、この機器によって救うことができる命の価値に比べれば十分に安いものだ」。

市場の反応もモスバーグに同調するものがほとんどだった。※12 たとえば、二〇〇六年初頭までにアマゾンにおいておよそ六〇名がこの製品をレビューしているが、平均評価は四・五点（五点満点中）であった。しかし、この製品を酷評したユーザーもいた。一点を付けたレビュアーは以下のように書いている。「私は、ＥＭＴ（救急医療技術者）であり引退する前は病院の管理者だった。（中略）適切なトレーニングを提供しないでこの製品を販売するのは無責任だと思う」。他にも、「訓練を受けていない人がこの装置を使うのは非常に危険だ」と書いたレビュアーもいた。

このように意見が分かれる理由はどこにあるのだろうか。たいていの場合、否定的意見は、突然の心停止を起こした患者への処置について詳細な訓練を受けてきた医療のプロフェッショナルからのものである。これらの人々は、除細動器の使用自体があまり適切でないこともあること、また、その適用の前には心肺蘇生を試みるべきであることを知っている。

専門家は、ハートスタートを自身の専門技術と比較して劣っていると判断したため、この製品を酷評した。もちろん、この批判には意味がある。誰もが適切な処置の方法を知っており、適切な処置を確実かつ迅速に提供できる専門家がすぐに来てくれれば理想的だろう。しかし多くの場合において、これは非現実的だ。そしてハートスタートが専門家が到着する前の数分間、患者を延命させることができれば十分その存在意義はあるといえよう。

アマゾンのレビュアー間における議論は、単純性、利便性、低コスト性を得た代償に特定の特性における性能を犠牲にした製品を市場に投入しようと考えている既存プレーヤーにおいて聞かれる議論とまったく同じだ。しかし、これらの議論のほとんどにおいては、大規模で利益性が高い事業を運営している側の批判が、推進派の声をかき消してしまう。そして、破壊的製品やサービスが決して日の目を見ない結果になる。

社内でこのような否定的な反応に直面した場合には、一九五〇年代にソニーのトランジスター・ラジオを買おうとしたティーンエージャーがどれほど熱狂したかを思い出してみればよい。トランジスター・ラジオの音質は、据え置き型のラジオと比較すればはるかに劣っていた。しかし、それでも何もないよりはましである。そして、ほとんどのティーンエージャーはそのように考えた。何もないよりはましという製品は常に存在する。

主流の市場からの批判を積極的に回避しようとした企業の例もある。P&Gが、二〇〇三年に家庭向けの歯のホワイトニング製品であるクレスト・ホワイトストリップスを市場に投入したとき、同社は、歯科医が同製品を酷評するであろうことを予期しており、同製品のプロフェッショナル向けバージョンも提供することで、この課題に対応した。

原則3：強制するな、イノベーションを提供せよ

「非消費」の領域で競合する機能は既存製品を「非消費者」に押しつけることを避けるべきだ。「非消費者」が欲しくないといっている物を消費してくれるよう無理に説得することが、適切な成長戦略でないのは当然だ。企業は、顧客が適切に解決できていない問題点を発見し、消費の制約条件を排除する必要がある。このアプローチが既存製品の「軽量バージョン」を開発することに結びつくこともあるが、「非消費者」のニーズに合わせたまったく異なる製品を開発することにつながることも多い。

■まとめ

「非消費者」は、既存の製品やサービスから利益を得ることを妨げる制約条件に直面している。「非消費」の概念を使用する場合には、特に以下の点が重要だ。

□消費には四つの制約条件が存在する。

▼**スキル関連の制約条件**：人々が「自分でできる」だけの能力を備えていない。製品やサービスの提供に至るまでのチェーンを描いてみることで、スキル関連の制約条件が明らかになることがある。

▼**資力関連の制約条件**：人々が望むソリューションの対価を支払えない。消費のピラミッドを作ることが、資力関連の制約条件の識別に役立つ。

▼**アクセス関連の制約条件**：何らかの障害により、便利な環境で消費を行なえない。特定の場所

に「閉じ込められている」ソリューションや消費ができない状況を探してみることが、アクセス関連の制約条件を見つけるために有効だ。

▼**時間関連の制約条件**：既存ソリューションの複雑性や使用するまでに必要な時間が、ソリューションへの投資を価値のないものにしてしまう。消費をやめてしまった顧客を分析することで時間関連の制約条件を発見できる。

□消費の制約条件を発見したら、その障害条件を取り除くイノベーションを追求する。複雑なものを単純にし、ソリューションが専門家ではなく、ターゲットにする顧客の要件に合致できるようにすることが重要だ。

■実地演習

□主要製品やサービスについて同僚と議論してみよう。どのような種類の制約条件が消費を制限しているだろうか。

□食料品店で買った商品を調べ、過去と比べてより多くの場所で消費可能になったものをリストしてみよう。

□昨年に病院に行った状況のリストを作ってみよう。その中で、医師の専門家としての対応が実際には不要であったものがなかったかを検討してみよう。

■ヒント

□顧客中心型の視点を採用することが重要だ。消費を行なっていない顧客の視点からいうと、問題に対する完璧な解決策がすでに存在することもあり、そもそも問題がそれほど重要でない場合もある。

□企業間取引のケースでは、消費が集中化されている場合、あるいは、大規模で資源が豊富な企業だけが顧客になっている場合に注目しよう。

□消費が行なわれていない状況や場所についての検討も忘れてはならない。消費を行なっていない顧客グループを見つけた場合と同等レベルの成長の可能性が見つけられる場合もある。

第三章　過剰満足状態の顧客の識別

破壊的イノベーション・モデルの中心にある概念が過剰満足である。これは、顧客に対して過剰な性能を提供してしまうということだ。ここでの重要なポイントは、人々が生活を変えていくよりも速く、企業がイノベーションを行なってしまうことにある。企業がイノベーションを続けていくにつれて、以前には十分な品質を提供していなかった製品やサービスが完全に満足のいくものになる。そして最終的には、顧客にとって必要以上に良いものになってしまうのだ。

過剰満足にはいくつかの重要な影響がある。典型的には、利便性やカスタム化などの以前は無視されていた性能によって競合することで、市場のルールを変える機会が生まれるという点だ。過剰満足により、スペシャリスト型の企業が以前は不可能であった方法で競合を行なうための機会が提供される。また、破壊的イノベーション指向の企業が低い価格レンジで成長できる新たなビジネスモデルを生み出すことができる可能性もある。

過剰満足の状態が始まると、既存プレーヤーは自社のイノベーションの資源配分を注意深く考慮しなければならなくなる。従来どおりのやり方で投資を継続していると確実にリターンは少なくなっていく。顧客が性能の向上の対価を次第に払わなくなってくるからだ。

この章では、過剰満足の問題についてより詳細に述べた後、企業が過剰満足の兆候を見つけるために利用できる分析手法について紹介する。そして、過剰満足が発生しているときに既存プレーヤーと新規参入プレーヤーが直面する意思決定について詳述する。

■過剰満足とは何か

『明日は誰のものか』の用語解説では、満足度過剰の顧客を「既存の製品やサービスが必要十分以上になった顧客」と定義している。[※1] ごく単純な概念に思えるだろう。過剰満足は、製品やサービスが顧客が必要としない性能を提供し、価値を生まなくなっている場合に発生する。

小説を書く契約をした作家に出版社が以下のように言ったとしよう。「原稿料を現金で前払いする代わりに、金額を倍にして数十億ドルのクレイ・スーパーコンピュータの購買に当てよう。あなたは、相当な残りの金額を支払わなければならないが、原稿料が多少の助けにはなるだろう」。普通の作家がクレイのスーパーコンピュータにどの程度の関心を示すだろうか。もちろん、スーパーコンピュータは素晴らしい仕事を行なってくれるが、単純なワードプロセッシングを必要としている者にとっては何の意味もない。ここでは、作家が行なう仕事に対して過剰満足が提供されている。[※2]

過剰満足とは、顧客が改良された製品やサービスを受け入れたがらないということを意味するのではないという点を理解しておくことが重要だ。もし、クレイのコンピュータが、その使い方を教えてくれるプログラマーとともに無償で提供されるのであれば、その申し出を受け入れるかもしれない。通常、顧客はより優れた製品やサービスを受け入れるものだ。しかし、ここでの問題は顧客が性能の向上に対して対価を支払うかどうかだ。過剰満足は、段階的な改良が顧客に意味のあるメリットを提供しなくなり、顧客がその改良に対して対価を「支払いたがらなくなる」場合に発生する。経済学者であれば、顧客はその性能の向上に対して限界効用を得ていないというだろう。さらに問題なのは、企業が既存製品に対する段階的改良を行なうことが困難になり高価になりつつあるまさにその時に、過剰満足が発生しがちであるということだ。[※3] 必要な投資金額が増加するのに市場からのリターンは減少する。まさに「イノベーションのジレンマ」が起こる時だ。

次節で論じるように、筆者の経験では、過剰満足が起きているかどうかを判断するためには、顧客グループおよび関連する性能特性を厳密に定義することが必要なことがわかっている。

顧客グループの定義

どの市場にも、最上級レベルの製品でも満足できない要求が厳しい顧客から、下位レベルの製品でも満足する寛大な顧客まで多様な顧客がいる。

携帯電話の多様な顧客について考えてみよう。新モデルが登場するとすぐに買い換えるようなパワーユーザーは、電子メールの送信、電話、ウェブのブラウズ、テキスト・メッセージの送信、ファイルの編集、音楽再生、写真や動画の撮影などに携帯電話を使用する。これらのユーザーが好む携帯電話はこれらのすべての機能を提供できるが、その結果として何らかの制限がある傾向が強い。バッテリーがすぐに切れてしまったり、ソフトウェアが不安定になったりすることもあるだろう。また、これらの機能を使うために手先の器用さが要求されることもある。現世代の携帯電話では、ユーザーが高いレベルの性能を享受する代わりに単純さと使いやすさを犠牲にしなければならないことも多い（アップルのアイフォーンは、このトレードオフを解決しようと試みた製品だ）。

多くのユーザーにとっては、このような先進的携帯電話は関心の外だ。これらのユーザーは電話ができて、せいぜいたまにテキスト・メッセージの送受信ができればよいと考えている。先進的携帯電話の複雑なユーザー・インターフェースをやっかいなものと感じ、信頼性の低さにフラストレーションを感じてしまうだろう。

では、家からちょっと出かけたときに電話をしたいと考えている、視力が弱り、体も衰えた年長の消費者の需要について考えてみよう。大きな文字、押しやすいボタン、極めて単純なユーザー・インターフェースを備えた電話がこれらのユーザーの要件に応えられるだろう。

市場が過剰満足の状態になっているかどうかを判断するためには、市場の境界を厳密に定義することが必要だ。先ほどのちょっと馬鹿げたスーパーコンピュータのたとえに戻って考えてみると、作家ではなく、生化学者がスーパーコンピュータを受け取ると考えてみよう。数十億種類もの分子構造の組み合わせをテストしたいと考えている生化学者はスーパーコンピュータ提供の申し出を喜んで受け入れるだろう。

適切な性能特性の識別

理想的な世界では、製品の設計者は、トレードオフの必要なしに、あらゆる特性において完璧な性能を提供できる製品を構築できるだろう。しかし、当然ながら現実世界はトレードオフの必要性にあふれている。ほとんどの場合、企業はどの性能特性を最大化し、どれを無視するかを選択しなければならない。

製品やサービスが、あらゆる特性において顧客の要求レベルを超えていることは極めてまれである。ゆえにここでの課題は、製品やサービスが、どの観点で良すぎるのか、そして、どの観点では十分に良いとはいえないのかを識別することである。

携帯電話の市場からもう一つの例を取ってみよう。ベライゾンが二〇〇四年に行なった「今度は聞こえる？（Can You Hear Me Now?）」というテーマの自社携帯電話のコマーシャルは、通話品質において顧客がまだ過剰満足の状態に至っていないと同社が考えていたことの表れだった。実際、当時、ほとんどの米国内の消費者は、頻繁に携帯電話の通話が突然途切れてしまったり、電波障害で音声が聞こえなくなったりするような状況に不満を感じていた。

クレイトン・クリステンセンと学生による教室でのある対話もこの考えを裏づけている。クリステンセンは、企業におけるＯＪＴ研修がハーバード・ビジネス・スクールに対する破壊的脅威になると述べていた。企業内研修の内容はビジネス・スクールには及ばないが、はるかに便利であり、カスタマイズされている。

ある学生が次のように発言した。「これがなぜ破壊的イノベーションになるのかわかりません。破壊的イノベーションは特定の顧客グループの要件に対して過剰満足が発生しているときに起こります。失礼なことを言うつもりではありませんが、私は先生の授業に過剰満足の状態にはなっていません」。

クリステンセンがどれほど努力しても、授業の質という特性で過剰満足を提供することは不可能だろう。しかし、学校がプログラムの密度、長さ、幅広さという点で過剰満足を提供していることは十分にあり得る。会計の基礎から戦略思考や業務管理に至るまでのすべてを学ぶために二年の間、職場を離れなければならないという条件は、特定の科目を迅速に勉強したいという学生のニーズを越えるものだ（コラム「電話会社の宣伝文句」を参照）。

電話会社の宣伝文句

過剰満足をより深く理解するためには、地域の電話会社が提供する新しい改良されたサービスを自分の同僚に「売り込んで」みようとするとよいだろう。

ほとんどの先進国においては、地域の電話サービスは十分に高品質になっている。一九九〇年代のスプリントの製品コマーシャルで、ピンが落ちる音も聞こえるような品質が提供されたと宣伝されていたのを思い出してほしい。今日では地上回線の音質は極めて明瞭だ。ネットワークは通称「ファイブ・ナイン」の信頼性が提供されている。九九・九九九パーセントの稼働時間、すなわち、年間で五分しか障害を起こさないということだ。また、電話は「回線給電」と呼ばれる機能も備えている。これは、電話線が電話機を稼働するための小電流を供給しているということだ。ゆえに、地域一帯が停電した場合でも電話機は依然として稼働する。

では、地域電話会社による次のような宣伝文句を考えてみよう。

「お得なお知らせです。ピンが落ちる音が聞こえればよいと思ったことはありませんか。今やピンが空中で飛ぶ音も聞こえるようになりました。ファイブ・ナインは過去の遺物です。当社は他社が実現できなかった六つ目のナインを提供します。つまり、あなたの電話は年間三〇秒しか停止しないのです。そして、回線給電の信頼性も向上し、何が起きても電話が止まらないことを保証します。これらのすべての機能を月に数ドルの追加料金で使用できるのです」

ここで、同僚にこのサービスに対して月に数ドルの追加料金を支払うかどうかを尋ねてみよう。ほとんどの人は（対価が発生するのであれば）断るだろう。音質そして信頼性という特性においては、既存の電話はすでに過剰満足を提供している。この過剰満足の兆候は明らかだ。多くの顧客が固定電話をやめて、より信頼性が低い携帯電話や、スカイプやボネージなどの企業が提供するインターネット電話に切り替えているからだ。

■過剰満足状態の発見方法

企業が過剰満足の状態に入ったことを確実に判断することは困難だろう。その理由はどこにあるのだろうか。理由の一つは、過剰満足は市場の特定の層で始まるため、多様な相互矛盾する証拠の中で兆候を見失ってしまう可能性があるということだ。また、市場が知ることができるデータや証拠はすでに過去に起きたことを反映しているに過ぎない。場合によっては、はるか昔のことしかわからないこともある。たとえば、購買サイクルが複数年にわたる業界では、市場シェアのレポートは何年も前に行なった意思決定に関する洞察を提供してくれるだけである。つまり、将来の市場シェアのレポートに影響を与えることになる現時点での選択に対する指針を提供してくれるに過ぎないのである。

通常、企業にとって過剰満足の兆候が意味することは複雑であり、その解釈には経営陣の判断と直感が必要になる。ゆえに、イノベーターはあたかも犯罪捜査官のように振る舞い、結論に至るまでに多くの証拠を組み合わせて分析する必要がある。重要な指針としては、ある顧客グループが特定の性能特性における向上に対して対価を払いたがらなくなっているという兆候を探してみるとよい。

以下の具体的アプローチにより、過剰満足の兆候を明らかにすることができる。

□一　顧客との直接的やり取り
□二　利益率、価格、市場シェアの分析
□三　最近の新製品導入時の状況分析

以下では、各アプローチを詳細に解説する。

顧客との直接的やり取り

顧客からの直接的なフィードバックは、過剰満足の明らかな兆候を迅速に知るための方法の一つとなる。たとえば、セールスマンが客先訪問から帰ってきて「お客様が価格の件で苦情を言っています。

改良された製品を提供しているのですが、まったく関心がありません。『もっと安くならないのか』と言うばかりです」と言えば、明らかに過剰満足の兆候がある。

実際、イノサイトがコンサルティングを行なったある企業では、営業部隊に過剰満足の概念についての研修を行ない、その兆候を発見したときにはすぐに指定の製品マネジャーに伝えるように指導している。多くの企業にとって、営業部隊は顧客とのやり取りの最前線だ。営業部隊が何に注意すべきかを理解していれば、過剰満足の兆候を極めて早期に見つけることができるだろう。

特定の顧客セグメントが過剰満足状態になっていることを判断するには、市場調査も強力なツールになる。たとえばある医療機器メーカーは、過剰満足の存在や「必要にして十分」に至っていない性能特性を識別するために定量的調査を使用している。顧客に製品に関する個別の選択を行なってもらうことで、同社は特定の性能特性における改良を行なっても高価格に結びつかない製品を知ることができた。この発見は、顧客がその性能特性においてすでに過剰満足状態にあることを示している。

「あなたは過剰満足状態にありますか」と質問されて「はい」と言う顧客はいない。特定の特性における性能向上に対して顧客が対価を払うかどうかの意思を顧客から聞き出す必要がある。顧客の無関心という状況に注目しよう。これは過剰満足の先行指標になり得る。顧客の行動の分析も重要だ。顧客のロイヤリティが低下したり、過去よりも購買プロセスに時間がかかったりするようになった場合には、過剰満足が発生している可能性がある。

利益率、価格、市場シェアの分析

一般に、利益率や価格が低下傾向にあり、「ローエンド」の企業が「ハイエンド」の企業から市場シェアを奪っている場合には、過剰満足が見られる状況といってよい。

このような傾向を発見するための分析は単純に思えるかもしれないが、微妙に複雑な要素もある。一九九〇年代のインテルが、最もローエンドの市場（千ドル以下のコンピュータの市場）において、自社のマイクロプロセッサーが過剰満足状態になっていると発見したときの事例を考えてみよう。インテルが、AMD（アドバンスト・マイクロ・デバイス）やサイリックスなどの低価格製品を提供する競合他社との戦いに敗れつつある明確な兆しが少なくとも一つは存在した。この市場におけるインテルのシェアが九〇パーセントから三〇パーセントへと低下していたのである。しかし、インテルが全体的な粗利益だけを見ていたとすれば、同社はこの兆候を見逃していただろう。同社が市場シェアを失いつつあったのはローエンドの市場だけだったので、平均利益率は上昇傾向にあったからである。実際、利益率の増加が、過剰満足のパラドックス的な兆候であることもある。これは、特に売り上げが横ばいか下落傾向にある場合に当てはまる。企業の最低価格（つまり最低利益率）レンジの市場の顧客が他社に奪われることで、利益率の重みつき平均が増加するのである。これは、短期的に見れば問題ではないかもしれない。しかし、インテルのCEOであるアンディ・グローブの「今日ローエンドでビジネスを失えば、明日にはハイエンドを失う」[※4]という至言を肝に銘じるべきだ。

結局、過剰満足の兆候を知る最も容易な方法は、市場の特定の階層にできるだけフォーカスした分析を行なうことである。最も要求が緩やかな市場の識別が容易な企業もある。複数の用途に複数の製品を販売している企業では、そのような識別作業がより困難なこともある。

たとえば、ある化学メーカーは約一万社の顧客の多様な用途向けに製品を供給していた。このメーカーは、三年間にわたる販売データを製品ライン別と業種別とで分類し、各サブ市場における価格と利益率の傾向を分析した。市場の分類を行なうことで、利益と価格が下降傾向にある十数個のサブ市場を特定することができた。

同社の作業はここで終わったわけではなかった。同社は、製品開発者、営業部隊のメンバー、そして、一部の顧客にインタビューし、この傾向の理由を探ろうとした。調査対象となったサブ市場のおよそ半分では価格低下の原因となった「通常の」理由があった。たとえば、在庫が過剰であり低価格で投げ売りしなければならないケースがあった。また、既存の競合他社が市場の獲得を戦略的目標としていたため、市場における通常の競争の結果として、価格と利益が低下したケースもあった。もちろん、これらの市場力学を理解することは重要だ。しかし、在庫の投げ売りや競合の激化による影響は、過剰満足による影響とは大きく異なる。

このようなフォーカスを絞った分析を行なうことで、このメーカーは、数百もの市場から、明らかな過剰満足の兆候を示すおよそ五つのサブ市場を識別することができた。そして、同社は、すでに過剰満足になっている特性の改良に携わっている研究者を、より将来性が高く、イノベーションの投資に対する効果も大きいと考えられる領域に再配置することができるようになった。

価格や利益のデータが誤解を招くこともある。ある消費者向け製品メーカーは、自社の中核製品ラインが市場の一部の層で過剰満足の状態になっているのではないかとの予感を持った。しかし、過去数年におけるその製品の売り上げと利益の数字は安定しており、上昇傾向にあるようにすら見えた。同社がどのようにデータを分類して分析しても、市場の各階層における価格と利益の状況は健全に見えた。たしかに、同社の全体的シェアはわずかに下落していたが、それは大きな影響を及ぼすレベルではなかった。

この企業はどうやって自身の直感とデータの整合性を取ったのだろうか。プロジェクト・チームはデータをより詳細に検討し、同社がローエンドの市場における戦いにおいて負けていることが確実であることを発見した。およそ一〇年前に、この市場にはプライベート・ブランドの製品が参入していた。興味深いことに、プライベート・ブランドのメーカーは、同社の価格や利益に影響を与えておらず、市場全体では一〇パーセントのシェアしか獲得していなかったが、最もローエンドの市場ではおよそ五〇パーセントのシェアを獲得しており、市場の中間層においてもシェアを高めつつあった。少なくとも、プロジェクト・チームの直感を裏づけるデータが存在したわけだ。

市場シェアの変化を分析する場合には、重要な特性において明らかに劣っている製品にシェアを奪われている企業に十分な注意を払うべきだ。ＡＭＤやサイリックスの低性能のマイクロプロセッサーが「必要にして十分」であると考える顧客が増えているということは、過剰満足が発生していることを意味する。同様に、大手ブランドの製品ではなく、プライベート・ブランドの製品を選ぶ消費者は、より良い製品に対して高価格を払う意図がないことを表している。

代替曲線

先述の消費者向け製品メーカーは、自社の市場カテゴリーにおけるプライベート・ブランドの台頭をもっと早く知ることはできなかったのだろうか。あまり重要ではないようにみえた製品が突然に主流市場で注目を集めて驚かされたというケースが多くの業界で発生している。重要な動きを早期に見つけることが極めて重要だ。

新たな動向を、それが明らかになる前に見つけるために有効な方法の一つに「代替曲線」と呼ばれ

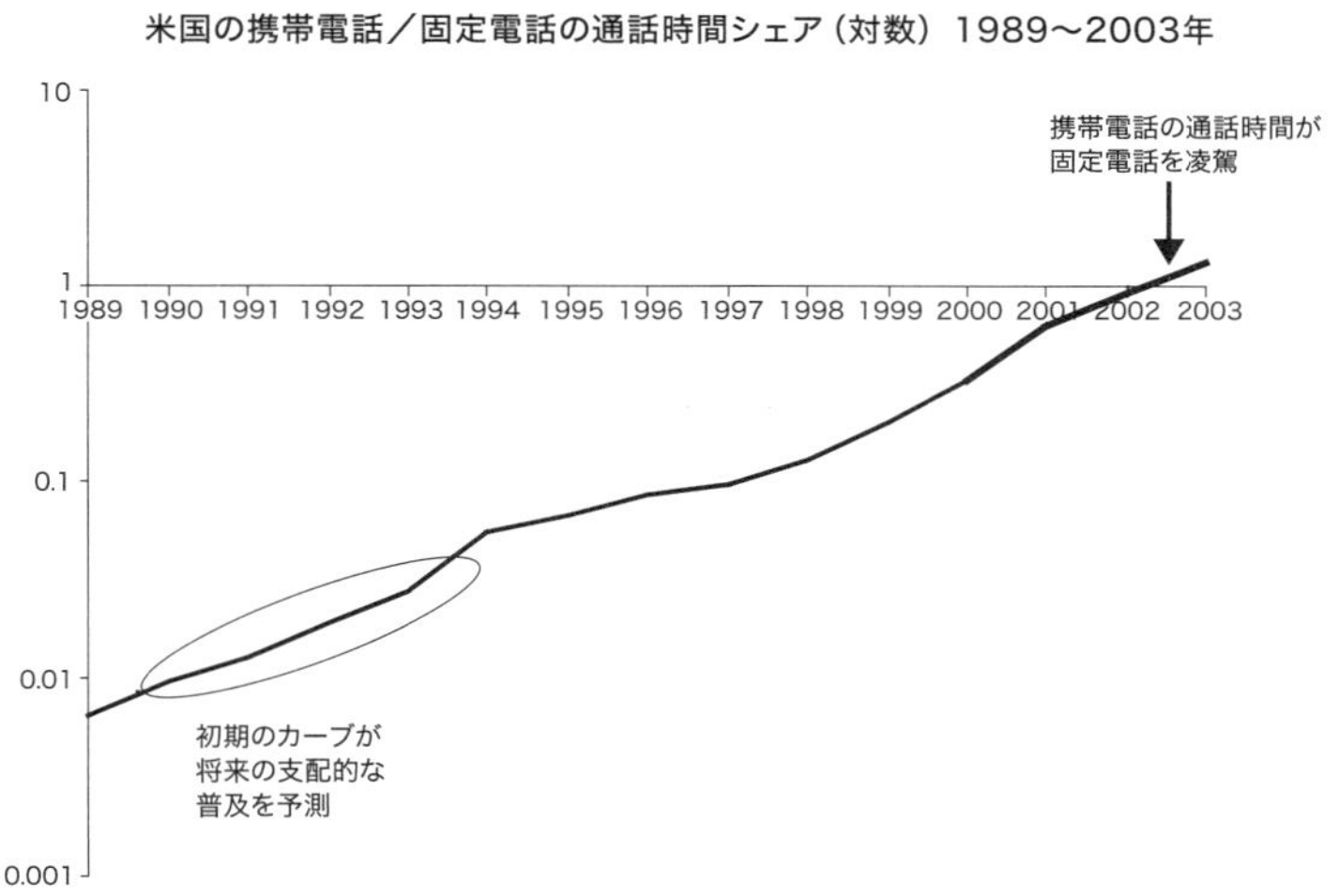

年	携帯電話通話時間（10億分）	固定電話通話時間（10億分）	携帯電話シェア／固定電話シェア
1989	2	321	0.006
1990	3	342	0.010
1991	5	405	0.013
1997	63	648	0.097
2003	830	613	1.354

出典：連邦通信委員会（FCC）、ワイヤレス移動体通信産業協会（CTIA）、イノサイトによる分析

図3-1　携帯電話／固定電話の代替曲線

■説明

A列とB列を5つの期間（通常は年度）で埋める。C列からE列までを計算する。E列の数値を下のグラフにプロットする。データ・ポイント間を直線で結ぶ。グラフ線が0.01に達したときは、新規テクノロジーはおよそ1パーセントの市場シェアを得ている。0.1に達したときはおよそ9パーセントの市場シェアを得ている。1に達したときは50パーセントの市場シェアを得ている。エクセルやパワーポイントでグラフを作成するときは、対数目盛りを使用することに注意。

期間	A 新規 テクノロジー の売り上げ	B 既存 テクノロジー の売り上げ	C 新規テクノロジーのシェア [A／(A + B)]	D 既存テクノロジーのシェア [B／(A + B)]	E 新規シェア／ 既存シェア [C／D]
1.					
2.					
3.					
4.					
5.					

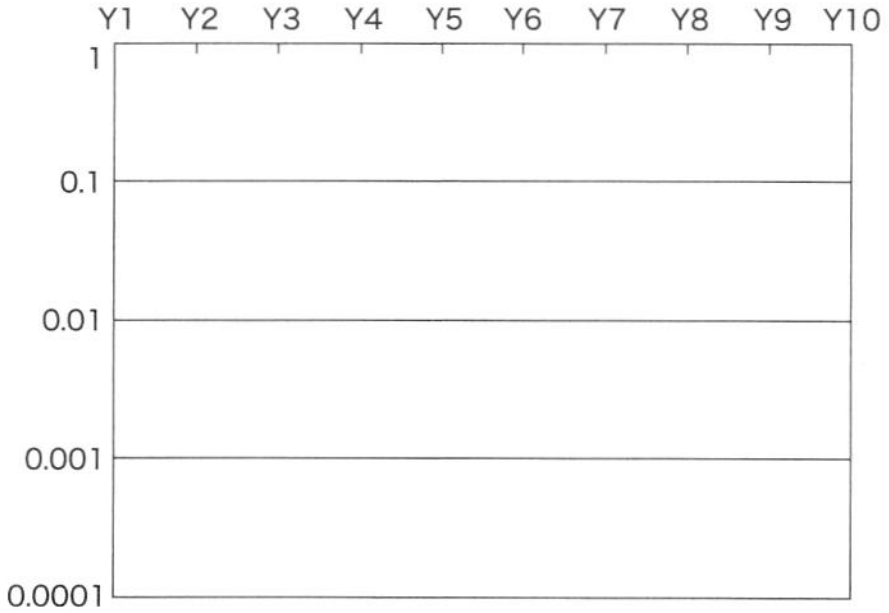

ツール3-1　代替曲線

例：米国におけるハイブリッドカー

期間	A 米国における ハイブリッド カー売り上げ （100万台）	B 米国における ハイブリッド カー以外の 乗用車の 売り上げ （100万台）	C 新規テクノロジーのシェア [A／(A + B)]	D 既存テクノロジーのシェア [B／(A + B)]	E 新規シェア／ 既存シェア [C／D]
1. 2001	0.02	8.40	0.2%	99.8%	0.0024
2. 2002	0.04	8.06	0.5%	99.5%	0.0050
3. 2003	0.05	7.56	0.7%	99.3%	0.0066
4. 2004	0.09	7.42	1.2%	98.8%	0.0121
5. 2005	0.22	7.45	2.9%	97.1%	0.0295
6. 2006	0.25	7.53	3.2%	96.8%	0.0332

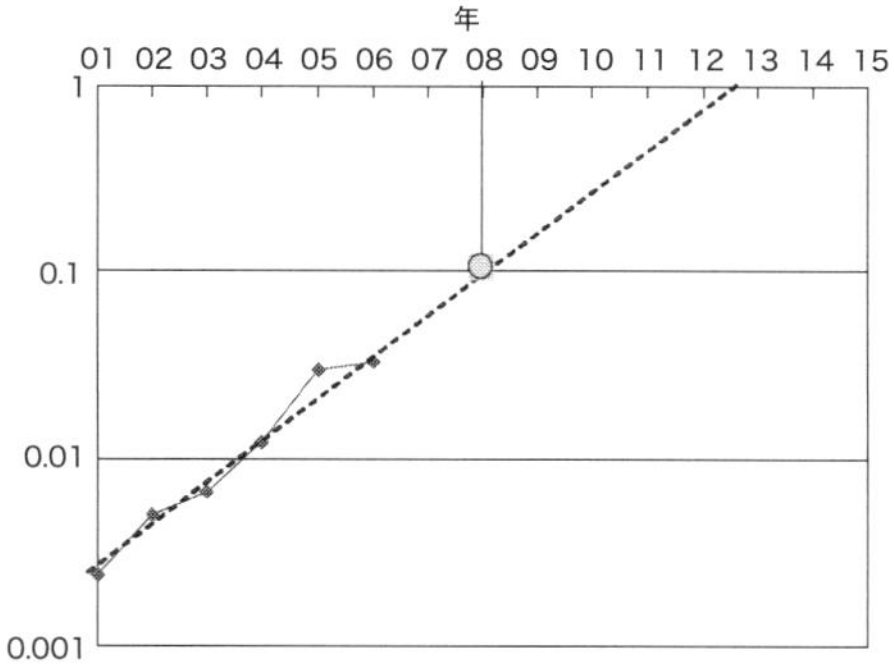

＊軽商業車を除く
出典：全国自動車販売業協会、Hybridcars.com.

ツール3-1　代替曲線（続き）

る手法がある。※5 図3-1に、米国における携帯電話と固定電話の通話時間における代替曲線を示した。Y軸は、新規ソリューションの市場シェアを従来型ソリューションの市場シェアで割った値を対数目盛りで示している。※6 値が一・〇のときは新規ソリューションが市場の五〇パーセントのシェアを占めていることを意味する。値が〇・一のときは新規ソリューションの市場シェアはおよそ九パーセントである。X軸は時間の経過（通常は年度）であり、実数目盛りで示す。通常は、各データ・ポイントを直線で結ぶ。この手法により、新たな動向の市場シェアがまだ小さい段階から、その影響を知ることができる（詳細についてはツール3-1を参照）。小さく始まって小さいままで終わる動向と、将来的に大規模なビジネスに開花する動向を区別することに役立つ。「これらのプレーヤーの市場シェアは極めて小さいので気にする必要はない」という主張に対する強力な反論になり得る。

新規製品立ち上げの分析

過剰満足を発見するために分析すべき最後の領域は新規製品の立ち上げである。具体的には製品レビューや長期的な発表の影響の分析である。ある種の業界では、新製品の発表が鳴り物入りで行なわれることがある。ここで、プロフェッショナルやユーザー・コミュニティによる製品レビューを分析することで過剰満足の兆候を知ることができる。もし、あらゆるレビューで興味がないと評価されているのであれば、市場に過剰満足を提供している可能性が高い。たとえば、二〇〇七年にマイクロソフトは最新バージョンのオペレーティング・システムであるウィンドウズ・ビスタをリリースした。ソフトウェア開発者が長い年月をかけて最適化してきた多くの機能に対して製品のレビュアーはほとんど関心を示さなかった。これは、マイクロソフトが市場に過剰満足を提供している兆候だ。ブログの普及により、過剰満足の兆候を知るための強力な分析ツールが提供された。関連するブログを読むことで、最新の製品の導入に対する市場の反応の感触をつかむことができる。

分析すべきもう一つの領域として、企業が新製品を投入した後の動向がある。ほとんどの場合、企業は、新製品が長期的に大きな影響を維持し、高価格の設定を可能にし、長期的な成長をもたらすことを期待する。しかし、過剰満足が発生しているときには、新製品はかつてほどの影響を及ぼさなくなる。多少の売り上げ増は見込めるかもしれないが、それが長期的に続くことはなく、企業は過去に可能であったほど長期的に高価格を維持することができなくなる。

前述の化学メーカーは、この問題に対してシステム的に対応した。同社は、いくつかの市場において、新規製品に設定できる価格が下降傾向にあり、値引きして売られているケースもあったことを発見した。この傾向は極めて明白な過剰満足の兆候だ。同様に、前述の消費者向け製品のメーカーも、数十年にわたり自社のすべての新製品を調査し、発売開始後の数年間における売り上げを分析した。同社は、一九八〇年代および一九九〇年代初期においては、新製品は発売開始後から五年間は堅調な売り上げを維持していたが、一九九〇年代の後半から二〇〇〇年代初頭にかけて市場に投入した新製品については、わずかなピークの後に急激に売り上げが減退していることを発見した。同社は、財務的目標を達成するため、より多くの製品を市場に投入することで対応した。実際のところ、このメーカーは、「走っているつもりだったが立ち止まっていた」のである。顧客が関心を持っていない製品を市場に押し込んでいただけなのだ。

図3-2に、この節で解説した分析の一部の結果を示した。同様の分析を行なうことで、自社が市場のある層において過剰満足が生じていないかを判断することができる。この節のまとめとして、現

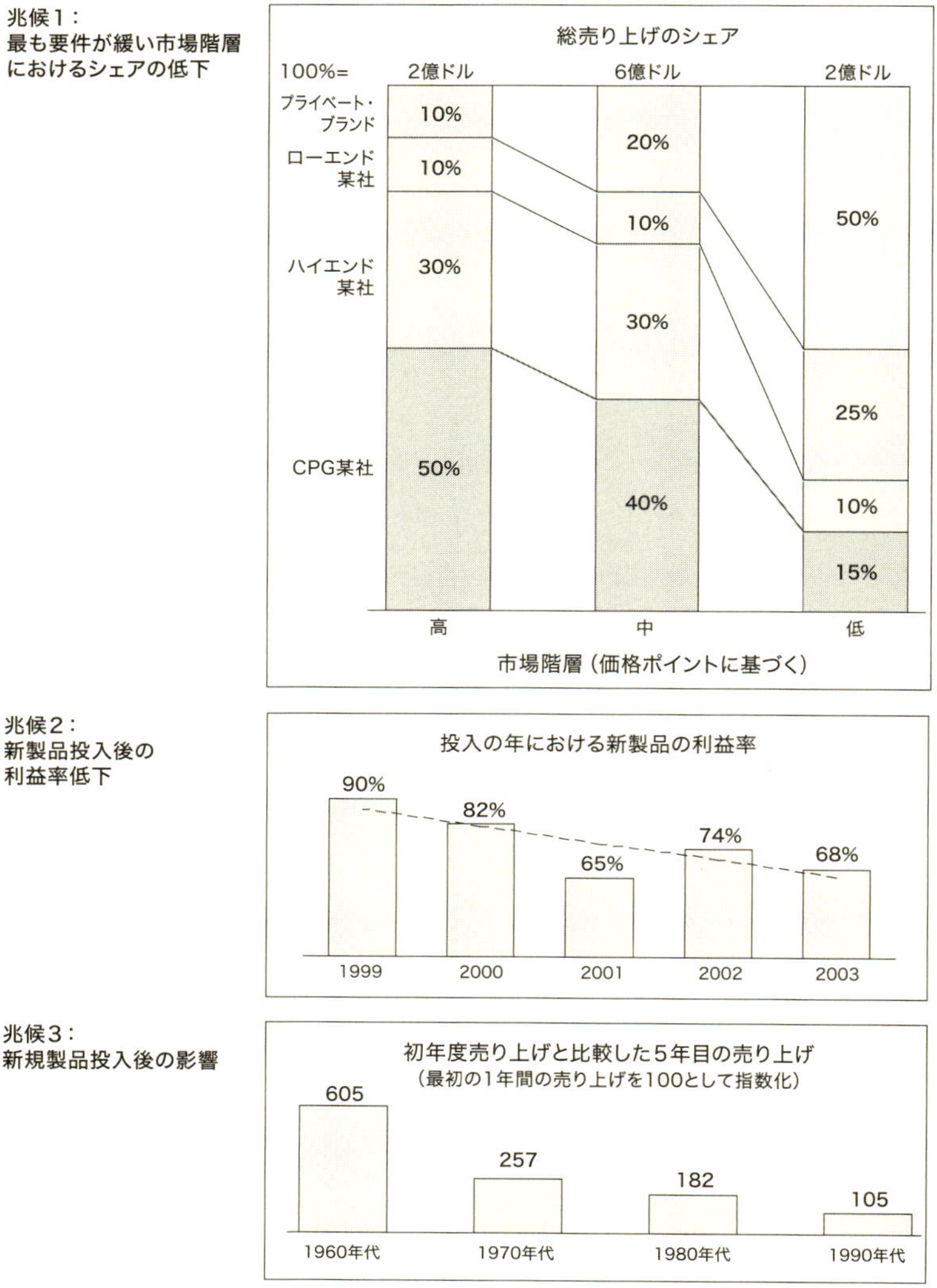
兆候1：
最も要件が緩い市場階層
におけるシェアの低下
総売り上げのシェア
100%=
2億ドル
6億ドル
2億ドル
プライベート・
ブランド
ローエンド
某社
ハイエンド
某社
CPG某社
10%
10%
30%
50%
20%
10%
30%
40%
50%
25%
10%
15%
高
中
低
市場階層（価格ポイントに基づく）
兆候2：
新製品投入後の
利益率低下
投入の年における新製品の利益率
90%
82%
65%
74%
68%
1999
2000
2001
2002
2003
兆候3：
新規製品投入後の影響
初年度売り上げと比較した5年目の売り上げ
（最初の1年間の売り上げを100として指数化）
605
257
182
105
1960年代
1970年代
1980年代
1990年代

図3-2　過剰満足の分析

実世界における過剰満足の事例についてみていこう。

■ケーススタディ：インスリン

インスリンの純度の向上を目指したイーライ・リリーの失敗は過剰満足の影響を表した事例だ。[※7] 多くの糖尿病患者は適切な血糖値のレベルを維持するために、毎日、インスリンを使用している。過去においては、インスリンは、すりつぶした豚や牛の膵臓から直接的に生産されていた。二〇世紀の大部分において、メーカーはインスリンの純度を上げることに力を入れてきた。一九二五年には、不純物は五万ｐｐｍであったが、一九五〇年には一万ｐｐｍにまで低下した。そして一九八〇年には、主に世界的大手メーカーであるイーライ・リリーの投資と開発努力の結果として一〇ｐｐｍにまで低下した。

イーライ・リリーが達成できた高純度にもかかわらず、動物のインスリンは依然としてヒトのインスリンとは異なっていた。ごく一部の糖尿病患者は、動物のインスリンで治療されると免疫システム内に耐性を作ってしまう。そこで同社はジェネンテックと契約し、一〇〇パーセントの純度で人間のインスリンと同等のインスリンを生成する遺伝子組み換えのバクテリアを作り出した。約一〇億ドルを投資した後に、イーライ・リリーは「ヒューマリン」ブランドのインスリンを市場に投入し、他のインスリン製品と比較して二五パーセント高い価格を設定した。

しかし、市場はヒューマリンにあまり関心を示さなかった。販売の伸びは予測よりも遅く、イーライ・リリーは割増価格を維持することが困難になった。同社の研究者は次のように述べている。「思い返してみれば、市場は豚のインスリンにそれほど不満というわけではなかった。実は、かなり満足していたのだ」[※8]。イーライ・リリーは多額の投資と人的資源を、過剰満足を提供する製品の開発のために費やしてしまったのである。インスリンの消費者のほとんどは、より信頼性が高い製品を欲しても必要としてもいなかったため、技術的には優れているかもしれないが、自身の病状に意味のある影響を及ぼさない製品に高い価格を払おうとはしなかったのである。

ヒューマリンの販売がかんばしくなかった一方、オランダのインスリン・メーカーであるノボ・ノルディスクは、同じ市場において適切に満足されていなかった特性を正しく識別できた。その特性とは利便性である。同社は、インスリン・ペンという製品ラインを開発した。この製品により、糖尿病患者のインスリン治療ははるかに便利になった。従来、糖尿病患者は注射器を持ち歩き、正確な量のインスリンを瓶から抜き、針を上に向けてシリンジを数回押すことで泡を取り除かなければならなかった。通常は、この手順を別の瓶に入った別の種類のインスリンに対しても繰り返さなければならなかった。こうした手順を踏んで初めて、患者はインスリンを注射できたのである。

ノボ・ノルディスクのペンはこのプロセスを単純化した。ペンには二つのタイプのインスリンを混合したカートリッジが格納されているため、ユーザーは単にダイヤルを回してインスリンの量を調整し、ペンの針を肌に刺して、ボタンを押すだけでよかった。ノボのインスリン・ペンは数分を要していたプロセスを十秒にまで短縮した。インスリンを毎日、場合によっては一日に何度も注射しなければならない糖尿病患者にとって、この利便性向上は意味のある改善だった。

このような改善の結果、ノボ・ノルディスクはインスリンの容量あたり三〇パーセントの高価格を設定することができた。ペンと混合済みカートリッジの成功により、同社は世界的な市場シェアを大きく拡大し、高い利益率も確保できた。インスリン・ペンの利便性は、特に欧州において、さらに多くの糖尿病患者をインスリン使用の市場に引き込むことになった。イーライ・リリーとノボ・ノルディスクはどちらもインスリンの純度を求める主流市場のニーズに対応した。規制当局は、どちらのブランドの信頼性も認可した。信頼性に対する市場の要求が満足されると、競合の基盤は利便性にシフトし、利便性が高い製品を提供する企業が利益を得た。

■過剰満足の影響

何についても言えることだが、過剰満足は機会と脅威の両方をもたらす。具体的には、過剰満足状態の市場の既存プレーヤーは、異なる性能特性に投資するとともに、業界の不要な資源を排除するために合併戦略を考慮すべきである。新規成長事業の創成を狙う既存プレーヤーあるいは新規参入プレーヤーは、過剰満足した顧客のニーズにより合致する革新的ビジネスモデルを開発することで競合の構造を変えることを検討すべきである。

異なる性能特性への投資

過剰満足が発生している状況では、既存プレーヤーは過剰満足が発生している特性における性能向上を目指した投資を削減すべきである。顧客はそのような強化を評価しないため、企業がイノベーションの取り組みのリターンを得られる可能性は低くなる。このようなイノベーションの企画書では、過去における同様の性能向上がもたらした素晴らしい投資効果が示されていることもあるので、企業は注意が必要である。データは過去に何が起きたかを示したものであり、将来に何が起きるかを示すものではない。

二〇〇〇年代中盤の任天堂によるゲーム市場における戦略を考えてみよう。二〇〇六年に主流ゲーム機メーカー三社のすべてが新しいゲーム機を市場に投入した。ソニーとマイクロソフトはゲーム業界に昔からあるストーリーに従った。すなわち、マニア層にアピールするためグラフィックス性能を向上したのである。ソニーのプレイステーション3とマイクロソフトのＸｂｏｘ３６０は、かつてないほどの高度なグラフィックス機能を特徴としていた。しかし、メーカーが新しく進化したゲーム機を市場に投入するたびに、ゲームは主流の消費者にとっては複雑になりすぎていった。かつてはコントローラーを手にすればすぐにゲームを楽しむことができたが、今日のゲームではマスターするまでに数週間を要するようなものもある。マニア層は喜んだが、主流の顧客はあまり関心を示さなかった。ゲーム機を所有する米国の世帯の割合が数年間ほぼ三三パーセントで横ばいであった点も、高度なグラフィックスと複雑なゲームが主流のユーザーを遠ざけていた一つの兆候と言える。

これらの兆候を見ていた任天堂は別の方向に進んだ。二〇〇六年に発売されたＷｉｉは、強力なグラフィックス機能で賞を与えられることはないだろう。その代わりに、任天堂はゲームを容易にプレイできるようにし、大勢で楽しめるようにした。任天堂にとっての最優先事項は、ゲームプレイを単純にするための革新的なコントローラーを開発することにあった。ユーザーは、ジョイスティックを動かしたり、猛烈にボタンを押しまくったりする代わりに、無線のコントローラーを振ることでゲームをコントロールできる。テニス・ゲームをするのであれば、コントローラーをラケットのように振れば画面内のラケットも振られる。

過剰満足の性能特性（グラフィックス）ではなく、見逃されていた性能特性（使いやすさ）にフォーカスしたことで、任天堂は記録的な成功を達成できた。Ｗｉｉは、二〇〇七年の前半に日本においてプレイステーションの六倍の台数を売り上げ、任天堂の株価は五〇パーセント上昇した。

企業合併

過剰満足が発生し出すと、ほとんどの場合に、過剰な資源を市場から排除するための企業合併の機会が生まれてくる。主要な競合他社を買収することで、停滞する市場においても支配的なプレーヤーとなることができる。

エンタープライズ・ソフトウェアの巨大企業であるオラクルは、二〇〇〇年代中盤にこの戦略を取った。オラクルのＣＥＯであるラリー・エリソンは、二〇〇三年に競合他社であるピープルソフトに敵対的買収を仕掛けてシリコン・バレーを驚かせた。[※9] 多くの業界アナリストは、敵対的買収は成熟した産業において使われる手法であると考えており、ソフトウェア業界のように革新的で、変化のスピードが速く、高成長型の業界では検討に値しないと考えていたからである。ソフトウェア業界では、企業間の提携、あるいは、純然たる競争を行なうことが通常であった。

本章で紹介した概念を使えば、なぜ、エリソンが戦略を転換したのかを理解できる。エンタープライズ・ソフトウェア業界では、ずいぶん前から過剰満足の兆候が明らかだった。経営環境がかんばしくない中で大規模なアップグレードの費用と負荷に不満を持っていたユーザー企業は次第にソフトウェアのアップグレードに消極的になり、現在使用している製品をできるだけ長期間使用するようになっていた。多くの場合に、オラクルは、ユーザーにソフトウェアをアップグレードしてもらうために大幅な値引きを行なわなければならなかった。ユーザーは「今のバージョンの全機能をどうやって使うかを検討中の段階です。なのに、また苦労してアップグレードしろというのですか」というようなことを言っていた。

セールスフォース・ドットコムなどの企業が提供するシンプルで安価なソリューションを採用し始める顧客もいた。オラクルの製品をコスト的に購入できないため、ＭｙＳＱＬといったリナックス・ベースのデータベース製品を選択する企業もあった。ＭｙＳＱＬはオラクル製品に匹敵する機能を備えていたわけではないが、その柔軟性と低価格性はブログや金融系のウェブサイトなどのウェブ・アプリケーションにおいては実に魅力的だった。二〇〇四年時点では、ＭｙＳＱＬはまだオラクルに意味のある影響を与えるほどの規模ではなかったが、その足場の築き方は将来的にオラクルの驚異となる可能性を秘めていた。なお、二〇〇八年初頭にサン・マイクロシステムズが一〇億ドルでＭｙＳＱＬを買収している。

二〇〇六年までには、オラクルの合併戦略が効果を発揮し始めてきた兆候が明らかになってきた。どちらかと言えば、オラクルの戦略転換は遅すぎただろう。成長が鈍化し、破壊的イノベーターが隣接市場において地位を確立しつつあることから、過剰満足の兆候はすでに数年前に現れていたからである。しかし、オラクルの適切な戦略により、いっそう厳しくなる環境においても同社の株価は上昇し始めた。

企業合併戦略は最も魅力的な戦略とはいえないかもしれないが、多大な価値を提供し得る。一九九九年におけるエクソンとモービルの合併について考えてみよう。一九九〇年代の終盤に石油価格は急落していた。アナリストは、巨大石油企業が成長する時代は終わったと述べていた。米国最大の石油企業二社の融合により、世界第三位の企業が生まれた。エクソンモービルは合併後の二年間で約五〇億ドルを節約し、一九九九年から二〇〇四年の間に七五〇億ドルの純利益を得て、一兆ドル以上のフリー・キャッシュ・フローを生み出した。この合併の成功は業界内で合併の波を作り出した。ブリティッシュ・ペトロリアがアモコおよびアトランティック・リッチフィールドと合併し、シェブロンがテキサコと合併し、フィリップス・ペトロリアがトスコと合併した。合併した巨大企業は、規模の経済の優位性を得るために業務を集約してコストを大きく削減し、市場シェアを拡大し、利益率を向上させていった。

同様のことは金融業界（シティバンクがトラベラーズを買収し、バンク・オブ・アメリカがフリートを買収）や通信業界（SBCがAT&Tを買収し、ベライゾンがMCIを買収）についてもいえる。これらの業界においては、既存企業は、ほとんど飽和した市場において段階的な改善を行なっていくだけでは成長の目標を達成するために十分ではないことを認識していた。規模の経済を得るために力を合わせることが利益をさらに増加させていくための唯一の方法だったのである。

合併戦略の短所の一つは、結果として生まれた巨大企業が小規模市場にフォーカスすることが困難になることだ。小規模市場は爆発的な成長戦略の舞台となることが多い。図体が大きいと、可能性がある成長の機会が見えにくくなってしまう。収益が一〇〇億ドルのレベルに達すると小規模な成長の取り組みを支援していくことは難しい。数十億ドルの成長を目指している巨大企業のマネジャーにとって、初年度の収益が単に二二万ドルに過ぎないビジネスを無視してしまうのは当然のことだ。しかし、グーグルの初年度の収益は二二万ドルだった。素晴らしい成長の物語も最初はこのようにささやかだったことも多い。しかし巨大企業では、最終的に大成功をもたらすような小さな始まりにフォーカスすることは困難だろう。

このアプローチのもう一つの課題は、買収した側の財務を一時的に向上させるものの、業界の競合力学を大幅に変革するものではないという点である。合併時の情熱が冷めると、統合された企業はさらなる成長を生み出すという課題に再度直面することになる。また、業績に十分な影響を与えるような意味のある買収ターゲットは次第に発見が困難になり、より高価になっている。

ビジネスモデルのイノベーションによる競合構造の変革

過剰満足が起きている場合には、過剰満足が起きている性能特性において「必要にして十分」な性能を、より安い価格レンジで提供できるようにする新たなビジネスモデルを導入することで、競合の構造を変革できる機会がある。

本書の執筆者の一人が出席したイノベーション関連のコンファレンスで、ベストバイの戦略担当エグゼクティブ・バイスプレジデントであるカル・パテルは「悪い顧客というものは存在しない。悪いビジネスモデルがあるだけだ」と述べた。過剰満足は、新製品、および、低価格で「必要にして十分」なソリューションを提供するために不必要なオーバーヘッドを排除するビジネスモデルを採用した企業にとって真の機会を作り出す。本書の「はじめに」で述べたように、シリコン製品の大手企業であるダウ・コーニングは、このやり方に従ってザイアメターの流通チャネルを構築することで過剰満足に対応した（ビジネスモデルのイノベーションについては第五章でより詳細に論じる）。

■まとめ

過剰満足状態の顧客とは、特定の特性における性能の向上を利用できず、それを評価しない顧客のことである。過剰満足については、以下の三つの重要なポイントがある。

□過剰満足とは、特定の性能特性に対する改良に対して、特定の顧客グループが追加の対価を払いたがらなくなっている状況を意味する。

□顧客との対話、価格・利益・市場シェアの分析、新製品発表に注目することなどが過剰満足を発見する上で重要である。

□過剰満足が発生している状況では、企業は見逃されていた性能特性への投資、合併戦略、競合構造を変革するビジネスモデルのイノベーションの実現などを検討すべきだ。

■実地演習

□毎日使用している製品、たとえば、コンピュータやテレビについて考えてみよう。向上しても対価を支払いたくないような性能特性があるだろうか。

□自社の最近の新製品立ち上げについて考えてみよう。それは、期待に応えたものだっただろうか。もしそうでなければ、その理由は何だろうか。

□同僚とともに自分にとっての「最悪」の顧客とはどのような顧客であるかを議論してみよう。それらの顧客が最悪である理由は何だろうか。これを、課題ではなく機会とみなす起業家型の発想について検討してみよう。

■ヒント

□過剰満足を発見するためには直感と判断力が必要になる。過剰満足が誰の目にも明らかになった段階では、すでに対策を取るのには遅すぎることが多い。

□個別の顧客グループおよび性能の特性について厳密に考えるべきだ。過剰満足がすべての顧客に対して、すべての性能特性において発生していることはまれだ。

□過剰満足が発生している誰の目にも明らかな証拠が存在することはまれである。犯罪現場の検証のように振る舞い、結論に至るまでに複数の証拠を注意深く検証すべきだ。

第四章　「片づけるべき用事」の識別

おそらく、「片づけるべき用事（job-to-be-done）」という概念は『イノベーションへの解』において最も関心を呼んだものだろう。[※1] 顧客が自分の生活における「用事」を片づけるために、製品やサービスを「雇う」という概念は極めて直感的であり、理解しやすいものだ（コラム「概念の復習：「用事」を参照）。『イノベーションへの解』におけるケーススタディ、たとえば、消費者が退屈な通勤時間で気を紛らわすためにミルクシェークを「雇う」、有効に時間をつぶすためにリサーチ・イン・モーションのブラックベリーを「雇う」などには十分な信憑性がある。この概念を使ってやるべきことは単純に思える。つまり、新たな成長のための機会を見つけるためには、まず人々が現在のソリューションではうまく解決できていない重要な「用事」を見つけるべきということだ。

「片づけるべき用事」という概念は単純だが、新規事業機会に関する従来の考え方を大きく変革するものだ。この概念により、顧客の視点で世界を見て、顧客が何を行なっているかだけではなく、なぜそれを行なっているかを理解することになるからだ。適切に設計された生産プロセスが誤差を徹底的に排除するように、顧客が行なおうとする「用事」について深く洞察することで、イノベーション・プロセスをより確実に実施できるようになる。

しかし、筆者の経験から言えば、多くの企業がこの概念を実際に活用する段階になると膠着状態に陥ってしまうようだ。文章では極めて魅力的にみえる概念が、いざ実行しようとなると驚くほど困難になる。

この章では、「用事」という概念についてより詳細に検討し、「用事」が生み出す機会について知る方法を示唆し、「用事」という考え方がイノベーションのライフサイクルを活用する助けとなることを示していく。

概念の復習：用事

「片づけるべき用事」という概念は『イノベーションへの解』の第三章で説明した極めて単純な概念だ。[※a] つまり、顧客は製品を「買う」のではなく、自分の「用事」を片づけるために、その製品を「雇う」ということだ。ゆえに、新たな成長の機会を探すためには、まず、現時点で利用可能なソリューションではうまく片づけられない「用事」を探すことが必要になる。

たとえば、インテュイットのクイックブックスというソフトウェアにより、小規模事業主は重要な「用事」を済ますことができるようになった。つまり、現金が尽きないようにするという「用事」だ。インテュイットによるイノベーションが登場する以前においては、紙と鉛筆、あるいはエクセルのスプレッドシートなどの既存のソリューションでは「用事」を片づけるのに十分ではなかった。また、専門家向けの会計ソフトウェア・パッケージは優秀すぎた。つまり、小規模事業主にとっては、不必要な機能が多すぎ、混乱を招くだけだった。クイックブックスはこの「用事」を他の選択肢よりもうまく片づけることができ、この市場カテゴリーで支配的存在になった。

「片づけるべき用事」のモデルは単純だが強力だ。このモデルがフォーカスを当てるのは、顧客が使うソリューションではなく、顧客が適切に解決できていない根本的問題である。顧客を年齢、地域、年収などに基づいて人口統計学的（デモグラフィック）グループに分類しても、その挙動の予測は困難である。顧客の嗜好はある程度挙動に影響を与えるかもしれない。また、顧客が現在行なっている活動の分析もある程度は有効だ（ただし、顧客が他にやりようがないので現在の行動を取っていることも多い）。これらの手法とは異なり、「用事」のモデルは、人々が片づけようとしている「用事」の周辺にある状況や制限に焦点を当てている。これらの要素を使うことで、他の顧客セグメンテーション方式よりも容易に最善のソリューションに近づくことができる。

つまり、「片づけるべき用事」のモデルはイノベーションの青写真を提供してくれるのだ。フラストレーションを感じている顧客を見つけて、そのフラストレーションの根本原因に照準を合わせるということだ。

■「用事」モデルと他の方式との比較

「用事」の概念を明確に定義することも重要だが、顧客を分類する他の手法と比較してみることも重要だろう。企業は、人口統計学的なセグメンテーション、すなわち、年齢、性別、年収などで市場を区分したり、自社製品のカテゴリーに基づいて市場を区分したりする。どちらのアプローチにもリスクがある。また、顧客ニーズに基づいたセグメンテーションは「用事」に基づいた思考形態に近いが、微妙な相違がある。

人口統計学方式

ほとんどの企業は自社の顧客を人口統計学的なカテゴリーで分類しようとしている。しかし、顧客の日々の生活は人口統計学的なカテゴリーを表しているわけではない。

携帯電話を所有していない消費者をターゲットとしたボーダフォン・グループの取り組みについて検討してみよう。[※b] 二〇〇五年に、ボーダフォンは自社の多くの市場において携帯電話の普及率が一〇〇パーセントに近づいている（場合によっては、百パーセントを超えている）ことに注目した。ボーダフォンは「ボーダフォン・シンプリィ（Vodafone Simply）」と呼ばれる新しい携帯電話端末により、まだ携帯電話を持っていない消費者の市場にアプローチしようとした。

ボーダフォンは、携帯電話が複雑すぎるために、携帯電話を買わなかったり、買った電話を使っていなかったりした消費者に、シンプリィがアピールすることを期待した。シンプリィはストリーミング・ビデオやウェブ・ブラウジングなどの華やかな機能ではなく、大きい文字を使ったわかりやすいメニューを特徴としていた。この電話機は、パリに拠点を置くサジェムＳＡという電機メーカーが製造しており、バッテリーが切れかかると「充電してください」というメッセージが画面に表示されるなど、使いやすさ優先の設計が行なわれていた。

人口統計学的な視点を使えば、年配の消費者がシンプリィのターゲット市場となるだろう。しかし、「用事」に基づく視点では、シンプリィのターゲット市場は、複雑性を理由として携帯電話を使っていないすべての人になる。もちろん、ユーザーの年齢と単純な製品を好む傾向の間に相関があると考えるのは、ほとんどの場合に正しいだろう。しかし、年配のユーザーだけが単純な製品を使い、若いユーザーは使わないと仮定するのは明らかに誤りだ。

年齢によりターゲット市場が決まると仮定したことで二つの関連するリスクが生まれた。第一に、ボーダフォンは単純性を高く評価する若い消費者という市場機会を逸してしまい、結果的にシンプリィの販売の可能性を人為的に制限してしまったかもしれない。さらに重大なリスクとして、ボーダフォンは、最新テクノロジーに関心がある年配の消費者を遠ざけてしまい、競合他社へ機会を提供してしまっていたかもしれない。ボーダフォンが「用事」に基づいた視点を取らなかったことが、シンプリィの販売がかんばしくなかった理由の一つであったことも考えられる。

もちろん、人口統計学的にみた市場と「用事」には重なる部分がある。たとえば、ティーンエージャーが、大学入試の準備をするための製品を使う確率はかなり高いといえる（実際に製品を購買するのは両親であるかもしれないが）。しかし、多くの場合、「用事」と人口統計学的なグループの間の結びつきはほとんどない。

製品カテゴリー

製品カテゴリー別に市場を定義するのにもリスクがある。顧客の日常生活は製品カテゴリーとは関係ない。この点を忘れた企業には脅威と機会の両方を見失うリスクがある。コカ・コーラの事例を考えてみよう。炭酸飲料市場における同社のシェアはここ数十年間ほぼ一定であった。これは、同社の中核事業が健全であることを意味するはずだ。しかし、一九九〇年代から二〇〇〇年代初頭にかけて、同社は苦闘していた。この二つの一見矛盾する文章の間に何があるのだろうか。

「用事」をよりうまく、より単純に片づけることができる新しい方法が登場すると、まったく新しい製品カテゴリーが生まれることが多い。自社の主要顧客が自社の製品を使って片づけようとしている「用事」を理解していないと、そのような新規市場における成長の機会を逸してしまう。成長市場に乗り遅れるだけでも望ましくないことだが、その成長市場が自社の中核市場を侵食し始めると状況はさらに悪化してしまう。

コカ・コーラの顧客にとっての重要な「用事」はのどの渇きをいやすことだ。明らかに同社は、炭酸飲料のカテゴリー内ではなく、人々が渇きをいやすあらゆる方法と比較して自社の市場シェアを算定するべきだっただろう。ミネラルウォーター、フルーツ・ドリンク、コーヒーなどの飲料が明らかな競合だ。もし、コカ・コーラがこれらのすべての競合を加味して市場シェアを算定していれば、早期にシェアの低下に気づき、戦略転換を早めることができただろう。一方、ペプシは「胃袋のシェア」にフォーカスし、ミネラルウォーターなどの新しいタイプの飲料やスナックのカテゴリーに積極的に進出していた。コカ・コーラは、製品ポートフォリオにおけるギャップを埋めるために後追い戦略を（そして、場合によっては企業買収のために高額な投資を）行なわざるを得なかった。

顧客ニーズに基づく方式

顧客ニーズに基づく方式とは顧客の基本的欲求を見つけることであり、「用事」に基づく方式とよく似ている。微妙ではあるが重要な相違点は、「用事」に基づく方式では、状況そのものにフォーカスが当たっているのに対して、ニーズに基づく方式では顧客が分析の単位になっているという点だ。また、ニーズに基づく分析では、「なぜ」という根本的な質問がなされないことがある。欲求の背後にある真の要因を理解しなければ、間違った問題をターゲットにしてしまう可能性がある。しかしながら筆者の経験では、顧客のニーズを総合的に分析した企業は極めて重要な洞察を得て、適切な行動に結びつけられていることが多い。また、顧客ニーズに基づく分析を「用事」の考え方を使って強化することも比較的容易だ。

a. Clayton M. Christensen and Michael E. Raynor, *The Innovator's Solution* (Boston: Harvard Business School Press, 2003).（『イノベーションへの解』櫻井祐子訳、翔泳社、二〇〇三年）

b. *Innovator's Insights* #45: "Simply on Target?" September 6, 2005. ＰＤＦは以下のページで参照可能。
http: //www.strategyandinnovation.com/insights/insight45.pdf

■市場を「用事」ベースで見る

基本的レベルでは、顧客の「用事」という概念は単純だ。ここでいう「用事」とは、顧客が解決したい問題、あるいは顧客が完了したい作業である。ハーバード・ビジネス・スクールのマーケティングの第一人者であるセオドア・レビットによる「人々は四分の一インチのドリルを欲するのではなく、四分の一インチの穴を欲するのである」という至言を覚えておいていただきたい。ドリルは目的に至るための手段である。目的は穴であり、それが、顧客が解決しようとしている問題、すなわち「用事」である。

しかし、新たな成長のための機会があるかを判断するためには、さらなる情報が必要だ。以下の五つの質問に答えることで「用事」に関連した市場機会を見つけることが容易になるだろう。

1　顧客はどのような基本的な問題を解決しようとしているのか

「片づけるべき用事」の概念を使うためには、まず、顧客が、業務上あるいは日常生活で直面している問題を理解する必要がある。「用事」を記述するときはできるだけ具体的に記述するのが効果的だ。最終的には一般的な形で表現することになるかもしれないが、対象の顧客と、その顧客が解決しようとしている特定の問題を明確化する必要がある。以下のような「用事」の記述を埋めていく必要がある。

［顧客］は［状況］において［問題］を解決したがっている。

ここで、状況を把握するのは特に重要だ。たとえば、飛行機で最新のニュースにアクセスするのは、テレビの前に座っているとき、あるいは通勤しているときに、最新のニュースにアクセスするのとは根本的に異なる課題だ。音楽を家で聴く、自動車内で聴く、運動中に聴くのはすべてまったく異なる活動だ。同様に、プロフェッショナルが作成したテレビ番組を観るのは、友人がユーチューブで公開して動画を観るのとはまったく異なる。どちらの場合も動画を観るための製品が必要になるが、その特性、たとえば、必要な画質、ビデオの停止・早送り・巻き戻し機能、複数回視聴できる機能の重要性などは大きく異なる。状況は、検討すべきソリューションや、ソリューションの評価方法に大きな影響を与える。

顧客の「エクスペリエンス」に注目する企業は、「用事」の記述に慣れ親しんでいるだろう。たとえば、携帯電話会社は、「簡単で信頼できる通話機能を提供する」、「電子メールへの容易なアクセスを提供する」などの言葉使いで、顧客エクスペリエンスを検討する。「用事」の記述は、顧客が製品を体験するときの状況を加えることでこのようなエクスペリエンスの記述を拡大したものだ。以降の質問では、エクスペリエンスの背後にある動機についてさらに検討を行なう。

2　顧客はどのような「目的」に基づいてソリューションを評価するか

ソリューションの選択において顧客が適用する「目的」を理解することが極めて重要である。「目的」の記述においては曖昧さをある程度排除する必要があるが、あまり詳細になりすぎて分析の負荷をかけすぎるのもよくない。「用事」そのものが、顧客が解決する問題そのものに対応しているのに対して、通常、「目的」は顧客が製品やサービスをどのように使うかに関係している。たとえば、「片づけるべき用事」が友達と交流することであるティーンエージャーの「目的」には、極めて安価で、友達を面白がらせて、迅速なやり取りが提供できるソリューションが含まれるだろう。

機能的な「目的」だけではなく、感情的および社会的な「目的」についても考えることが重要だ。おそらく、ティーンエージャーは「クール」であり「昔とは違った」ソリューションを求めるだろう。

同様に、インドネシア人の母親がスパイスやソースなどの調味料を選択する場合の目的について考えてみよう。調味料がどのような味か、使用にどの程度の時間がかかるかなどの機能的特性は明らかに重要だ。また、見映え、臭い、音などの感情的要素も重要だ。母親としての役割に関連する社会的要素も重要になることもある。たとえば、あまりに利便性を追求して「母親の味」を失うようなソリューションが高く評価されない可能性もある。

3　どのような障害がソリューションを制限しているか

「目的」の逆の要素として、ソリューションを適用不可能にする「障害」がある。たとえば、携帯電話は両方の手がふさがっているときは使用できない。肉は一〇分以内で調理することができない。「障害」は、通常、機能的要素であり、解釈の入る余地はあまりない（「障害」を発見するためには、第二章で述べた「非消費」の概念が有効だ）。

「障害」は消費が行なわれる時と状況を限定する。ゆえに、「障害」を明らかにすることで、イノベーションの努力を市場規模の拡大に集中させることができるようになる。たとえば、革新的な音声認識のインターフェースがあれば、おそらく、携帯電話に手を触れずに電話ができるようになるだろう。このイノベーションにより、携帯電話をより多くの状況で使用できるようになり、携帯電話の市場を拡大できるだろう。

4 顧客はどのソリューションを検討するか

顧客が「用事」を片づけるために行なうさまざまな方法について検討する。最近では、ティーンエージャーは、友達にメッセージを送ったり、若者向け雑誌を読んだり、モールに繰り出したりするために携帯電話を「雇う」。さらに、コンピュータや携帯電話からマイスペースやフェイスブックなどのソーシャル・ネットワーキング・サイトにログオンすることも増えている。これらのソリューションは、既存のソリューションよりもはるかに適切に顧客の「目的」を満足するため成功している。

ここで検討すべき候補には製品、サービス、あるいは代償行動がある。代償行動とは、既存のソリューションが適切に「用事」を片づけてくれないために、顧客が行なう回避策である（代償行動については、この章の後半で述べる）。

5 イノベーションが生み出すソリューションにどのような機会が存在するか

「用事」のパズルの最後のピースは、顧客が要求するものと利用可能なソリューションとのギャップを分析することである。もし、適切に片づけられていない「用事」を見つけることができたならば、イノベーションの機会を見つけたことになる。

例：体験の共有

上記の質問を使って、写真を撮る消費者が「片づけるべき用事」を分析してみよう。なぜ人々は写真を撮るのだろうか。もちろん、それには多くの理由があるが、その一つは「自分の体験を友達や家族と共有する」というものだろう。特定のソリューションがどの程度うまく「用事」を片づけてくれるかを評価する上で、消費者はどのような基準を使うだろうか。「目的」の例としては以下のものがあるだろう。

□体験を明確に伝える
□複数の人との体験共有
□体験の獲得の速度
□体験の伝送の速度
□体験の本質をとらえる
□体験の背景情報をとらえる
□プロセスの面白さ
□通常の会話の中での活用

ここで、重大な障害は、体験をとらえるプロセスを数秒以内で終わらせたいというニーズ、あるいは体験を五分以内で共有したいという欲求であるかもしれない。「用事」、「目的」、「障害」という要素が揃ったならば、人々が「用事」を片づけるために「雇う」であろうソリューションについて検討することができる。電子メールと組み合わされたデジタルカメラが普及する以前には、体験を共有するには三つの方法があった。すなわち、（銀塩）写真の撮影、手紙の執筆、話して聞かせることである。各ソリューションにはそれぞれ明らかな欠点がある。スライド写真や写真の焼き増しでは遠く離れた人々と体験を共有するのは面倒であり高価である。手紙はコピーできるし郵送できるが時間を要する（「体験の獲得の速度」が遅い）。話して聞かせるのは人が集まる場であれば有効だが、明らかに遠隔地への配布の面では問題がある。

「目的」に対して各ソリューションを評価した結果を図４－１に示した。ここでは、過去二〇年間において、デジタル写真がめざましい進化を遂げた理由が示されている。明らかに他の選択肢と比較してうまく「用事」を片づけている。しかし、依然として「用事」をうまく片づける上での障害に対応するために、デジタルカメラを改良する余地は残されている。写真をコンピュータに転送して、友人と共有するのは依然としてやっ

	写真	写真・手紙	口述	初期のデジタルカメラ
体験を明確に伝える	△	○	△	△
複数の人との体験共有	△	×	△	○
体験の獲得の速度	○	×	△	○
体験の伝送の速度	×	×	×	○
体験の本質をとらえる	△	○	○	△
体験の背景情報をとらえる	△	○	○	△
プロセスの面白さ	○	△	○	○
通常の会話の中での活用	○	×	○	△

○ 適切　△ 普通　× 不適切

図4-1　デジタル・イメージング：「片づけるべき用事」

かいなプロセスであり、しかも、楽しいとはいえない。また、人が集まっているときにデジタル・イメージを渡していくのは難しい。

イメージをその場で共有することをより容易にしてくれるイノベーションが、デジタル写真のさらなる成長を推進するだろう。

「用事」の木構造の作成

顧客の本当の「用事」を一つだけ見つけられれば理想的だが、実際には、顧客は複数の「用事」を片づけようとしていることが多い。「用事」の長いリストをわかりやすくまとめる簡単な方法として木構造を作ることがある。木構造の最上位には顧客が直面している根本的な問題を置く。たとえば、チェーン店の経営者にとっては、家族を養うために十分な利益を上げることが根本的な問題になるだろう。そのためには既存の投資のリターンを最大化するだけでなく、個別の店舗の利益を最大化する必要がある。店舗の利益を最大化するためには、従業員の退職率を最小化し、来店する顧客数を増やし、顧客に多くの商品を買ってもらうようにしなければならない。これらの「用事」は木構造の下位に置かれる。簡単な木構造を作ることで、「用事」の階層と「用事」の間の相互関係が明らかになる。

「用事」の木構造の最上位にあることをどうすれば知ることができるだろうか。そのためには、「なぜ?」という質問を繰り返してみればよい。たとえば、チェーン店の経営者が片づけなければならない「用事」が広告の効果を向上することであると仮定してみよう。「なぜ?」「より多くの顧客に来店してほしいからだ」「なぜ?」「店の利益を最大化したいからだ」「なぜ?」「家族を養わなければならないからだ」「なぜ?」「…」。このポイントに至れば、木構造の最上位まで達したことになる。

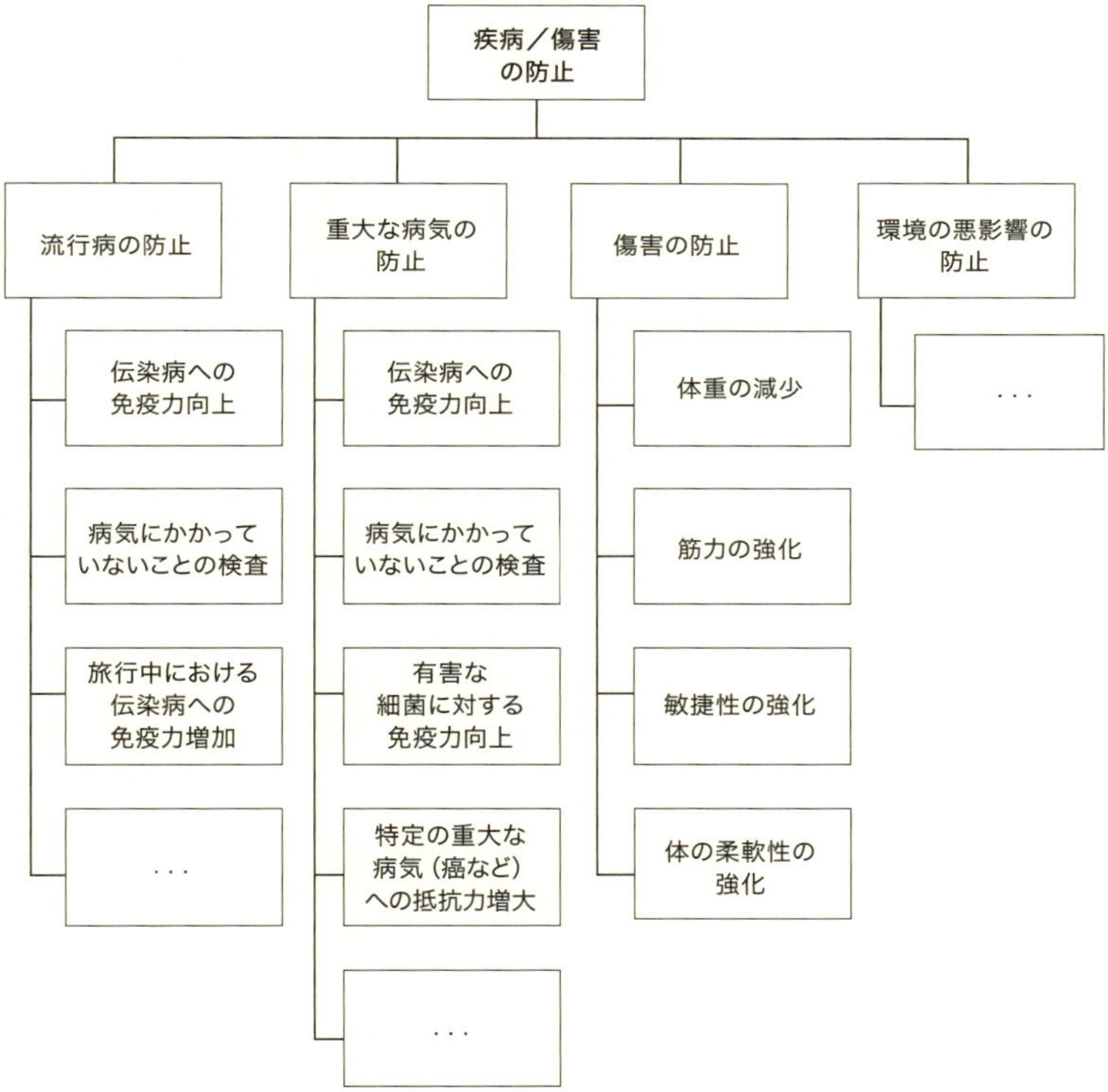

図4-2　疾病／傷害の防止に関する「用事」の木構造

「用事」の木構造は、「用事」が直接的に対応できるほどの細かいレベルになるまで詳細度を高めていくために有効だ。図4‐2に、病気や障害の防止に関連した「用事」の木構造の例を示した。「流行病の防止」、「重大な病気の防止」、「傷害の防止」、「環境の悪影響の防止」はすべて重要だが、「体の柔軟性の強化」はすぐにでも対応可能だ。

■「用事」の発見作業

「用事」とは何であるか、また「用事」を見つけるために何をしなければいけないかが理解できたならば、次の課題は、新規成長機会の可能性が最も高い「用事」を見つけることである。イノベーターにとっての課題は、利用できる市場調査レポートがあまりないということだ。ゆえに、自分自身で情報を見つけて、整理していく必要がある。

以降の節では、「片づけるべき用事」を見つけるための多様な方法について論じる。たとえば、社内でのブレーンストーミングや社外での観察作業などだ。ここで述べる手法は市場調査の専門家にとっては古くからなじみのあるものだ。よろこばしいことに、筆者の経験では、「片づけるべき用事」の概念を使うためには、革新的な市場調査の手法は必要ではない。企業が今まで調査のために活用してきた実績がある手法も、うまく応用すればイノベーションにつながる重要な「用事」についての洞察を提供してくれるだろう。

チームによるブレーンストーミング

「用事」を識別するために最初に行なうべきことは実に単純だ。まず同僚のグループを部屋に集め、「用事」の概念を説明して、新規成長の機会の源泉になり得る「用事」を発見するための議論を開始する。先に述べた質問を使うことで議論の指針にできる。

たとえば、イノサイトはあるメディア企業に対して携帯機器向けの戦略立案の援助を行なったことがあるが、九〇分間で、チームは携帯機器を利用する消費者にとって重要と思われる三〇件の「用事」のリスト、そして顧客がその「用事」を片づけるための数十件の方法のリストを作成できた。もちろん、チームがこれらの「用事」を具体化し、改良し、ランク付けをするためにはさらなる作業が必要である。しかし、最初のリストを作ることで以降の議論が容易になった。

何らかの背景情報を設定してからブレーンストーミング・セッションを開始することが有効だ。たとえば、特定の顧客グループ、テクノロジー、状況、あるいは、これらの組み合わせから検討を開始してみよう。何のガイドもなければセッションが方向性を失ってしまう可能性がある。

ブレーンストーミング・セッションの構成決めや進行を支援する多くの情報がある。※2 以下の筆者の経験で効果的であったいくつかのアプローチを示す。

□**刺激を提供する**：参加者にブレーンストーミングの背景情報を提供する。たとえば、市場調査レポート、扇動的な雑誌記事、関連分野における新製品などだ。顧客インタビューをビデオに撮り、ブレーンストーミング・セッションのメンバーに見せることも有効かもしれない。

□**多様な社内グループを招集する**：イノベーションの世界において長らく語り継がれてきた言葉の一つに真のブレークスルーはほとんどの場合「境界領域」で起こるというものがある。つまり、多様な人々が既存の問題に対する斬新な解決策を持ち寄ることが重要ということだ。[※3] 多様な社内グループを集めることでこのような境界領域が作られ、独創的な思考が促進される。

□**適切な外部の人材を招待する**：マネジャーが「営業秘密」の漏洩を憂慮するために、部外者の参加が議論の障害になることがある。しかし、特に選別した顧客、サプライヤー、パートナーに議論に参加してもらうことで、極めて重要な視点がもたらされることがある。たとえば、バージニア州リッチモンド市の新聞社であるリッチモンド・タイムズ・ディスパッチは、四名の小規模事業者を昼食に招いた。マネジャーはこの四名に日常生活で直面する問題について尋ねた。この一回の昼食で、六件のイノベーションの機会が明らかになった。同様に、その領域の専門家、未来学者、および関連業種に携わる人などを招聘することで、チームが驚くほど斬新な洞察を得られる可能性もある。モトローラのエンジニアのチームとマーケティングの専門家が、数年前に、バートン・スノーボードを訪ね、潜在的機会について議論したときのことである。最初のミーティングの目的は、両社が協業できる領域がないかを確認することであったが、結果的にはグローバルなマーケティングの協業に加えて、一連の共同開発製品を市場に投入することも決定された。たとえば、モトローラの端末向けに最適化された制御機能を有するバートンというジャケット、ブルートゥースのモジュールを内蔵したスノーボード用ヘルメットなどである。

フォーカス・グループ／顧客との軽いやり取り

フォーカス・グループは、顧客からフィードバックを得て、市場における「用事」について学ぶための最も信頼できる方法の一つである。フォーカス・グループはイノベーションに関する顧客との対話を開始するための安価な方法となる。特に、ブレーンストーミング・セッションで得られた「用事」の長いリストを具体化し、さらに「用事」を追加し、どの「用事」が最も有望かを把握し、特定のアイデアへのフィードバックを得るために有効である。

しかし企業は、フォーカス・グループに多くのことを期待しすぎないように注意する必要がある。顧客にソリューションを定義するよう依頼してはいけない。顧客は、生活において直面する問題をうまく説明できるかもしれないが、それらの問題に対する合理的なソリューションを作り出すのは得意ではない。顧客には既存のソリューションにこだわる傾向があるし、ソリューションの実現可能性についても専門的知識を持ち合わせていないからだ。

また、新しい製品やサービスを文章で記載して、顧客の反応をみる場合にも注意が必要だ、何か物理的な物を作るべきだ。これは、特に製品が今まであった物と大きく異なる場合に当てはまる。完全に機能する製品を作る必要はない。例として、P&Gの革新的製品であるミスター・クリーン・マジック・イレーザーについて見てみよう。その名前が示すように、この製品はクレヨンなどの壁の取れにくい汚れを、黒板消しのように消してくれる。P&Gは消費者に製品とほぼ同じサイズの木片を与えて、「想像してみてください。この木片が……」というように説明することができるだろう。このような単純なプロトタイプでも顧客は製品をより明確にイメージできるようになり、より有効なフィードバックを提供してくれる可能性がある。

フォーカス・グループに加えて、顧客と一対一の詳細なインタビューも企業が特定の領域についての知識を深めるために有効である。インタビューやフォーカス・グループを実行する場合には、以下の質問が有効である。

□どのような問題に直面しているか。なぜ、それを解決しようと思うのか
□現状はどのようにしてその問題を解決しているか
□問題解決の際にどのような代替案を検討しているか
□なぜ、現在の解決策を選択したのか
□現在の解決策のどこが気に入っているか
□現在の解決策のどこが気に入らないか
□この問題を解決しようとするときに、フラストレーションを感じるのはどの点か
□問題解決にどのような人が関与しているか。それらの人々とどのようなやり取りを行なっているか

インタビューの対象は最終的な顧客だけではない。顧客とやり取りする人、顧客に製品やサービスを推薦する人も対象にする必要がある。たとえば携帯電話端末のメーカーは、実際の利用者だけではなく、通信事業者、流通業者、代理店も対象とする必要がある。これらのグループの「用事」は異なっており、無視すれば問題の種となるだろう。

たとえば、携帯電話販売店の店員は、購買の決定に大きな影響を及ぼす。そして、これらの店員はどのような端末が売りやすいかについて確固たる意見を持っているだろう。消費者からの質問が少なく、容易に販売できる端末を勧めているかもしれない。一方、ベライゾンやT - モバイルなどの通信事業者の購買担当役員は、多様な小売価格のポートフォリオを構築するためにさまざまな機能の端末を要求するだろう。製品のポートフォリオを満たすというニーズや影響力のある売り手の要求などは、

顧客にフォーカスした作業を行なっているだけでは明らかにならない。選択した領域について可能な限り総合的な視点を得ようとすることが重要だ。

モトローラは、戦略立案と製品開発のプロセスを通じて、フォーカス・グループ、インタビュー、パネルなどの市場調査の手法を活用している。「コンシューマー・インサイト・アンド・インテリジェンス（顧客の洞察と知見）」という名称のグループが、市場の監視、調査の計画、新製品の調査（ユーザーの試行やヒューマン・ファクターの調査など）、マーケティング効果の調査などの専門知識を集約している。フォーカス・グループによる調査を、動向調査、ブランド・小売り・広告の調査などで強化し、製品計画担当者やマーケティング責任者による製品ポートフォリオ開発、詳細な製品設計、市場投入戦略などの開発を支援している。

顧客の観察

顧客にとって、日常生活でフラストレーションとなる場合を表現することが困難な場合がある。顧客は気がつかないうちに解決できない問題の回避行動を取ってしまう。顧客を綿密に観察すること（あるいは、日記をつけてもらうなどの代替の手法）は、表現されない「用事」を発見するための重要な方法になり得る。

たとえば、多くの健康保険会社が、保険に加入していない四七〇〇万人の米国人にどのように対応するかに苦慮してきた。[※4] これらの保険会社をとりわけ悩ませていたのは、保険に入るだけの収入はあるのに保険に入らない若い消費者層であった。多くの保険会社は、若年層が病気にはならないと根拠のない自信を持っており、ほとんどの保険の価値提案を評価しておらず、敢えて保険に入っていないのだと仮定していた。

これらのグループのニーズをより深く理解するために、カリフォルニア州ブルークロスは、保険に加入していない二〇代の消費者数十名に自身の健康上の意思決定について数カ月にわたり詳細な日記をつけてもらった。同社は、本当の問題は病気にならないという過信ではないことを発見した。本当の問題は、既存の保険商品が複雑すぎて、これらの消費者にとって意味のないサービスも含まれていたことだった。

これらのニーズに対応するために、ブルークロスは「トニック」という商品ラインを投入した。この商品は、「積極的未加入者」をターゲットにしていた。この商品ラインは、「スリル・シーカー（スリル追求者）」、「カリキュレイテッド・リスク・テイカー（計算済みの冒険）」、「パートタイム・デアデビル（時に向こう見ず）」などのバリエーションを提供していた。これらは、すべて一定回数の健康診断や重大事故をカバーしていた。しかし、自己負担はより高額であり、妊娠関係などの給付金は対象外だった。

別の観察手法として、顧客の立場になって行動するというものがある。クレディ・スイスの銀行部門は、上級役員に「没入体験」を行なわせている。つまり、上級役員が銀行の支店に出向き、他の顧客を観察したり、外貨の購入などの典型的な取引を行なってみたりするのである。[※5] 顧客のフラストレーションを直接的に経験することで、上級役員はクレディ・スイスの顧客が直面している問題についてより深い洞察を得られるようになる。

詳細な観察を行なうためには比較的高いコストを要することが多いが、常にそうというわけではない。ある携帯電話会社は、小売業者をターゲットとした製品の可能性を評価していた。担当者、専門家の協力を得て、三店舗で詳細な調査を行ない、独自で六店舗の調査を行なった。この調査は一カ月以内で終了し、コストは二万五〇〇〇ドル以下だった。

さらに、顧客を観察するという行動を企業文化の一部にすることで、画期的な洞察を得るために必要なコストを劇的に低下できる。財務ソフトウェアのメーカーであるインテュイットは顧客の家を訪問し、どのようにソフトウェアを使っているかを観察させてもらっていることで有名だ。インテュイットが最初にこのアプローチを採用したときには、たしかに複雑で高コストであっただろう。しかし今では、このプロセスは企業文化として根づいており、不適切だと考えている者はいない。もし、自社が特定の顧客グループと定期的にやり取りを行なっているのであれば、顧客のフィードバックの収集をよりシステマティックにするための仕組みを考えるべきだ。たとえば、すべての新入社員にコールセンターでの会話を聞いてもらうという方法がある。これは、顧客の悩みを直接的に聞くための迅速で簡便な方法になり得る。

代償行動の分析

既存のソリューションでは、問題が解決できないために、顧客が「代償行動」、つまり回避策を行なっているケースを探すことで、魅力的な「用事」の領域が明らかになる。顧客が、本来の設計目標を超えて製品を使っている場合、あるいは、最適とはいえないソリューションのために複数製品をつぎはぎで使っている状況に注意しよう。これらの代償行動は、顧客が自分の「用事」のための最適な製品にアクセスできていないことを表している。

一九八〇年代中盤に、ジョージナ・テリーは、女性消費者が既存の自転車では首と肩が痛くなるため自転車を改造していることを発見した。さらに、サドルにジェルのシートを敷くなどの代償行動がみられた。男性にとって快適なサドルは女性にとってはまったく快適ではないからである。テリーの名を冠した企業であるテリー・バイシクルは、女性向けの自転車と関連製品を開発し、利益率が高い成長事業を生み出した。

別の例としては、地元紙にディスプレイ広告や三行広告を載せる地元企業がある。新聞社は、これらの企業のことを「広告主」と呼んでいる。しかし、これらの企業が解決しようとしている真の課題は何なのだろうか。広告することではないだろう。「ブランド力を強める」「経営を安定させる」「従業員の離職率を減らす」などの課題を解決したいのである。広告を出すことは「用事」ではない。代償行動である。

顧客ケーススタディの調査

驚くべき発見をもたらしてくれることが多いアプローチの一つに、ジェラルド・バーステルとデニス・ニターハウスが「顧客ケース・リサーチ（CCR）」と呼ぶものがある。CCRは、顧客の製品購買の意思決定にフォーカスする。購買プロセスは豊富な情報を提供してくれる。バーステルとニターハウスによれば「人々が購買プロセスを開始する理由の背後にはほとんどの場合何らかのストーリーがある」からだ。[※6]

CCRでは顧客に詳細なインタビューを行ない、「購買の決定のきっかけは」「どのような選択肢を検討したか」「なぜ、この製品を選んだか」などと質問しながら、購買プロセスを振り返ってもらう。バーステルとニターハウスは、調査担当者が事件の本質に迫ろうとするジャーナリストのように行動することを推奨している。

CCRを適切に行なえば意外な事実を発見できる。たとえば、タイヤの交換に関するケーススタディを一〇〇件以上分析したあるプロジェクトでは、パンクが原因となっているケースは極めて少ないことを発見した。高級なカー・オーディオや自動車電話を購入した顧客が、タイヤのロードノイズがうるさいことに気づいたことが契機となっているケースのほうが多かったのである。この調査を行なったタイヤ・メーカーは、このときまで、新しい音響機器のために自動車の社内ノイズを減らすという「用事」に気づいていなかった。

成功への鍵

今まで述べてきた手法を使う際には、以下の二つの重要な成功要因がある。

□一　事件を追う記者のように振る舞い、「用事」の手がかりを発見し、組み合わせるためにさまざまな手法を活用する

□二　「片づけるべき用事」モデルと整合性が取れた質問を行なう。つまり、顧客が直面する問題を質問の中心に置くということだ。提案するソリューションへの反応を得るためではなく、問題を理解するための質問を行なわなければならない。

P&Gは、イノベーションの機会を発見する能力において世界的に有名だ。CEOのA・G・ラフリーは、どのような「用事」があるのかを理解するために、消費者や顧客との時間を持つことの重要性を強調している。「少なくとも当社の事業、つまり、消費者向けのビジネスでは――とは言え、企

業間のビジネスでも同じだと思うが——顧客が何を欲しいと思っているか、何を必要としているかを語ってくれることは滅多にない。これは、我々が顧客あるいは消費者とともにいる時間を大幅に増やさなければならないことを意味する。これは、表現されない、あるいは、表現できない要求や要望を理解しなければいけないということだ」。

■「用事」の優先順位づけ：簡単なチェックと詳細な定量的調査

「用事」の長いリストを作るだけでは十分ではない。「用事」に基づく考え方を使う理由は、斬新な成長戦略を作り出すための機会を見つけることにある。どの「用事」が成長への跳躍台になり得るのか。以下の三つの簡単な質問が方向性を示してくれるだろう。

□この「用事」は顧客にとって重要か
□この「用事」は比較的頻繁に発生するか
□顧客は今日のソリューションで「用事」が適切に解決できないことにフラストレーションを感じているか

これらの質問に対する答がイエスであれば、新しいソリューションを求めている領域を発見したことになる（より高度なランキング方法についてはツール4・1を参照）。最初の二つの質問（重要性と頻度）に対する答がイエスであり、三番目の質問（フラストレーション）に対する答がノーである状況については注意が

■**説明**

片づけるべき「用事」：特定の状況で顧客が直面する根本的問題

重要性：この「用事」を片づけるのはどの程度重要か。1（重要ではない）から5（極めて重要）で評価

頻度：顧客の生活において「用事」が発生する頻度。1（滅多にない）から5（極めて頻繁）で評価

フラストレーション：顧客が現時点のソリューションで感じているフラストレーション。1（極めて満足）から5（強いフラストレーションを感じている）で評価。

スコア：（重要性＋頻度）× フラストレーション（スコアは2点から50点になる）

ランク：リスト内でのスコア順位

片づけるべき「用事」	重要性	頻度	フラストレーション	スコア	ランク
1.					
2.					
3.					
4.					
5.					
6.					
7.					
8.					
9.					
10.					

ツール4-1 「用事」のスコア・シート

必要である。もし、「用事」が極めて重要であったとしても、顧客が現状のソリューションの「用事」の片づけ方に完全に満足しているのであれば、ソリューションを切り替えさせることは難しい。実際、企業が満足した人々をターゲットとした機会を検討するときには注意が必要である。これは、消費をまったく行なっていない「非消費者」をターゲットにするときも同様だ。企業は、製品やサービスの市場浸透率のデータを見て、容易に成長できる余地があると判断してしまうことが多い。つまり、消費していない者に対して消費するよう説得すればよいと思っているのだ。しかし、ソリューションがターゲットとする「用事」が自分にとって重要でないために、そのソリューションを消費していない人々も存在するのだ。

この三つの質問は「用事」のリストをふるい分けするための有効な方法だが、「用事」のランクづけをより厳格に行ない、顧客が「用事」の選択において行なうトレードオフを判断するための詳細で定量的な調査が必要とされるケースもある。このような定量的サーベイの実施と管理を専門とする多くの企業が存在する。定量的調査を実施する際のヒントを以下に述べる。

□「用事」の記述をターゲット顧客が理解できる表現にする。たとえば、病院経営者にとっては「顧客の支払いを迅速化する」という表現が「売掛金残高を最小化する」という表現より適切だろう。

□最善の顧客以外も調査する。最善の顧客が問題を感じていることはまれだ。問題を見つけるためには、満足していない顧客だけでなく、顧客ではない「非消費者」にも聞く必要がある。これらの人々を「製品の価値がわかっていない」として無視してしまってはいけない。なぜ満足していないのか、そして、満足させるためには何をすればよいかを検討しなければならない。

□「用事」についてだけではなく、「用事」をより適切に片づけられる新しい製品やサービスの特性についても尋ねることを検討する。

□異なる「用事」の間で顧客が行なうトレードオフについて理解する。クラスター分析やコンジョイント分析は、これらのトレードオフを明確化するための統計的手法である。

□存在しない市場において詳細な市場調査を実施する場合には注意が必要だ。存在しない市場を測定したり分析したりすることはできない。このような状況では、定量的調査よりも定性的調査のほうが信頼できるデータを提供してくれることが多い。

定量的なサーベイから得られる大量のデータの扱いはやっかいに思われるかもしれないが、これらのデータが極めて有効な行動に結びつくことがある。たとえば、ある医療機器メーカーが顧客、つまり、その機器を使う(あるいは使わないことを選択する)外科医の「用事」を理解しようとしたときのことだ。四カ月間に、検討チームは四〇件以上の「用事」の総合的リストを作成し、優先順位づけを行ない、それらの「用事」をより適切に片づけるための三〇種の戦術を発見した。また、三種類の顧客グループを識別することもできた。第一のグループは高度な機能を備えたハイエンドの製品を好んでいた。第二のグループは単純で使いやすい製品を好んでいた。そして、第三のグループは新しいアイデアや方法の実験を好んでいた。同社が、これらの三つのグループと収集した人口統計学データを相互分析すると、驚くべき結果が得られた。三つの顧客グループと同社が従来使っていた人口統計学的な顧客のセグメンテーション(たとえば年齢や学歴)との間にはまったく相関がなかったのである。各顧客グループには共通の「片づけるべき用事」があった。また、今までに行なった処方の回数などの(学歴には関係ない）定量的特性も共通していた。この医療機器メーカーは、製品の機能向上の優先順位リストを得られただけではなく、市場の新しいセグメンテーション方法を知ることができ、市場を大きく拡大する戦略を立案することができた（本章のコラム「理論の復習：「用事」内の「「用事」モデルと他の方式との比較」では、「用事」に基づくセグメンテーションと他のアプローチをより詳細に比較している）。

■「用事」の考え方でイノベーションのライフサイクルを理解する

本書は新規成長事業の創出にフォーカスしているが、「片づけるべき用事」の概念はイノベーションのライフサイクル全般にわたって適用できる。※7 イノベーションが生まれる前には、市場の需要がなければならない。そして、イノベーターはその需要を活用する方法を見つけなければならない。最初の段階では、イノベーターの主要な課題は最大の成功を得るためにイノベーションを最適化することである。次に、価値を効率的かつ反復的に獲得するための独創的な方法を発見する。市場は真空を嫌う。ゆえに、成功したイノベーターも、競合他社による浸食からの防御を行なわなければならない。最後に、イノベーションが一見成熟化した状態になったときには、イノベーターは利益ある成長を再活性化する新しい方法を発見しなければならない。このライフサイクルの各ステージにおいて、「用事」に基づく思考形態がイノベーターの助けになる。

ステージ1：需要の識別

「用事」に基づいた考え方により、市場においてイノベーションを行なう機会が明らかになる。すでに詳細に述べてきたように、主にこれらの機会は、既存のソリューションが有効でなかったり存在しなかったりするような「用事」を識別することから生まれるものだ。

　検討に値するもう一つの分析方法として、新しいテクノロジーや製品を積極的に「雇う」のは誰になるかを考えることがある（図4-3にソリューションの側から分析を始めることで機会の探求にどのような影響があるかを示した）。[※8] 企業は、イノベーションを行なおうとする際に市場の理解から始めることが多いが、プロセスが逆方向で機能することもある。基礎研究開発の分野では、科学者が帰宅し、翌朝研究所に戻ってくると見たこともない物質ができていたというような話が豊富にある。事業部は、誰がこの物質に関心をもつかを検討したりするだろう。多くの企業が、偶然にせ

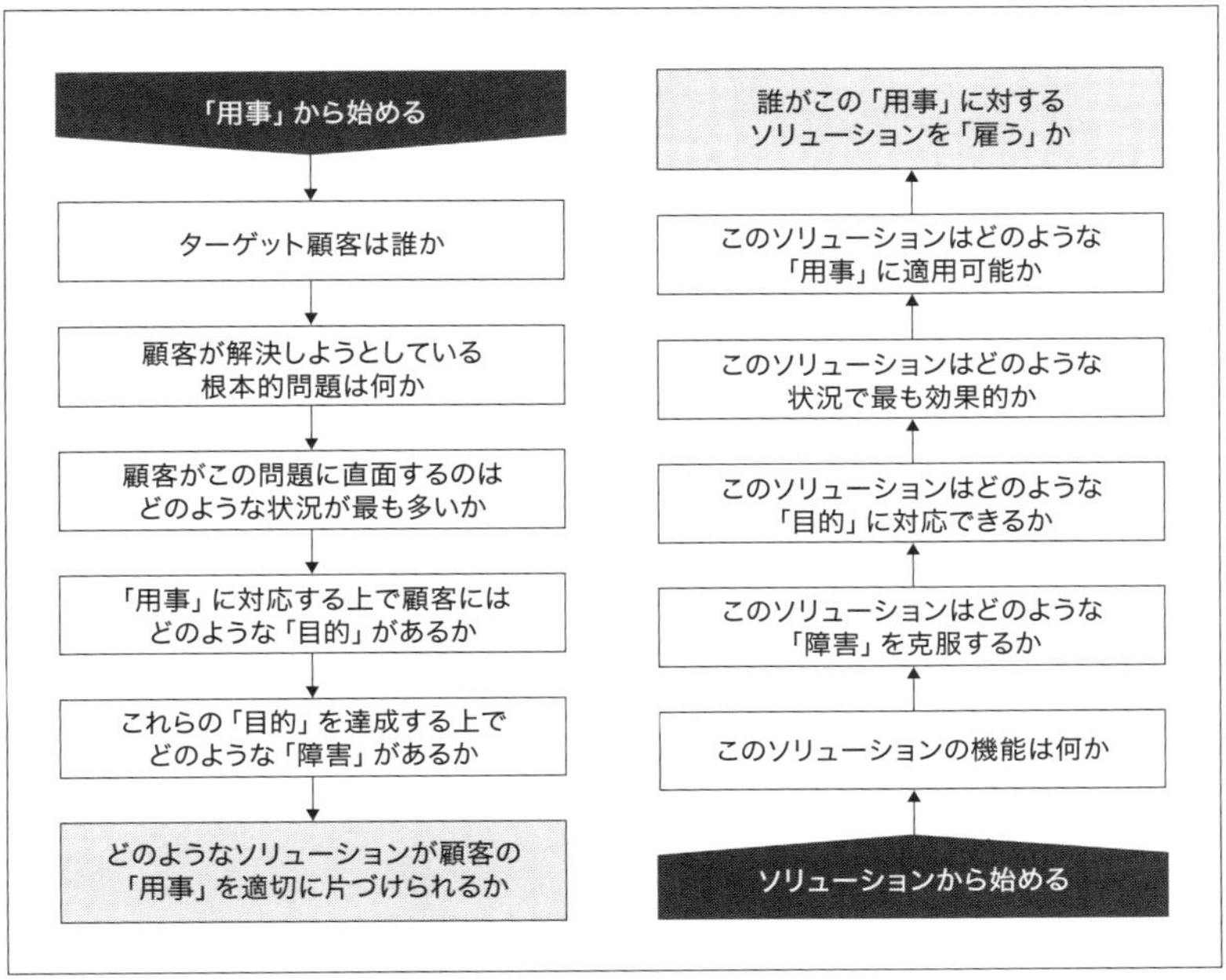

「用事」から始める
ターゲット顧客は誰か
顧客が解決しようとしている根本的問題は何か
顧客がこの問題に直面するのはどのような状況が最も多いか
「用事」に対応する上で顧客にはどのような「目的」があるか
これらの「目的」を達成する上でどのような「障害」があるか
どのようなソリューションが顧客の「用事」を適切に片づけられるか
ソリューションから始める
このソリューションの機能は何か
このソリューションはどのような「障害」を克服するか
このソリューションはどのような「目的」に対応できるか
このソリューションはどのような状況で最も効果的か
このソリューションはどのような「用事」に適用可能か
誰がこの「用事」に対するソリューションを「雇う」か

図4-3　異なるスタート地点から機会を探す

よ、意図的にせよ、すでにある製品の市場や顧客を探すという課題に直面している。

これらの場合には、そのソリューションの機能を先入観にとらわれないように系統的に文書化する。何ができるのか。何ができないのか。そのソリューションによって実現可能になったり、改善されたりする行動や活動について検討しよう。動詞を使ってこれらの行動を記述してみよう。そして、ソリューションが「障害」の克服の助けになるケース、ソリューションが「目的」の達成の助けになるケースを評価する。最後に、これらの「目的」が特に重要となる状況についてブレーンストーミングし、これらの状況において誰がこのソリューションを利用するかを検討する。このプロセスを先入観なしで適用することで、たとえ、市場にすでに何年も存在するソリューションについても、多くの新しい機会が明らかにできるだろう。

たとえば、アーカンソーに拠点を置く小規模な委託製造業者であるグレース・マニュファクチャリングの事例について見てみよう。同社は一九六六年に創立され、その中核事業は光化学エッチングと呼ばれるプロセス（半導体産業では一般的な手法）を使った複雑な金属部品の製造であった。このプロセスにより金属の薄い層を取り除き、微細な凹凸を作ることができる。素材をゆがめる機械的な力を使わずに薄い金属の部品を容易に作ることができ、金属バリのない部品が作れるため、同社の顧客はこのテクノロジーを高く評価していた。しかし、この手法にも問題があった、たとえば、厚い材料の加工には向いておらず、部品の端が鋭くなっているため扱いが困難なことがあった。

一九九〇年に同社は、自社のテクノロジーを他の市場でも活用することを検討し始めた。自社のソリューションの本質的機能（部品の製造のために金属の薄い層を正確に削除する）、克服可能な障害（薄くした金属に正確な加工を行なう）、そして、有効な状況（バリがない部品が必要であり、端が鋭くても問題ない場合）を理解した同社は、繊細な切断や削り取り加工が必要となる応用分野にフォーカスすることを決定した。同社の共同オーナーであるリチャード・グレースは以下のように述べている。「現場では誰もが鋭い金属片に注意していました。そこで、突然『これを使って物を切ってみたらどうなるだろう。鋭い工具を作って何かに使えないか』と思い始めたのです」[※9]。

この好奇心から、今日、マイクロプレーン・ファイルとして知られる木材の加工ツール製品が生まれた。さらなる検討と偶然の発見を通じて、マイクロプレーンの製品ラインは多様な消費者向け用品へと拡大していった。たとえば、電動工具用のヤスリ、キッチン向けのチーズおろし、そして、より最近には、角質とりを目的とした美容製品である。

グレース・マニュファクチャリングは、自社のテクノロジーが有効である別の状況を注意深く検討することで、まったく新しい市場に進出することができた。

ステージ2：ソリューションの最適化

機会を発見するだけではまったく十分ではない。「用事」を適切に片づけるイノベーションを製品化する際にも大きな課題がある。企業は人々が進んで購入する製品を提供するために、価格と機能のバランスを注意深く取る必要がある。

「顧客が本当に欲しているもの」を発見するために顧客サーベイやフォーカス・グループがマーケティングのツールとして利用されることが多い。しかし、これらの試みを行なっても、万能ではあるが、往々にして高価な、誰も欲しがらないような製品の元となるウィッシュ・リストが生まれてしまう。顧客の価値判断の方法を理解することで、顧客が許容できる機能と価格間のトレードオフを明らかにできる。

ある大手消費者向け健康製品メーカーは、「片づけるべき用事」の方法を栄養食品に適用することで、重要な知見を得た。同社の最初の調査により、心臓病や癌の治療から健康の維持に至るまでの重要な未解決の「用事」が明らかになった。始めのうち同社は、このような病気の多くを（多少なりとも）避けるようにするための「万能」の製品を作ることを考えていた。しかし、より詳細な調査により、顧客は自分専用に作られたソリューションを求めているということが明らかになった。何でもできるという製品では、実際には、ある特性では過剰な性能を別の性能では不十分な性能を提供してしまうことになっただろう。同社はこの課題を認識し、特定の健康上の要件に応えるための製法にフォーカスするようになった。

ステージ3：価値の獲得

製品が重要な未解決の「用事」にうまく対応できると、その製品は大きな価値を生み出す。その価値は従来型のコストに目標利益を加えるという多くの企業の価格戦略における場合よりも、はるかに大きくなることが多い。「片づけるべき用事」を深く理解することで、製品やサービスが提供する価値をより総合的に享受できるようになる。

ラテックス合成物を製造しているグローバルな化学素材メーカーの事例を考えてみよう。従来、このメーカーは自社の製品を製紙パルプ業界にトン単位で販売していた。同社は自社の製品をオフィス向け用紙を製造するためのパルプの接合剤としてしか考えていなかった。

しかしエンドユーザーの市場を注意深く調査することで、高速のコピー機で用紙を使用する顧客において二つの重要な不満点があることが明らかになった。この化学素材メーカーは自社のラテックスのテクノロジーにより、紙の構造を変え、コピー機の通りを良くして、インクの乗りも改良できることを発見した。

この化学素材メーカーのソリューションは、単に「パルプをまとめる」よりもはるかに重要な「用事」を満足させることになった。エンドユーザーのエクスペリエンスに直接的な影響を与え、製紙会社も用紙に対して高価格を設定できるようになった。製紙会社が自分の「用事」を片づけられるようにすることで、化学素材メーカーは自身が作り出した価値の一部を享受できるようになった。

ステージ4：シェアの防御

アイデアが勢いを獲得したならば、競合他社が対応してくることは避けられない。しかし、「用事」の概念を理解している既存企業は、いったん獲得した市場を受け渡すことはない。

ある医療機器のメーカーは、破壊的イノベーションの定石どおりに「必要にして十分」な製品を圧倒的に低い価格で提供する競合他社からの攻撃に直面した。

もちろん、このメーカーは同様な製品で対抗することもできただろう。しかし、同社は既存の製品を最適化することで、顧客が競合他社の製品を「必要にして十分」とみなさなくなるようにできないかと考えた。

そのために、このメーカーは、医療の現場が重要と考える目的を広範に理解しようとした。この機器を採用する外科医は患者にとってのメリット以上のものを求めていることを知った。機器を効率的に使うための研修、他の治療法と比較した優位性を市場に伝える上での援助、機器の機能を患者に伝えるためのツール、患者が治療費を支払いやすくするための新しいメカニズムなどを求めていたのである。

これらのイノベーションの手段を活用することで、同社は、競合他社に対する差別化を強めることができた。この差別化を実現するために、同社が製品面でのイノベーションを行なう必要がなかったという点は重要である。同社は、サービス・モデルとマーケティング・メッセージのイノベーションを行なったのである。既存企業である同社が「片づけるべき用事」の分析作業を開始してから一八カ月後に競合他社は市場から撤退した。

ステージ5：成長の再活性化

大きな注目を集めた市場カテゴリーもいつかは沈滞する。「用事」に基づいた考え方により、企業は、コモディティ化した市場を再活性化し、ほとんど死に絶えた製品を再生するための機会を見つけることで成長を再開することができる。

一見コモディティ化した市場を刺激する

コモディティ化という言葉ほど経営者に動揺を与える言葉はないだろう。どんな経営者であっても、かつては花形であった製品が差別化要素を失い、利益率が低下していくという恐ろしい話を知っている。このような状況においてイノベーションにさらに資金を投入するのは事態をかえって悪化させるかのように思える。ゼネラル・エレクトリックのＣＥＯであるジェフリー・イメルトはこの点を以下のようにうまく表現している。「我々は誰もがコモディティ化の地獄の一歩手前にいる[※10]」。

しかし、コモディティ化とは正確には何を意味するのだろうか。それは、顧客が商品やサービスの特定の特性における性能の向上を評価しなくなることを意味する。それは、顧客が価値を認めてくれる改良の余地がまったくなくなるということだろうか。この質問に対する答はノーであることが多い。病院にベッドを販売する企業であるヒルロム・インダストリーズが良い例だ。病院のベッドは、コモディティ化された製品の特性をすべて備えているように見える。しかし、一九七五年から一九九〇年において、同社は市場シェアを三〇パーセントから九〇パーセントに拡大し、病院がベッドを交換する頻度を倍増した。

顧客のビジネスを改善する方法を模索する中で、同社は、看護士が本来の看護士業務とは関係がない作業に多くの時間を費やしていることを発見した。たとえば、患者が床に落とした物を拾ったり、テレビの故障を直したりという作業である。看護士のコストは病院の運営コストの大部分を占めており、看護士と患者のやり取りは医療の質に大きく影響するので、これは重要な問題である。

看護士が本来すべきでない作業を削減するための機能を追加することで、ヒルロムはベッドにおいて差別化を達成し、病院のコスト削減を援助した。病院は、これらの改良のために喜んで対価を支払った。この洞察は、市場を小規模、中規模、大規模の病院にセグメント分けしたことで生まれたものではない。これは病院の利益を高めるという「用事」を理解したことから生まれたものだ（コラム「企業間ビジネスにおける「用事」」を参照）。

病院用ベッドの市場には、差別化と高価格設定の大きな余地があることが明らかになった。しかし、重要な「用事」を片づける上で、既存の製品がどの点で十分でないかを理解するには斬新な視点が必要とされる。

企業間ビジネスにおける「用事」

「片づけるべき用事」の概念は、製品やサービスを消費者に対して販売しているときも、企業に対して販売しているときにも適用できる。ある意味では、企業に販売する場合の分析は容易だ。昔から言われているように「ビジネスの本質は利益追求（The business of business is business.）」だからだ。企業顧客がどのようにして利益を追求しているかを理解し、利益獲得の障害の克服を援助することが重要だ。

もちろん、専門家は、企業に対して販売することが複雑な作業であることを指摘するだろう。多くの承認プロセスがあるし、システムも複雑である。潜在的な企業顧客についての理解を深めるためには、その複雑なシステムを注意深く観察することが必要だ。購買者、購買決定に影響を与える人、そして、最終的な意思決定者を理解する必要がある。このネットワーク内の担当者のそれぞれが「片づけるべき用事」をもっている可能性が高い。

弱体化したブランドを再活性化する

多くの企業が、ブランドの力が次第に低下していくのを知っている。強力なブランドも、中核的顧客が高齢化し、そのブランドになじみがない新世代が増加することで重要性を減少していく。「用事」の視点を使うことで、ブランドを再活性化する方法が明らかになることがある。数年前に、

P&Gは、このようなやり方でミスター・クリーンというブランドを再活性化した。

P&Gは以下の単純だが強力な質問を自身に投げかけた。「一九六〇年代から七〇年代にかけてブランド力があった頃に人々がミスター・クリーンという製品を使っていた真の理由は何だったのだろうか」。その答は「一見落ちなさそうな汚れを手品のようにきれいにするため」というものであった。

この点を理解したP&Gは、消費者が魔法のようにきれいにできないことでフラストレーションを感じる状況を積極的に探し始めた。そして、以下のようないくつかの例を発見した。

□一　うちの腕白は、新品の壁を自分の芸術的才能を使うのに最適なキャンバスだと思ってしまったようです。ミスター・クリーン・マジック・イレーザーは、そんな掃除しにくい汚れも、手品のようにきれいにしてくれます。

□二　私は一日四時間を車の中で過ごすため、車はひどく汚くなります。専門の清掃業者に行く時間もありません。洗剤と水だけではうまく作業ができません。ミスター・クリーン・オートドライで、この問題が解決できました。

□三　トイレの後ろ、シャワー室の角、流しの下を掃除するのは好きですが、背中を痛めるのは好きではありません。ミスター・クリーン・マジックリーチ・バスルーム・エクスプローラは、この問題を簡単に解決してくれました。

顧客が過去においてどのような「用事」を行なうためにミスター・クリーンを「雇って」いたかを尋ねることで、P&Gは自社のイノベーションのエネルギーを「用事」が適切に片づけられない状況にフォーカスすることができ、以前の強力なブランド力を取り戻すことができた。

まとめ

「片づけるべき用事」の概念は単純だ。すなわち、顧客は製品やサービスを購入するのではなく、生活における「用事」を片づけるために「雇う」という考え方である。ここでの目標は、発想の中心を四分の一インチ径のドリルから四分の一インチ径の穴へと移すことにある。四分の一インチ径の穴を見つけるためには、以下の指針に従う必要がある。

□誰が「用事」を行なわなければならないか、何を行なわなければならないか、そして、どのような状況で「用事」が発生するのかを記載した「用事」のリストを作成する。
□ソリューションの選択肢を検討するときに顧客が使う「目的」、異なるソリューション間の選択に影響を与える「障害」について考慮する。
□製品やサービスが「目的」と「障害」にどの程度対応できるかを分析し、顧客が「用事」を片づけるために検討する候補を評価する。
□「用事」を識別するには、ブレーンストーミング、フォーカス・グループ、顧客の観察、代償行動の分析、顧客の事例調査が有効である。
□重要性が高く、比較的頻繁に発生し、顧客が今日のソリューションでは適切に解決できない優先順位の高い「用事」を識別する。

□イノベーションのライフサイクルのどこにいるかに応じて、需要の識別、ソリューションの最適化、価値の獲得、シェアの防御、成長の再活性化のために「片づけるべき用事」の概念を使用することができる。

■実地演習

□同僚と三〇分程度、なぜ顧客が自社の製品を「雇う」のか、また、自社の強みは何なのかについて議論しよう。

□自分のカバンの中に入っている製品をいくつか選び、それらを「雇う」状況や、それらがどの程度うまく「用事」を片づけてくれるかを書き留めてみよう。

□顧客との対話を毎日定期的に行なうようにしてみよう。可能ならば、顧客の日常生活を観察してみよう。可能でなければ、顧客が自社製品を最後に使ったときの状況を詳細に説明してもらう。「なぜ」と「どのように」の質問を頻繁に行なおう。

□自社の製品を実際に買いに行ってみよう。自社の製品および競合他社の製品について販売担当者と話してみよう。どういう理由で一方が推奨されただろうか。

■ヒント

□「目的」について考えるときには、機能的な面だけではなく、感情的および社会的な面が重要となることが多い。

□誰が顧客であるかを確実に理解するようにしよう（特に、流通チャネルや価値連鎖において複数の顧客がいる場合にはこれが当てはまる）。

□「用事」の候補を探すときにはできるだけ広く考えよう。真の競合が代替行動であったり単なるフラストレーションであったりすることもある点に注意しよう。

□手始めに同僚のグループとの「片づけるべき用事」に関する議論、あるいは顧客へのインタビューを行なってみよう。

□常に「なぜ」と尋ねる習慣をつけよう。この簡単な質問により、根本的な「片づけるべき用事」が明らかになるかもしれない。

□顧客と実際にやり取りしている従業員に「片づけるべき用事」の概念を研修しよう。オフィスに留まっている従業員には見えないものが、営業現場の人間には見えているかもしれない。

第二部
アイデアの公式化と具体化

市場の機会を識別するのはまだ容易な仕事だ。次に、その機会を活用するためのアイデアを公式化し、具体化することが必要になる。成功までの間には多くの地雷原がある。適切な方向性に進んでいることを「証明」してくれる詳細な市場データが手に入ることは滅多にない。既存の競合他社や潜在的競合他社があらゆる場所で待ちかまえている。そして、破壊的イノベーションのためには、一見直感に反するようなアプローチを取らなければならない。実際、筆者の経験によれば、機会を評価し、具体化するプロセスこそが、新規成長事業を目指す企業にとって最大の障害になることが多いようだ。第二部では、従来とは大きく異なるパターン認識の概念に基づいたアプローチを提言する。つまり、単に従来のルールに従ったり、やみくもに突き進んで良い結果が出るのを祈ったりするというやり方ではなく、過去の成功と失敗のパターンをイノベーションのガイド役にするということだ。第五章では、破壊的イノベーションの基本的パターンに合致するアイデアの考案方法について述べる。第六章では、これらのアイデアの評価と具体化のためのパターン使用におけるヒントを述べる。この二つの章は密接に関連している。アイデア

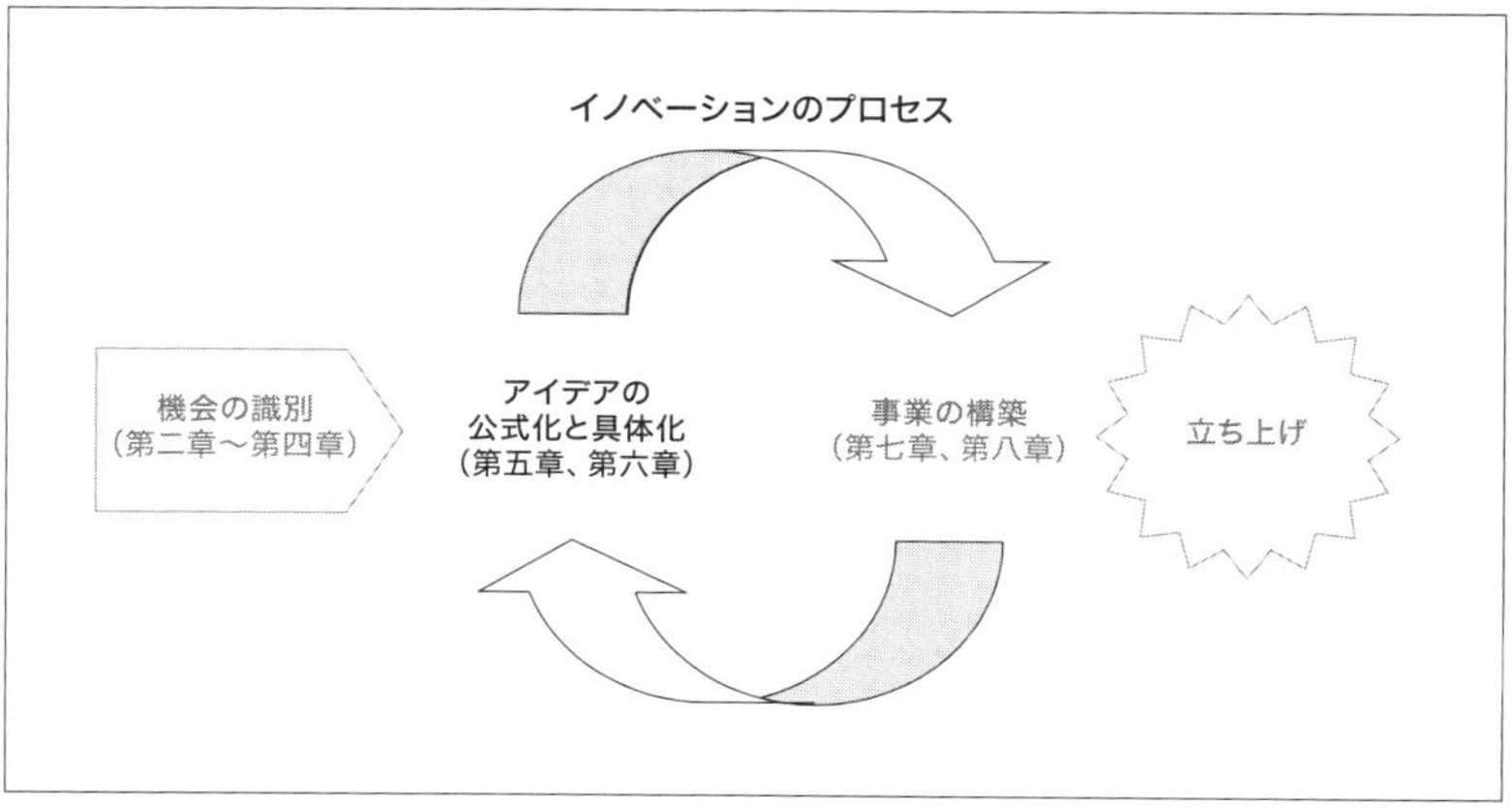

の公式化の後に続く評価のプロセスが、ソリューションの具体化、あるいは、まったく新しいソリューションの創出につながることもよく見られる。

我々は、二つの点で『イノベーションのジレンマ』における概念にフォーカスしてきた。まず、エンタープライズ・ソフトウェアに破壊的イノベーションをもたらす革新的なテクノロジーを開発した。それが、ソフトウェア・アズ・ア・サービス（ＳａａＳ）だ。また、顧客が一括して料金を支払うのではなく、購読モデルにより従量制で料金を支払うという革新的なビジネスモデルも開発した。クレイトン・クリステンセンが示した原理に従うことで、我々はソフトウェア業界において強力な破壊的イノベーションを達成できた。

――マーク・ベニオフ、創業者兼ＣＥＯ、セールスフォース・ドットコム

第五章　破壊的アイデアの開発

イノベーションはランダムで予測不可能なので、その実現への道筋を示すことなどできはしないと考えているマネジャーもいる。もしイノベーションが本当にブラックボックスなのであれば、企業ができる最善の方法は、何千本もの花を咲かせて、そのうちの一つでも大きな成長ビジネスへと育ってくれることを期待するだけということになる。これは、たくさんのワードプロセッサを置いた部屋に一〇〇〇匹の猿を入れて、いつかはシェイクスピアの一節を打ち込んでくれることを期待するようなものだ。仮に、一度でもこのようなことが起こるくらい幸運であっても、それが反復可能であることはまったく期待できないだろう。

過去二〇年間における調査研究により、成功した成長戦略には特定のパターンに合致しているものが多いことがわかっている。本書の導入部で述べたように、破壊的イノベーション戦略の市場における成功確率は極めて低い。なお、破壊的イノベーション戦略とは、単純性、利便性、低価格性、アクセス容易性などの点で性能のトレードオフを行なうことで、既存の市場を変革したり、新しい市場を創成したりする製品、サービス、アプローチを生み出すことである。

本章では、破壊的イノベーションの成功における重要原則について再検討し、破壊的イノベーションのアイデアを作り出すためのプロセスについて述べる。イノベーションは予測可能ではない。しかし、これらの重要原則を念頭において単純なプロセスに従うことで、高い潜在力を持つアイデアに到達する可能性を増すことができる。

■成功する破壊的イノベーションのパターンと原則

多様な業界において破壊的イノベーションが試みられているが、実際に成長を達成できた起業家や既存企業は、暗黙のうちに、あるいは、意識的に、以下の三つの単純な原則を守ってきている。

□一　過剰満足あるいは「非消費」の顧客をターゲットとすることから始める
□二　「必要にして十分」が大きな価値を持ち得ることを認識する
□三　既存の競合他社にとって魅力がない、あるいは関心がないと思われるようなことを行なう

以降では、各原則についてより詳細に見ていこう。

原則1：過剰満足あるいは「非消費」の顧客をターゲットとすることから始める

破壊的イノベーションは、特定の顧客セグメントから始まることが多い。すなわち、消費する能力を制限する何らかの障害が存在する「非消費者」（これについては第二章で解説した）、あるいは既存のソリューションでは過剰満足になってしまう顧客（これについては第三章で解説した）だ。一見したところでは、これらの顧客グループはあまり魅力的ではないかもしれない。しかし、破壊的イノベーターは、望ましいとは思えない市場、あるいは姿の見えない市場に隠された価値を見つけることができるのだ。

たとえば、一九七〇年代においては、コンクリートの張力を強化する鉄筋の市場が魅力的であると考える者はいなかった。鉄筋の市場は顧客ロイヤリティも利益率も低いことから、まさにコモディティ化された市場の典型であった。そして総合鉄鋼メーカーが市場を囲い込んでいた。しかし、ニューコアなどの小型製鋼メーカーは、この一見やっかいな市場を魅力的なものに変えた。異なる生産テクノロジーを採用することで、ローエンドのビジネスに対応できる超低価格での販売が可能になったのである。（米国進出時の）トヨタのコロナ、サウスウェスト航空、デルコンピュータなども、カスタマイズ性、利便性、低価格のために性能を犠牲にしてもよいと考えている過剰満足の顧客にアピールできた企業の例だ。

同様に、一九七〇年代においてコンピュータのテクノロジーを扱っていた既存企業のほとんどが、大企業向け市場にフォーカスした技術開発を行なっていた。当時は、最も低価格のマシンでも二〇万ドル以上するミニコンピュータだったからである。この高価格性により、ミニコンピュータというテクノロジーの使用はエンジニアリング・アプリケーションなどの要件が厳しい業務に限定されていた。さらに高価格のメインフレームは、トランザクション処理などの真の意味での基幹系アプリケーションで利用されていた。パーソナル・コンピュータのメーカーがコンピューティングを簡便で安価にするまでは、家庭向けコンピュータの市場は実質的にゼロであった。

破壊的イノベーションのアプローチを採用し始めたばかりの既存企業が、イノベーションが生み出したソリューションを既存顧客に提供したいという誘惑にかられることがある。これは、一見、意味があることのように思える。企業は、すでにそれらの顧客との関係を確立しているし、成功に役立つブランド力も有しているからだ。しかし、真の意味での破壊的イノベーションの戦略が、既存市場で成功できる可能性は低い。破壊的イノベーションのソリューションを既存顧客にとっても「必要にして十分」以上のものにするためには多大な投資が必要である。これらの投資により、新規ソリューションの破壊的イノベーションとしての本質的価値が消滅してしまう可能性もある。さらに、ソリューションを既存の市場で提供するということは、従来型のアプローチに従うことを意味するが、これにより企業が破壊的イノベーションに固有の価値を見失ってしまう可能性もある。

破壊的イノベーションに関する論文などでは、既存市場に破壊的ソリューションを「間に合わせ」として適用することの限界が指摘されている。[※1] たとえば、インターネットの普及初期には、ほとんどの新聞社が自社の印刷媒体をオンライン上に再現することで対応した。つまり、実質的に既存の読者と広告主を対象としていたのである。[※2] 新聞社は、ウェブでのプレゼンスを高めることには成功したが、有料の三行広告やバナー広告によるビジネスモデルはオフラインの世界のビジネスモデルを再現したものに過ぎなかった。ほとんどの新聞社が、サーチ、オークション、ダイレクト・マーケティングなどに関連した魅力的な新しいビジネスモデルを作り出す機会を逸していた。この失敗により、新興企業がオンライン・メディア市場の価値の大部分を獲得できる機会が生まれた。「間に合わせ」は高くつくし、うまくいくことはほとんどない。

原則2：「必要にして十分」が大きな価値を持ち得る

多くのイノベーターは、既存のソリューションの先を行くことを目指している。実質的には、イノベーションのゲームを「より優れた」やり方で行なうことで勝利しようとしている。しかし、破壊的イノベーターはイノベーションのゲームを「異なった」やり方で行なうことで勝利するものだ。破壊的イノベーションの本質はトレードオフにある。通常、破壊的イノベーションでは、かつては主流の顧客にとって重要であった特性においては低い性能を提供する。これらの特性における性能が悪いというわけではない。「必要にして十分」なのだ。もちろん、破壊的イノベーションが行なうことはそれだけではなく、その他の特性においては、顧客の目から見て、より優れた性能を提供する。

DVDのサブスクリプション・モデルで大成功を収めたネットフリックスの事例を見てみよう。同社は一九九八年にこの革新的モデルを導入した。消費者は月額の購読料金（各月に視聴したいDVDの数によって決定される）を支払い、ネットフリックスのウェブサイトの幅広い品揃えからDVDを選択し、翌日の郵便で自分の「待ち行列」の先頭にあるDVDを受け取ることができる。契約者はDVDを好きな期間、手元に置いておくことができる。送料無料の封筒を使ってDVDを返却すると、直ちにネットフリックスは「待ち行列」上の次のDVDを送付してくる。

このサービスは、破壊的イノベーションのすべての重要特性を備えている。つまり、利便性、低コスト性、アクセス容易性に基づいた競合を行なっている。購読ベースのモデルは従来型のレンタルビデオ・ショップにとっては魅力的ではないように見える。これらのショップは延滞料金から多くの利益を得てきたからである。この新興企業による単純なモデルは飛躍的な成長をもたらした。ネットフリックスが、ウォルマートなどの巨大企業による競合サービスの脅威をうまくかわして、一〇億ドル企業に成長するまでには一〇年もかからなかった。

ネットフリックスの郵便ベースのソリューションは完璧ではない。夜中の一時に急にDVDが観たくなったときには、ネットフリックスのモデルは無力だ。郵便箱を眺めていることしかできない。ネットフリックスのサービスは、近所のレンタルビデオ・ショップやケーブルテレビ会社のセットトップボックスを使ったビデオ・オンデマンドなどの競合サービスと比較して、サービスの即時性という点では劣っている（ネットフリックスがインターネット上でのビデオ・オンデマンドのビジネスモデルを採用することで、この評価も変わっていくだろう）。しかし、ネットフリックスの顧客は、低料金と選択肢の幅広さを優先して、即時性を犠牲にすることをいとわないだろう。

次に、携帯電話内蔵のカメラについて考えてみよう。その画質はハイエンドの銀塩カメラやデジタルカメラにはとうてい及ばない。しかし、パーティーやコンサートに行くのにカメラを忘れた場合、あるいは、そもそもカメラを持っていくのが面倒な場合はどうだろうか。画質が低い携帯電話のカメラでスナップ写真を撮ることで満足できるだろう。それらの写真の画質は「必要にして十分」である。さらに、思い出の瞬間を誰かと共有したいのであれば、携帯電話で「必要にして十分」な画質の写真を撮って、そのままメッセージ機能で送付できるのは便利だ。デジタルカメラで写真を撮ってパソコンにアップロードし、電子メールで送るよりもはるかに簡単だろう。

企業が、一日目からすべてのことを適切に行なえる完璧なソリューションを追求してしまうという間違いを犯すことがよく見られる。結果として得られるのは、機能を詰め込みすぎ、高価で、実際にはあまりうまく機能しない製品であることが多い。品質とは相対的な言葉であることを肝に銘じてほしい。顧客の「片づけるべき用事」が何であるかを完全に理解するまでは、製品やサービスの良し悪しを判断することはできない。エンジニアが完璧だと思うソリューションが消費者にとっては複雑で使いにくいことがある。同様に、企業の目では標準以下に見えるソリューションが単純性と低価格性を重視する顧客に受け入れられる場合もある。

もちろん、理想的な世界では、豊富な機能を持ち、使いやすく、カスタマイズ可能で、低価格な製品やサービスを作り出すことができるかもしれない。しかし、好むと好まざるとにかかわらず、世界はトレードオフで満ちあふれている。そして、企業は、製品の機能面を妥当なレベルで抑えることにより、単純性、低価格性、利便性を武器に新たな方法で勝利できる可能性がある。

原則3：競合他社がやらないことをやる

多くのビジネス書では、企業が戦略を適切に遂行すれば既存の競合他社を叩きつぶせると書かれている。[※3] 成功する破壊的イノベーターは、既存の市場リーダーと正面からぶつかり合ったりしない。もし、市場のリーダーの目からも魅力的に見える戦略を採用すれば、市場リーダーは直ちに対抗してくるだろう。そして、これらの市場リーダーは往々にして圧倒的な優位性を有している。新規参入プレーヤーが破壊的イノベーションの戦いに勝利するためには、市場リーダーの強みを弱みに変えていかなければならない。

たとえば、セールスフォース・ドットコムは、ＣＲＭ（顧客関係管理）ソフトウェア市場の既存のリーダーが魅力的ではないと考えるようなアプローチを取った。ＣＲＭは企業の販売プロセスの向上を支援するソフトウェアだ。セールスフォース・ドットコムが市場に参入する前は、SAP、オラクル、シーベル（後にオラクルにより買収される）がCRM市場を支配していた。これらの企業は、顧客の他のソフトウェア・パッケージとの統合のためにカスタマイズが必要となる比較的高価なソリューションを販売していた。顧客は導入済みのソフトウェアに対する保守料金を継続的に支払っていた。

セールスフォース・ドットコムはまったく違うアプローチを取った。集中型のホスト・コンピュータ上に存在するプログラムへのアクセスを販売したのである。ユーザーは、それほど高価ではない月額料金を支払うことで、ウェブを介してプログラムにアクセスできる。これらのホステッド型のソリューションは低速になることもあり、他のアプリケーションとの統合性も限定されている。しかし、これらのソリューションは使いやすく、安価であり、柔軟である。まさに、破壊的イノベーションの特性を備えていた。

セールスフォース・ドットコムは、競合他社が直ちに対抗することができない、あるいは、対抗することに関心を持たないような戦術を採用した。

□**同社は、最初に「非消費」のアプローチを取った**：同社がCRMソフトウェアの使用経験がない小規模企業への販売を始めたときにも、市場リーダーは気にとめなかった。「非消費者」をターゲットにするのは、破壊的イノベーションの足がかりを作るには最適な方法だ。

□**同社は、競合他社にとって魅力的でない顧客をターゲットにした**：同社は既存市場に参入したため、市場の下位層にフォーカスした。つまり、既存のプレーヤーにとっては利益率が低い小規模企業にフォーカスしたのである。一見して魅力的でないように見える顧客に販売して、利益を上げる方法を見つけることは、破壊的イノベーションの鍵だ。

□**同社は、異なる流通チャネルを使用した**：ほとんどの既存プレーヤーは、導入作業の大部分を実施してくれるアクセンチュアなどのチャネル・パートナーを採用していた。一般に、企業は重要なチャネル・パートナーとの関係が悪化することを嫌う。同様の例として、コンパックが自社のオンライン直販組織によりデルに対抗しようとしたケースが挙げられる。既存販売店のオーナーの反対によりコンパックはオンライン直販を中止せざるを得なくなったのである。

□**同社は、既存プレーヤーにとって重要である収益ストリームに依存しないビジネスモデルを作り出した**：既存のプレーヤーは、カスタム化作業や導入作業に関する料金を極めて重視している。これらの料金が発生しないホステッド型のモデルは既存プレーヤーにとって魅力的ではなかった。同様の例としては、ネットフリックスが延滞料金を要求しないことで、自社のビジネスを、延滞料金に依存したビジネスモデルを採用していた既存プレーヤーであるブロックバスターにとってあまり魅力的ではないものにしたことが挙げられる。

一般に、破壊的イノベーターは、既存の市場リーダーが魅力的でないと考えるアプローチ、あるいは、関心がないと考えるようなアプローチを追求する。このようにして市場に参入することで、競合他社が対応できるまでの時間を最大化し、競合他社が採用できる選択肢の数を最小化することができる。

ＤＶＲ（デジタル・ビデオ・レコーダー）のパイオニア企業であるティーボの苦闘は、あらゆる競合他社がイノベーションに対抗してくることを考慮することの重要性を示している。ティーボは明らかに革新的なアイデアを開発した。テレビ番組を録画し、好きな番組を好きな時に観るためのハードウェア・ボックスを開発したのである。実際、同社は市場全体のパイオニアであるといえる。しかし、まもなく、DVRのテクノロジーは業界の多くのプレーヤーにとっても魅力的なものになった。ケーブルテレビ事業者は、顧客が好きな番組を好きなときに観る機能を欲しがっていると知ると、競合サービスを実験し始め、セットトップボックス・メーカーであるモトローラやサイエンティフィック・アトランタ（現在はシスコ傘下）に対して、DVRの機能を追加するよう依頼した。ケーブルテレビ事業者は、ティーボと比較して明らかな優位性を持っている。番組の視聴料と組み合わせることで顧客の明細書におけるサービス料金を安価に見せることができるからだ。

結果、ティーボは市場を独占することはできず、ティーボ自身が作り出した価値を享受しようとする積極的でかつ資力もあるプレーヤーからの反撃に対抗せざるを得なくなった。ティーボは、顧客情報の販売や、顧客が通常のコマーシャルを早送りしているときに、特別な広告を表示するなどの方法で対抗しようとした。同社がこの取り組みで成功できるかどうかはまだわからないが、自身が作り出した市場に多くの資金を投入しなければならなくなったのは確かである。

イノベーションの真の影響を理解するためにはその機会を市場の視点から評価する必要がある。社内の人間にとっては破壊的に思えるアプローチも既存の競合他社にとっては極めて持続的であり、結果的にプロジェクトの成功の可能性が低くなることがある。

■破壊的アイデアを目指す三つのステップ

一〇億ドル級のアイデアを求められるままに作り出していくのは当然ながら難しい。しかし、本章で述べる三つのステップから成るプロセスが、可能性が大きいアイデアを生み出すために有効であることが判明している。これらのステップにある程度の時間を費やすことが望ましいが、費やしすぎるのはよくない。イノベーターの頭の中で完璧なアイデアが生まれることはない。そして、いかに調査や分析を傾けてもアイデアが正しいものであることを証明することはできない。まず概要的アイデアを迅速に考案し、以降の数章で述べる活動へと移行していくことが重要だ。

これらのステップの目標は特定のアイデアを生み出すことである。二つのタイプの成果物を目指そう。最初に、ターゲットとする市場カテゴリー、何をしようとしているか、成功のために何を行なうかのサマリーを、三〇ワード（訳注：日本語では九〇文字程度に相当）以内で記述する。たとえば、本書で今まで触れてきた破壊的イノベーションの一部をサマリーしてみると以下のようになるだろう。

□インテュイットのクイックブックス：「会計の複雑性を隠した簡便なソリューションを提供することで小規模企業向け会計ソフトウェアの市場を変革する」

□ダウ・コーニングのザイアメター：「低価格でも魅力的な利益が得られるよう、コモディティ化したシリコンの販売プロセスを標準化する」

□任天堂のWii：「マニア層以外にも使いやすく、楽しめるコントローラーを開発することで、ビデオゲームの市場を民主化する」

第二に、アイデア・レジュメ（ツール5‐1を参照）を使って特定のアイデアをまとめる。アイデア・

レジュメとは、本書で今まで解説してきた基本概念を組み込んだ簡単な質問群であり、この章で記述するイノベーションの手段を考慮していることを確認するための手法である。

ステップ１：検討作業のフォーカス

特定の分野にフォーカスしなければ具体的なアイデアを見つけることは難しい。もし、本書を順番どおりに読んでいるのであれば、すでに、第一章において対象とする領域のリストを作成しており、第二章から第四章において述べたツールを活用してそれらの領域の検討を開始しているだろう。もし、このアプローチに従っていないのであれば、まず、チーム内で検討対象を決定すべきだ。開始すべき場所について正しいとか間違ったということはない。例として、以下にイノサイトのプロジェクトで使用してきたスタート地点を示す。

□**顧客グループ**：たとえば、メディア企業が「働く母親」をターゲットとして検討する場合

□**地域**：たとえば、製造系企業が「中国」市場を検討する場合

□**新しい商品カテゴリー**：たとえば、金融サービス企業が「リバースモーゲージ」を検討する場合

（リバースモーゲージとは、住宅ローンを完済した人が家を売ることなく、借り入れができる仕組み）

□**動向（トレンド）**：たとえば、エネルギー供給企業が「再生可能エネルギー」（太陽光発電など）を検討する場合

□**テクノロジー**：たとえば、無線センサー

■アイデア・レジュメ

アイデア・レジュメは、アイデアの本質をとらえるための簡便な方法である。
4時間以内で記入できることを想定している。

戦略的意図：	
戦略的意図達成のために使用するイノベーションの手段：	
最初の足場とするターゲット顧客：	
製品・サービスの最初のバージョンの概要：（図を使用）	既存製品・サービスと比較して「必要にして十分」である点： 既存製品・サービスと比較して優れている点：
考慮すべき既存・潜在的競合他社：	
競合を最小化・排除する手段：	
収益源：	
収益モデル：	
５年目までに大規模な事業となる理由：	
固定費を低く抑える手段：	
製品・サービス生産の手段：	
製品・サービス提供の手段：	
製品・サービスのマーケティングの手段：	

ツール5-1　アイデア・レジュメ

検討対象の領域は、議論や調査の余地を許すほどに十分に広い必要があるが、具体的な議論が可能なほどに狭いことが重要である。たとえば、「中国」という検討対象では広すぎてあまり有効ではないかもしれない。「中国における電動モーター」、あるいは「中国の沿岸都市において給与管理を行なおうとしている小規模企業」であれば、より適切なスタート地点となるだろう。

ターゲットが確定したら、先の三つの章における分析を使用して、市場の現時点での動向を把握する。消費を阻害している障壁を探してみよう。既存の製品やサービスが過剰満足を提供している市場の階層を理解するようにしてみよう。今日のソリューションではうまく解決できない重要な「用事」を見つけてみよう。最も重要な点は、その領域における競合他社の状況を理解することだ。

この検討段階の最後には、ターゲットとする領域を一つの文で表現できるようになっていなければならない。また、ターゲットとする顧客、そして今日のソリューションでは適切に解決できない「用事」についても大まかに決定しているべきである。

機会の記述のためのパフォーマンス・マップの使用

二〇〇五年に出版された『ブルーオーシャン戦略』では、パフォーマンス・マップと呼ばれる極めて有用なツールが紹介されている。[※4] このツールによりバランスが取れたソリューションの設計が可能になる。このマップを破壊的イノベーションの検討に使用することで、議論の指針となる単純だが強力な手法が提供される。イノベーターが問題をさまざまな方法で解決するために、多様な性能特性について検証できるようになる。

図5-1に、動画ソリューションにおけるパフォーマンス・マップの例を示した。横軸は、人々が

多様な動画ソリューションを検討する際の目的を表している（目的についての詳細は第四章を参照）。この図では競合するソリューションをこれらの特性に対してマップし、各ソリューションが「十分ではない」「必要にして十分」「優秀」「過剰満足（良すぎる）」のいずれにあたるかを表している。この図では、ケーブルテレビとユーチューブという二つのソリューションをマップしている。ケーブルテレビでは、プロフェッショナルが制作したコンテンツが提供され、番組の選択範囲も広いが、料金は高額である。ユーチューブにより、ほぼ独自のコンテンツを公開して、視聴し、共有し、コメントを付けることができるようになり、人々の動画への関わり方はまったく新しいものになった。消費者自身がコンテンツを作成し、公開することで新たな価値を提供した。ユーザー生成コンテンツは、作品の質という従来型の特性においては大きく劣っているが、迅速であり、無料であり、独創性が高く、特定の視聴者をターゲットとしており、

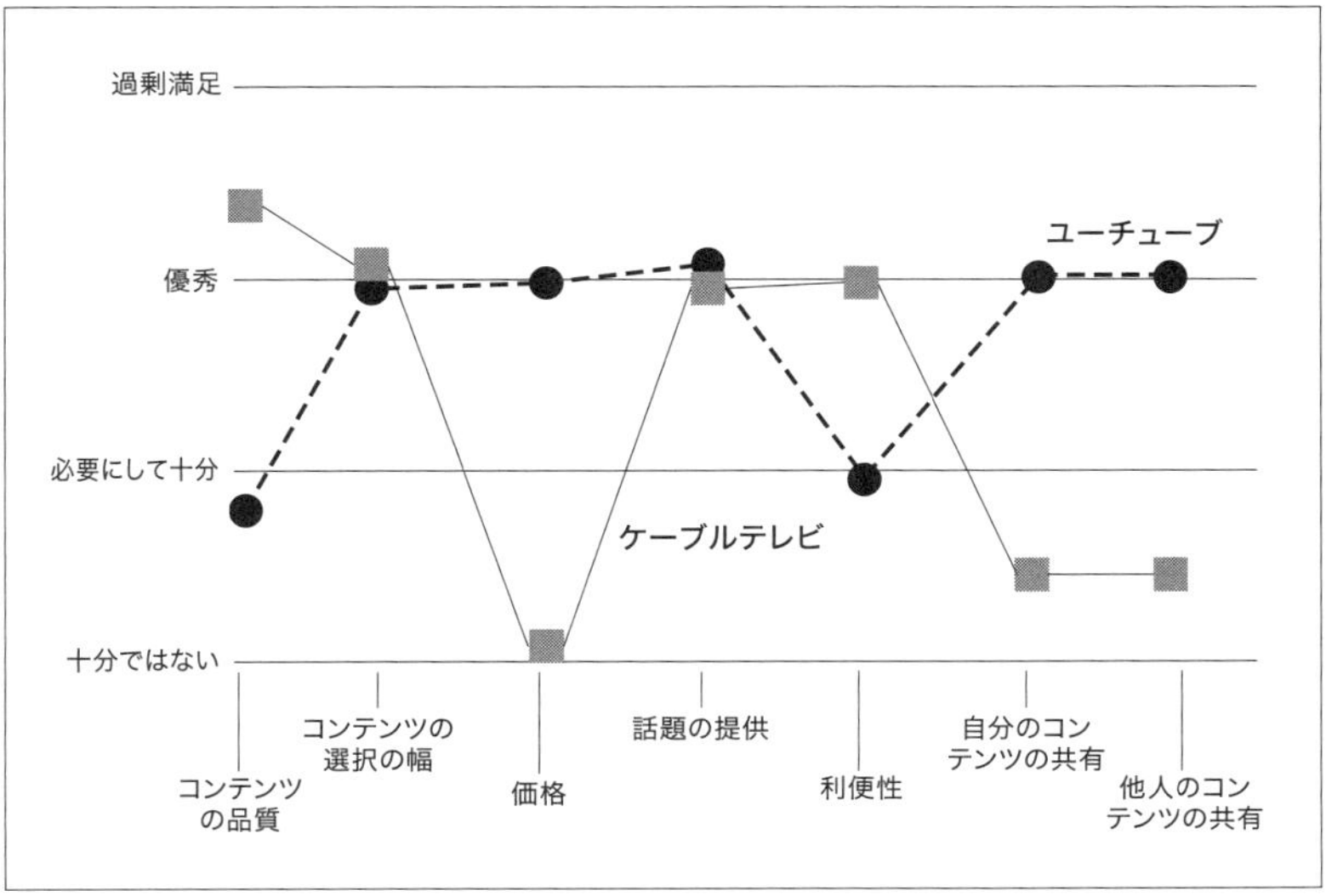

図5-1　動画ソリューションのパフォーマンス・マップ

極めて対話性が高い、つまり、人々はコンテンツを自由に共有して、コメントを付けられる。ユーチューブのコンテンツは、マスメディアで提供されているコンテンツとは根本的に異なり、その配布形態も消費形態も異なっている。

図5-1では、どの特性においてユーチューブが「必要にして十分」であり、どの特性においてケーブルテレビが提供する性能を凌駕しているかが示されている。

通常、パフォーマンス・マップを作成することで、企業は市場において異なる方法で競合するためのソリューションを具体化できるようになる。マップを使うためには、ターゲット顧客が自分の「用事」を片づけるために選択するであろう複数のソリューションをプロットしてみる。埋め合わせや回避策もソリューションになるという点も重要だ。ゲームを別のやり方で行なうための機会を探そう。簡単なトリックとして、パフォーマンス・マップを上下にひっくり返してみるというものがある。市場における支配的ソリューションの鏡像、つまり、既存ソリューションが優れている点では「必要にして十分」であり、既存ソリューションが「必要にして十分」以下である点では優れているソリューションについて考えてみよう。そして、このような鏡像ソリューションを歓迎するような顧客グループが存在するかどうかを考えてみよう。

ステップ2：戦略的意図の決定

ターゲットとする領域が確定したら、イノベーションの取り組みの「戦略的意図」についてチーム内で意思統一を図る必要がある。何を達成しようとしているかということだ。四つの一般的な戦略的意図を考えてみることが有効だ。四つのうちの三つは攻撃的特性を有し、残りの一つは防御的特性を有するものだ。

既存市場の変革

このアプローチを取る企業は、既存の市場においてまったく異なるやり方で事業を展開することになる。たとえば、一九九〇年代初頭において、インテュイットは、ピーチツリーなどの企業が販売していたハイエンドのソフトウェア・パッケージの会計機能により、多くの小規模事業者が威圧されていたと判断した。インテュイットはクイックブックスという簡易型ソフトウェア・パッケージを開発し、小規模事業者がキャッシュ・フローを正確に管理できるようにした。同様に、一九八〇年代に、デルは消費者に直販することでパソコンの市場を変革した。同社は、カタログと電話による通信販売から始め、後にウェブ通販に進出した。直販モデルと卓越したサプライチェーンにより、同社は、部品価格低下の動向を活用し、極めて低い価格ポイントで事業を成長させることができた。既存市場を変革した多くの企業が、従来とはまったく異なる経済モデルの開発により同様のことを実現している。

既存市場の拡張

破壊的イノベーションで成功する方法の一つに、制約されていた市場の垣根を吹き飛ばして開放することがある。たとえば、一九九〇年代初頭において、歯のホワイトニングを行ないたい消費者は歯科医に行き、あまり快適ではない処方を受け、一〇〇〇ドル近い料金を支払わなければならなかった。その結果、歯のホワイトニングを行なう消費者はあまり多くなかった。二〇〇〇年にP&Gは、消費者が自分の家でホワイトニングを行なうことができる簡便で低価格のソリューションであるクレスト・ホワイトストリップスを市場に投入した。同社は、アクセス可能性と低価格性を同時に向上することで、歯のホワイトニングの市場を拡大した。

パーソナル・コンピュータ、携帯電話、任天堂Ｗｉｉ、フェニックス大学による社会人向け教育モデルなど、破壊的イノベーションの事例の多くがこのアプローチに従っている。

新規市場の創出

企業が取ることができる第三のアプローチは、まったく新しい市場を作り出すことで破壊的成長を達成することである。たとえばＰ＆Ｇは、コーヒー粉をキッチンにこぼしてしまった女性のフラストレーションを観察することで、スイッファーのアイデアを考案した。その女性が「雇う」ことができる既存のソリューションでは、コーヒー粉をうまく掃除することができない。ほうきでは粉が床に残ってしまう。かといって、一つの些細な用事だけのために重い掃除機をキッチンまで持ってくるのは面倒である。

しかし、スイッファーは静電気によって粉を布に吸いつけることができる。家庭における小さな汚れを簡単に掃除できる方法を開発したことで、このブランドは同社における大ヒットとなった。もちろん、雑巾とほうきというカテゴリーは長年の間存在してきたのだが、消費者のフラストレーションを発見することで、Ｐ＆Ｇは「ちょっとした掃除」を容易にするための製品とサービスという新しい市場カテゴリーを開拓することができたのである。

同様に、リサーチ・イン・モーションがブラックベリーという製品ラインを作り出す前は、消費者がオフィスの外にいるときに電子メールを高い信頼性で送受信するための機器のカテゴリーは存在しなかった。ラップトップ・コンピュータのモデムは使いにくく専用の電話線が必要だったし、ポケベル（ページャー）は、信頼性とコスト面での限界があった。リサーチ・イン・モーションは、サービスとハードウェアの両面から成るソリューションを開発し、同新たな市場カテゴリーを作り出し、爆発的成長を達成した。ブラックベリーの台数は二〇〇二年のおよそ五〇万台から二〇〇七年のおよそ一〇〇〇万台へと拡大した。

新興の破壊的イノベーターからの防御

最後に、企業は自社の市場カテゴリーにおいて新興の破壊的イノベーターからの防御を行なうことができる点について触れる。たとえば、本書の「序文」でも述べたように、二〇〇〇年代の初頭に、インテルは、ＡＭＤ（アドバンスド・マイクロ・デバイス）やサイリックスなどの企業による破壊的イノベーションの脅威に対抗するために、セレロンと呼ばれる機能縮小版のマイクロプロセッサーを市場に投入した。本書の「はじめに」で述べたダウ・コーニングのザイアメターもこのタイプに属する。

厳密には、これらの四つのタイプは互いに相容れないというわけではないし、この四つですべてのケースが網羅されているわけでもない。たとえばパーソナル・コンピュータは、企業向けコンピューティングという既存市場を拡大したと見ることもできるし、家庭向けコンピュータというまったく新しい市場を作り出したと見ることもできる。いずれにせよ、戦略的意図を明確化するプロセスにより、チームも先の見通しがよくなり、成功のための重要なポイントも明らかになるだろう。市場を変革したいのであれば、根本的に異なる戦略を立案できるように市場の現状の仕組みを深く理解しなくてはならない。新規市場を作り出したいのであれば、現状の顧客に根深いフラストレーションが存在することを確認しなければならない。顧客の強い需要がないので市場が存在しなかったということもよくある話だ。市場を拡大するためには、障害を突破することが重要である。攻撃ではなく防御を行なうのであれば、破壊的イノベーターの成功の重要要件を理解し、それを無効化しなければならない。

ステップ3：戦略的意図の実現方法を決定する

ここからが本当に難しい部分だ。つまり、戦略的意図を実現するためのアイデアを具体化するのである。多くの企業はイノベーションのための機能を概念化することから始め、そこで終わってしまう。これはスタート地点としては素晴らしい。しかし、破壊的イノベーションで成功するためには、機能ベースのイノベーションだけではなく、新しいビジネスモデルの開発が必要となることが多い（コラム「ビジネスモデルとは何か」を参照）。

破壊的イノベーションのソリューションを構築する際には、イノベーターは、新たな利益モデルの創案、新たな収益ストリームの実現、新規プロセスの開発、異なるパートナーとの協業、新規チャネルの利用、異なる商用化アプローチの採用などの手段を検討すべきである。新規製品やサービスの中核にあるものが機能面での強化である場合でも、これらのビジネスモデルの要素も総合的に検討することで成功の可能性を最大化できる。

アマゾンとザラ：新たな利益モデル

通常、事業の利益モデルは業界と表裏一体の関係にあり、それを変えることは困難である。ゆえに、従来型のアプローチがイノベーションのアプローチに勝つことも多い。しかし、事業の利益モデルが新規参入戦略を立案し、業界で破壊的イノベーションを起こす際の強力な手段になることもある。

たとえば、アマゾンは書籍販売の利益モデルの根幹に関わるイノベーションを行なった。従来は、書店が本を仕入れ、在庫を維持し、サプライヤーに支払いを行ない、店舗に来た消費者に販売するというのが書籍の流通の仕組みであった。仕入れから現金化までの典型的なタイムラグは一六八日であった。アマゾンのビジネスモデルでは、アマゾンがサプライヤーから書籍を仕入れる前に（つまり、アマゾンがサプライヤーに支払う前に）消費者がアマゾンに支払う仕組みになっている。サプライヤーと顧客をこのように結びつけることでアマゾンはマイナスの運転資金で事業を継続できる。このアマゾンの低コストモデルは雑誌の出版社に似ている。つまり、製品を提供する前に、購読者から支払いを受けているということだ。これは、書籍の流通における極めて革新的なモデルだ。

同様に、スペインの流通グループであるインディテックス傘下の主要ブランドであるザラは、「ファスト・フード」ならぬ「ファスト・ファッション」を提供する能力をマスターしている。ほとんどの小売業者は長期間にわたり在庫を保持するが、ザラは毎週、店舗に新商品が入荷するようにサプライチェーンを設計している。消費者は、新商品を確実に発見することができるため、より頻繁に店舗に通うようになる。さらに、ザラが特定商品の需要を見誤ったとしても、商品はすぐになくなるため失敗の影響度は小さい。この革新的なモデルにより、ザラは世界で最も利益を上げている小売り事業者の一つとなった。

ビジネスモデルとは何か

二〇〇六年と二〇〇七年に、イノサイトとSAPはビジネスモデルのイノベーションについて一連の研究を行なった。このような研究を行なった理由は、ビジネスモデルのイノベーションが多くの企業の重要な成長の源泉となるケースが増えていることだった。事実、二〇〇六年におけるIBMの調査では、CEOの三〇パーセントが今後八年から一〇年間において、ビジネスモデルのイノベーションが極めて重要になると回答している。[※a] しかし、筆者の経験では、これらの企業の中で真の意味でのビジネスモデルのイノベーションを追求している企業は一〇パーセント以下であると思われる。

この研究から得られた重要な知見の一つは、ビジネスモデルについて広範に認められた定義が存在しないという点だ。広すぎて具体的対応が困難であったり、狭すぎて役に立たない定義も多くあった。この研究において、簡潔ではあるが総合的な定義を行なった。この定義は、ビジネスリーダーが、自社およびその業界を積極的に追求し、実行し、変革する上で有用なはずだ。

ビジネスモデルとは、ビジネスの基本的構造であり、ビジネスシステムの多くの主要構成要素がどのように組み合わさっているかの概要を表現したものである。ビジネスモデルは、全体的なビジネス戦略の一部であるとみなすべきだが、経営の規範における独立したカテゴリーでもあり、競合戦略、製品イノベーション、プロセス・イノベーション、事業運営、組織戦略などとは関連してはいるが、別個の概念である。

ビジネスモデルは、最も基本的なレベルでは相互に関連してはいるが独立した以下の四つの構成要素から成る。

□企業が一定の価格で提供する製品やサービスを定義する顧客への価値提案
□自社の利害関係者に経済的価値を提供するために企業が採用する利益システム（企業にとっての価値提案）
□価値を作り出すために企業が展開する主要資源
□事業運営をガイドし、形成するための重要プロセス、つまり、価値提案を顧客および自身に対して提供するために企業がそのように組織化され、どのように振る舞うかという点

a. IBM Global Services, "Business Model Innovation: The New Route to Competitive Advantage,"September 2006, http://ibm.com/services/us/imc/pdf/wp-business-model-innovation.pdf.

UPSとシンジェンタ：新たな収益ストリームの開拓

企業のイノベーションのもう一つの方法として、収益を上げるための異なる方法を見つけることがある。UPSの事例を考えてみよう。一九九六年にUPSの経営陣は、自社の極めて利益率が高い小包配送事業がコモディティ化される可能性を認識し、成長のための機会を発見するプロセスを実行した。このプロセスの結果として、UPSは、企業向け荷物の流れの管理における経験と専門知識を、

情報や金銭の流れの管理にも活用するという機会を発見した。ＵＰＳは、買い手と売り手が対面でビジネスを行なうことはなくなっているにもかかわらず、同社が取引の両側と関係を確立しているということを認識した。この能力を収益化することで、ＵＰＳは大きな成長ビジネスを達成できた。

これは、企業がまったく知らない領域に飛び込むべきであると言っているのではない。利益率が高い新領域に飛び込むときに、自社の能力が助けになるかを理解しておくことが重要である。シンジェンタほどこの点を的確に実行できた企業は少ないだろう。同社は、二〇〇〇年に、ノバルティス・アグリビジネスとゼネカ・アグロケミカルの合併により生まれた。シンジェンタは伝統的に農家、流通業者、そして、小売店が望む特性を有する種子の開発にフォーカスしてきた。たとえば、病害への耐性、気候の影響を受けにくい点、そして、長期的に保管できる点などである。無農薬野菜がブームになった頃、シンジェンタが製造した種子は市場の下流において数十億ドルもの価値を生み出したが、同社はその価値を享受できずにいた。そこで、二〇〇四年に同社は、大手農産物サプライヤーであるタニムラ・アンド・アントルとのジョイント・ベンチャーにより、無農薬野菜の高級ブランドであるダルシニア・ファームズを立ち上げた。シンジェンタは、農産物の顧客にアクセスできるようになったことで、種子以外の新たな収益ストリームを活用可能になった。

ジョン・ディア：新規チャネルの利用

既存の大企業は、中核事業を支える重要なパートナーとの関係を損なうことをおそれて、代替のチャネルを使うことに消極的であることが多い。このような思考は十分に根拠があるものだが、代替チャネルが重要なイノベーションの手段になり得ることを見逃してはならない。

芝刈り機メーカーのジョン・ディアは、既存のチャネル・パートナーとの関係を悪化させることなく、このイノベーションの手段を活用できた企業の例である。二〇〇二年に、ジョン・ディアは100シリーズの芝刈り機の販売契約をホームデポと締結した。これは製品をディーラーのネットワーク経由でのみ販売するという同社の従来型アプローチからの逸脱であった。これが、ジョン・ディアのブランドの芝刈り機が小売店経由で販売される最初のケースだった。ディーラーのネットワークからの反発を鎮めるために、同社はホームデポで販売するモデルを限定し、ホームデポで商品を買った顧客に対して同社の従来のディーラーからサービスを受けるよう推奨した。この新しいチャネル採用の結果として、ジョン・ディアは異なる顧客グループにリーチでき、同社のディーラーはサービス収益を得ることができ、総合的なサービス提供拠点としての名声も維持でき、そして、ホームデポは芝生関連機器の品揃えと質を向上することができた。このようなやり方により、すべての関係者にウィン—ウィンの利益をもたらすことができた。

単に既存の製品やサービスを新しいチャネルで提供するだけでは成功することはできない。チャネル・パートナーにも、対応したくない、あるいは対応しても利益を上げられない市場や顧客が存在する。異なる顧客に対して異なる製品やサービスで対応することにより、チャネルの軋轢を最小化するために必要な差別化が達成できる。このアプローチによって複数チャネル間の顧客の奪い合いやチャネルからの反発を避けながら、市場を拡大していくことが可能になる。

既存の大企業がこのようなアプローチを取ることで自社のブランドに悪影響があることを心配することがある。チャネルにより顧客が異なるのであれば、この問題の影響はより小さくなる。顧客やチャネルが重なるときには、サブブランドや新規ブランドの立ち上げを検討すべきだ。

ベストバイ：企業買収によるイノベーション

成長戦術として企業買収を活用することは自明に見える。結局のところ、買収なしで新たな成長を作り出していくのはとうてい確実な戦略とは言えない。新規事業が成熟するまでには長期間を要する。短期間で売り上げを向上するためには、企業買収が比較的安全な方法に見える。

しかし、膨大な研究の結果は厳しい結論を示している。企業買収、特に大規模なものは失望をもたらすことが多い。あるコンサルティング会社による調査では、企業買収の七〇パーセント以上が価値を生み出せておらず、最大五〇パーセントが実際には企業の価値を損なっているとの結果が出ている。[※5] 巨大自動車メーカーのダイムラーベンツとクライスラーの合併、そして、アメリカ・オンライン（AOL）とタイム・ワーナーの一八〇〇億ドル規模の合併は、企業の吸収合併がうまくいかないときに何が起こるかを表した顕著な例だ。

小規模な合併がもたらすリターンの平均値も同様に失望させるものだが、結果の範囲ははるかに大きい。間違った賭けをする可能性も高いが、大きな成功を達成できる可能性も同様に高い。企業買収において破壊的イノベーションの原則を使う企業は成功の可能性を増し、企業買収による潜在的リターンを増大することができる。

小規模な合併で大きな成功を勝ち取った最良の例の一つが、電気製品小売業のベストバイによるものだ。二〇〇二年に同社は、ミネアポリスを拠点とするギークスクワッドという五〇人規模の会社を買収した。ギークスクワッドは、コンピュータの修理、ネットワークの設定、ハイエンド機器の導入や管理のために、個人消費者向けに技術者を派遣するというITサービスを提供していた。ギークスクワッドの戦略は、伝統的な破壊的イノベーションのアプローチである。つまり、以前には極めて高価であったITの専門知識に個人消費者が容易かつ安価にアクセスできるようにしたということである。ベストバイは、ギークスクワッドの買収におよそ三〇〇万ドルを支払った。買収から四年後の二〇〇六年に、ギークスクワッドは一万人以上の従業員を擁し、一〇億ドル近くの収益を上げ、二億八〇〇〇万ドルの営業利益を達成したとアナリストは推定している。ギークスクワッドの成功に刺激され、二〇〇五年にベストバイは、自社のサービス重視の取り組みを拡張し、ホーム・エンターテイメントのサービス企業であるAVオーディオビジョン（約七〇〇〇万ドル）とハウエル・アンド・アソシエーツ（約一〇〇〇万ドル）を買収した。二〇〇七年までに、同社は買収したマグノリアのブランドを通じてホーム・エンターテイメント機器の設定と設計サービスを提供し、同じく買収したパシフィック・セールスのチャネルを通じてリフォーム・サービスを提供している。どちらのサービスも、ギークスクワッドの事業の運営方法と同じく、店舗内店舗という形態を活用している。二〇〇七年に、ベストバイは、DSLとインターネット電話のプロバイダーであるスピークイージーを九七〇〇万ドルで買収した。これらの小規模な企業買収により、ベストバイは個人や小規模企業が高品質のサービスを安価に受けられるという破壊的イノベーションを実現した。

このパターンに当てはまる他の企業合併としては、ジョンソン・エンド・ジョンソンによる一九八六年のライフスキャン買収（一億ドル）、シスコ・システムズによる二〇〇三年のリンクシス買収（五億ドル）、ニューズ・コーポレーションによる二〇〇五年のマイスペースの親会社買収（五億八〇〇〇万ドル）、CVSケアマークによる二〇〇六年のミニットクリニック買収（一億七五〇〇万ドル）などがある。これらの買収価格はわずかというわけではないが、ウォールストリート・ジャーナルのトップ記事になるような派手な企業買収よりもはるかに低額である点に注目してほしい。

実際、破壊的動向を早期に発見することが大きなリターンを得るための強力な方法であると筆者は考えている（図５－２）。破壊的イノベーションに至る段階の初期においては、市場がその可能性を過小評価している可能性が高い。リチャード・フォスターは、ほとんどのイノベーションが従うとされている「S字曲線」が、大きな予測エラーにつながることを指摘している。過去の動向を延長することで評価を行なうアナリストが変曲点に達したばかりのイノベーションの潜在的可能性を大きく過小評価してしまうことがよくある

ほとんどの破壊的イノベーションはＳ字曲線に従う。過去のデータを直線的に延長して予測を行なうアナリストは、致命的な欠陥がある予測を行なってしまう可能性がある。Ａ点ではアナリストは縦ハッチ線で示した領域を見逃し、イノベーションの潜在性を過小評価してしまう。Ｂ点ではアナリストは横ハッチ線で示した領域を加えてしまい、イノベーションの潜在性を過大評価してしまう。

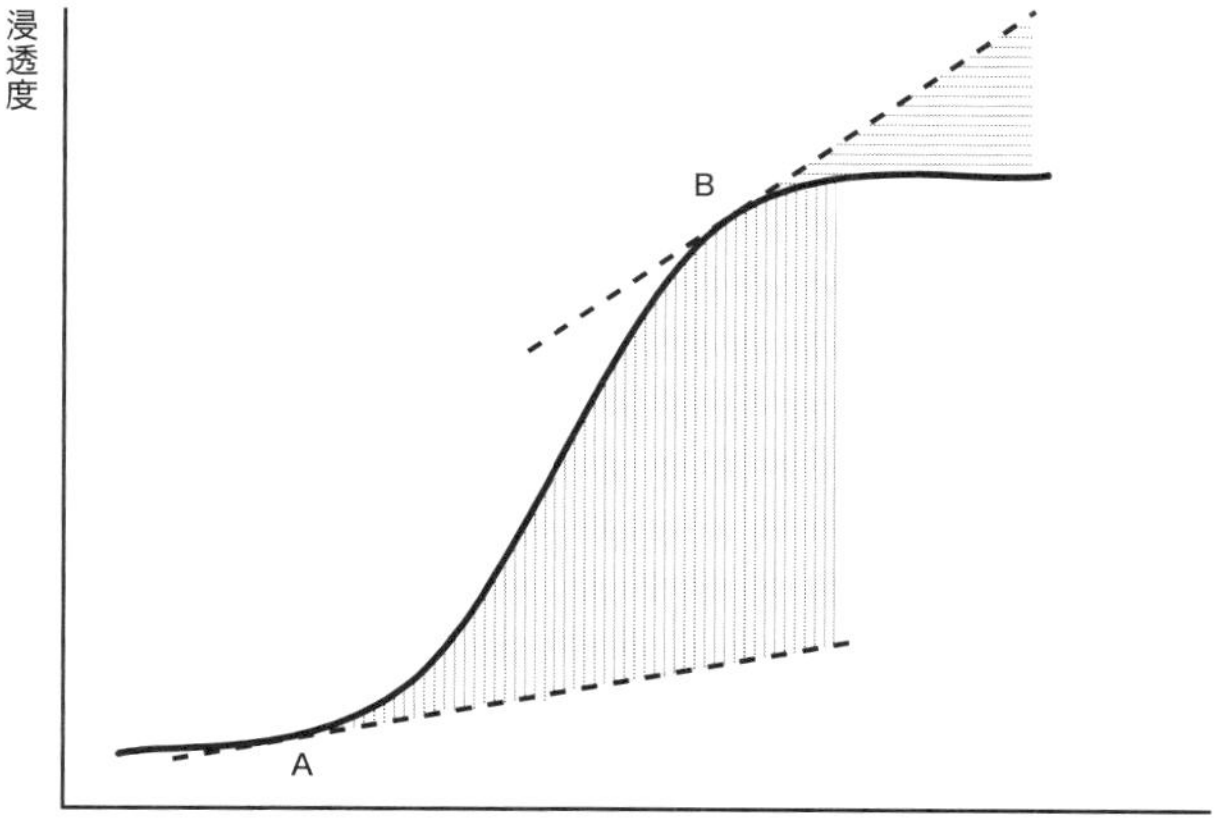

出典：『創造的破壊』（リチャード・フォスター 、サラ・カプラン著、翔泳社）を元に筆者作成

図5-2　破壊的イノベーションと予測エラー

（図5－2におけるA点）。さらに、存在しない市場の規模の評価においては、アナリストによる従来型の推定手法は効果的でないためエラーの可能性はさらに大きくなる。破壊的イノベーションの動向を早期に発見できた企業は、高い成長を達成できる企業を合理的な価格で買収することができるようになる。

もちろん、企業買収に加えて、企業は株式投資、ワラント、ジョイント・ベンチャー、戦略的提携、レベニューシェア契約、ライセンス供与などの戦略的関係を他社と築くことでイノベーションを推進することもできる。

■アイデア考案のヒント

アイデアの考案はビジネス構築プロセスにおける最も困難な部分だ。ターゲット市場と戦略的意図について意思統一を図ることは有効だが、アイデア考案のプロセスでは独創性と繰り返し作業が必要になる。アイデアの考案においては以下の手法が有効である。

アナロジーを活用する

ソリューションを考案するときにはアナロジー（類推）の活用が有効だ。たとえば、不動産市場において破壊的イノベーションの戦略を実行しようと考えている企業があったとする。同社の調査により、自宅を売却するときの不動産業者の手数料が高すぎると感じている人がいるという結論に至ったとしよう。アイデア考案セッションにおいてマネジャーが以下のように言ったとする。「ギークスクワッドがITに対して行なったことを不動産に対して行なったらどうだろうか」。この発言によりチームはITの領域における新参のサービス提供業者について評価し始めた。専門家集団が特定サービスを提供するという機会を発見しただけではなく、多くの企業がITサービスにおいて「逆オークション」機能を提供していることを発見した。たとえば、elance.comやOnforce.comなどのウェブサイトでは、顧客が自分が解決したい課題と、解決策にいくらを支払うかを記述すると、個々のサービス提供者がその仕事に対して入札を行なう仕組みになっている。同社は、同じモデルを不動産業界で行なう機会があることを発見し、ソーシャル・ネットワークを利用した逆オークション・モデルを開発した。

主要な問題点に照準を定めたら、異なる業界や異なる領域におけるイノベーションが類似の問題を解決したかどうかを調査してみよう。このようなやり方により、新しい成長のためのアイデアが明らかになる可能性がある。

アイデアを考察するときには、自社の能力という視点にとらわれずに、市場機会という観点からアイデアの構築を進めていくべきである。破壊的イノベーションによる成長を追求する企業が、すべてを自社の視点から見てしまうという罠に陥り、重要な成長のための機会を見逃してしまうということがよくある。一方、起業家は、自分がコントロールできる資源にとらわれずに機会を追求する。最初の段階での質問は「自社でこれを実現可能か」ではなく、「とらえるべき素晴らしい市場機会はないか」である。

アイデア考案セッションを開催する

本章で述べたプロセスは、小規模なチームが市場機会について数週間にわたり検討を進める実際のプロセスがあるときに最もうまく機能する。個人による検討と集団による議論を組み合わせるのが最適なアプローチだ。真剣なブレーンストーミングと優先順位づけのセッションを集中して行なうことで、独創的アイデアとチーム内の整合性を生み出すことできる。複数の小規模チームを作り、最適な破壊的イノベーションの計画を作成したチームに「投資」を行なう企業もある。

アイデア考案セッションを開催するときには、普段はやり取りすることがない人たちを集めるべきだ。イノベーションは境界領域で起こるとはよく言われることだが、異なるバックグラウンドの人がもたらす異なる視点により斬新なソリューションを発見できる。セッションに参加する各メンバーに事前に本書を読んできてもらい、一つのアイデアをセッションに持ってくるよう依頼しておき、アイデアの検討を開始する。筆者の経験では、このようなタイプのセッションからは驚くべき結果が得られることが多い。

「堕天使」を探す

矛盾した言い方のようだが、企業にとって新しいアイデアを探すべき場所が、すでに却下された古いアイデアの中であることも多い。筆者は、これを「堕ちた天使」と呼んでいる。企業が、素晴らしいにもかかわらず、中核事業の特性にそぐわないアイデアを捨ててしまうことがよくある。そのアイデアを拾い上げて別の視点から検討してみることで、機会を発見できることがある。ソリューションが「早すぎた」こともある。ちょっとした変更を加えることで、数年前には意味がなかったソリューションが、現時点で極めて魅力的なものになることもある。

社内外でアイデア公募を行なう

最後のポイントとして、企業の内外からアイデアを公募するためのシステム構築について検討しよう。人間が自分の脳の一部しか活用していないのと同じように、ほとんどの企業は自社従業員のイノベーションの力を一部しか活用していない。簡単なコンテストを開催するだけでもアイデアの構築を推進できる。また、社外の市場にアイデアを求め、顧客にイノベーションのアイデアを提案してもらう方法を模索している企業も増加している。たとえば、二〇〇六年にネットフリックスは、同社の映画のリコメンデーション・エンジン（作品おすすめ機能）の精度を一〇パーセント向上できるシステムを開発した社外のチームや個人に対して一〇〇万ドルの賞金を払うというコンテストを開催した。二〇〇七年時点で一万八〇〇〇のチームがアイデアを提出し、トップのチームは正確性を七・五パーセント向上させている。※6

新しいアイデアを得るためにどのような方法を得るにせよ、以下の点が重要である。

□アイデアそれ自身の良し悪しを判断できることはまれである：ほとんどのアイデアは別の視点から見れば違ったものに見える。アイデアが興味深いものになるためには、どのような前提条件が必要であるかを考えてみよう。自分を競合他社あるいは顧客の立場に置き換えてみると、視点がどのように変わるかを考えてみよう。

□共通言語の確立は極めて強力だ：中国語を話す人とロシア語を話す人が効率的に会話することはできない。同様に、異なる専門用語を使うマネジャー間の話がかみ合わないことがよくある。共通言語を意識的に確立することが、アイデアをうまく作り出すために重要である。

□アイデアの補強が重要である：従業員五〇〇〇人規模のある企業は、従業員からアイデアを募るプログラムを大々的に発表した。最初の月には二〇〇件の応募があった。しかし、この企業は、アイデアについてのフィードバックを応募者に返していなかった。容易に予測できるように、三カ月目には応募数は数件に激減してしまった。もし、ひどいアイデアを応募してくる人がいれば、その人にどこが悪いのかを（やさしく）教えてあげるべきだ。そのようなフィードバックがあれば、その応募者も再考して企業の目標により合致したアイデアを提案してくる可能性もある。もちろん、素晴らしいアイデアについては賞賛し、良い結果を出せることを推奨すべきだ。

■まとめ

破壊的イノベーションの機会を見つけるために市場を分析した次のステップは破壊的イノベーションのアイデアを明確化することである。この章では、アイデアを求めるイノベーターのために以下の指針について述べた。

□破壊的イノベーションのアイデアを明確化するときには、以下の単純な基準に注意すべきである。

▽1　過剰満足の顧客、あるいは「非消費者」をターゲットとする
▽2　「必要にして十分」を優先する
▽3　既存の競合他社がやりたがらないこと、やれないこと、やることに関心がないことを行なう

□破壊的イノベーションのアイデアを考案するために以下の三つのステップに従う。
▽1　検討の分野を識別する
▽2　戦略的意図（変革、拡張、創成、防御）を決定する
▽3　戦略的意図の実現のためにどのようなイノベーションの手段を使用するかを決定する

□膠着状態に陥った場合には、過去のアイデアの再評価、部門横断型のアイデア考案の実習、全社的なイノベーション・コンテストなどを検討すべきである。

■実地演習

□自社の中核ソリューションと競合他社のソリューションのパフォーマンス・マップを作成して比較してみよう。自社ソリューションの鏡像イメージはどのように見えるだろうか。
□自社の業界の内外における最近の破壊的イノベーションの動向について評価してみよう。その本質を一つの文で表現してみよう。
□過去五年間に自社が捨てたアイデアを再検討してみよう。アイデアを再度採用できる機会はないだ

ろうか。

■ヒント

□破壊的イノベーションは新しい製品やサービスを提供するだけではない。しかし、破壊的イノベーションによる成長を達成するために、ビジネスモデルのイノベーションが活用されることはあまり多くない。
□アイデアの把握を容易にするためにアイデア・レジュメなどの簡便なツールを使用する。
□起業家の視点からソリューション構築にアプローチする。今の会社の荷物や習慣をまったく持ち合わせないとするならば、新たな市場の創成と開発にどのような戦略を使用するだろうか。
□イノベーターの頭からアイデアが完全にできあがった状態で生まれることはまれである。戦略を具体化するために破壊的イノベーションのアプローチを採用し、成功の可能性を最大化する。
□パートナーシップの機会を検討する。破壊的イノベーションの追求のために、協業できる他社がないだろうか、買収できる他社がないだろうか。

第六章　戦略のパターン適合性評価

新たな成長の戦略を策定する責務を負ったプロジェクト・チームが、ターゲット市場を確実に理解しているという錯覚のもとにプロジェクトを進めてしまうことがよくある。つまり、プロジェクト開始前にビジネスケース（投資正当化の根拠）を明確化しておかなければならないという段階的改良イノベーションの世界から引き継いだ従来型の思考形態にとらわれてしまうのだ。しかし、新たな成長のためには、そもそもの定義として、企業が完全に理解していない領域に入ることが必要だ。アプローチを特定の評価指標に基づいて評価するのではなく、既定のパターンに合致するかどうかで評価することにより、企業は複数のアプローチの長所と短所を迅速に把握できるようになる。より重要な点は、プロジェクトの真の可能性を知るために答えなければならない重要な質問が明らかになることである。この章では、成功するイノベーションに共通するパターンに対して戦略がどの程度合致しているかを評価する手法について詳述する。パターン・ベースの分析のガイドとなるチェックリストの構築方法を説明した後に、このパターンを用いて戦略を評価する三つの方法について述べる。

どのアプローチを取るかにかかわらず、パターン・ベースの分析において重要な要素は、実際の答ではなく、アプローチをシステム的に評価することで得られた洞察である。ここでは、企業がパターン・ベースの分析を厳密な意思決定ツールとして使用することを提唱しているわけではない。この分析手法は、そのような目的のためには曖昧さと不確実性が大きすぎる。あくまで、機会に関する戦略的議論と意思決定のインプットとして使用すべきである。

■チェックリストの作成

過去における一〇〇件以上の破壊的イノベーションの事例分析、および、数十社の企業に対するコンサルティングを行なってきた経験から、新規ビジネスを成功裏に立ち上げた事例には少数の重要な共通要素があることが判明している。表6 - 1に、クリステンセンの研究とイノサイトの現場での経験によって、成長戦略の成功のために重要であると判断された一二個の項目について示した。最初の九項目は全般的に適用可能なものであり、残りの三項目は新規成長事業を追求している既存企業に特有のものである。表では、各項目とそれが重要である理由づけについて列挙している。

この基本的な破壊的イノベーションのパターンは多くの業界において適用できるが、企業は、目標とする市場の特異性と自社の能力を反映した自社独自のチェックリストを作成する必要がある。

成功のパターンをカスタマイズする方法の一つは、自社が属する業界の歴史を振り返ってみること

要素	理由づけ
1. 識別された「用事」がターゲット顧客にとって重要である	ターゲットとする顧客の「用事」が重要でなければ、顧客が新しいソリューションを採用する可能性は低い。この項目は、「用事」、つまり、問題点にフォーカスしたものであり、ソリューションにフォーカスしたものではない（この点については後述する）。詳細については第4章を参照
2. 既存のソリューションが高価すぎる、使いにくすぎる、あるいは、使うために不便な場所に行かなければならないなどの理由により、顧客は「用事」を適切に片づけることができない	この項目は顧客が現在のソリューションでは「用事」を適切に片づけることができないため、フラストレーションを感じていることを確認するためのものである。具体的には、消費の阻害要因があるかどうかを明らかにするためのものである。阻害要因により消費者は不満足状態になるか、あるいは、「非消費者」になって何らかの代償行動をすることになる。詳細については第2章と第3章を参照
3. ソリューションは「必要にして十分」であるべき点では「必要にして十分」であり、優れていなければならない点では優れている	破壊的イノベーションのソリューションは従来とは根本的に異なる種類の性能を提供する。すなわち、従来の主流市場においては重要であった特性においては「必要にして十分」な特性を提供し、利便性、アクセス容易性、カスタマイズ容易性、価格などの従来は見逃されていた特性においては優れた性能を提供する。詳細は第3章および第5章を参照
4. 顧客は、ソリューションを自身の「用事」を片づけるためのより良い手段とみなしている	この項目は、ソリューションの分析が顧客の視点から行なわれていることを示す。破壊的イノベーションのソリューションは従来と異なっているというだけでは不十分であり、既存ソリューションと比較して優れていると顧客がみなしてくれている必要がある。詳細は第4章を参照
5. 足場となる市場に比較的迅速に、かつ、比較的低い投資額でリーチできる	最初の戦略が間違っている可能性は高い。ゆえに、最初に「足場」となる市場に迅速かつ安価に到達できることは、新たな方向性を取る際に極めて有利である。製品開発に数億ドル、数十年を要するようであれば、リスクの高い戦略は許されない。「比較的」という言葉を2回使ったのは他のプロジェクトとの比較が必要であることを強調するためである。最初の市場への投入はテスト市場であることも、地域を限定した小規模なものであることもある。詳細については第7章を参照
6. 選択したパートナーはターゲットの追求に積極的である	製品やサービスを積極的にサポートしてくれるとは限らないパートナー（特にチャネル）に、破壊的イノベーションのソリューションの採用を強制してしまうのは企業がしばしば陥る罠である。サポートの動機の欠如は戦略の有効性における赤信号と言える。詳細は第5章を参照

表6-1　成功の条件

要素	理由づけ
7. 強力な競合他社が即座に対抗する動機がない（利益率あるいは市場規模が魅力的でない）	破壊的イノベーションが生み出した製品やサービスに対して強力な競合他社が即座に対抗してこないことが理想的である。たとえば、利益率が低すぎるように見えることもあれば、市場規模が小さすぎるように見えることもあれば、競合他社の監視範囲外にあることもある。ここで、「強力な」と「即座に」は重要な言葉である。市場には小規模な競合他社がいるかもしれないが、ここで問題にしているのは、強力な対抗策を仕掛けてくる可能性がある大規模で資力に富んだ企業のことである。また、魅力的市場機会は常に競合他社を引きつける。ここでのポイントは競合他社が対応するまでに十分な時間的余裕があるかである。詳細は第5章を参照
8. 製品やサービスを提供するには、ほとんどの競合他社が所有している能力、あるいは、模倣できる能力とは異なる能力が必要とされる	競合他社が積極的に対抗してきた場合にも打ち勝つための要素は、他社が模倣が困難な能力を自社が有していることである。このような能力としては、ブランド力、チャネルとの関係、知的財産による保護、製造能力などがある。詳細については第5章を参照
9. この機会は、短期的および長期的に大きな価値をもたらす可能性がある	最も成功したイノベーションとは、他のイノベーションの先導役となり関連製品やサービスの売り上げを推進するものである。「一発屋」のイノベーションでは、競合他社の対抗を招き、魅力的な利益率や成長を維持することが困難になる。理想的には、機会が製品パイプラインと拡張性を生み出すべきである。詳細については本章の最後で述べる
10. この機会は全社的な戦略に適合しており、暗黙の「境界条件」を越えていない	企業の境界条件を越えた戦略は承認を得て、資源を割り当てられる可能性が低い。もし、戦略が境界条件を越えている場合には、境界内に納めるような変更を行なうか、上級役員の積極的支援を得ることが必要になる。詳細は第1章を参照
11. 選択された組織のプロセスにより、新規事業が成功のために必要な課題を克服できる	この項目は、新規事業の商用化を担う組織の「標準的手続き」が成功を助ける要因となるか、阻害する要因となるかをチェックするものである。評価の対象となり得るプロセスには、製品化の承認、製品開発、マーケティング、製造、販売などがある。詳細は第8章を参照
12. 選択された組織の優先順位（例：コスト構造、成長要件）がこの戦略をサポートしているか	この項目は、この機会を担当する組織において機会が適切な優先順位を与えられるかどうかをチェックするものである。利益率が低すぎたり、初期の市場規模が小さすぎたりするために、破壊的イノベーションの機会がこのテストに合格しないこともある。このような場合には上級役員の深い関与、あるいは、適切な組織の構築が必要になる。詳細は第8章を参照

表6-1　成功の条件（続き）

である。自社あるいは自社の主要競合他社が行なったイノベーションを一〇件から一五件選択する。そして、成功した戦略と失敗した戦略のそれぞれについて共通要素を検討する。特異なケースを探してみよう。つまり、誰もが成功すると思っていたのに失敗したケースや、失敗すると思われていたのに成功したケースだ。表6‐1に挙げた基本要素とこのような歴史の分析の結果を組み合わせることで、自社独自のチェックリストを作ることができる。

このような手法で検討を行なった企業の一つが、ジョンソン・エンド・ジョンソンの三〇億ドル規模の事業部であるエシコン・エンド・サージェリ（EES）である。[※1] EESは、非侵襲的手術（患者の皮膚を大きく切開することなく行なう手術）のための器具を販売している。ケン・ドブラーは、EES内で成長ビジネスを追求する責務を負ったグループを統率している人物である。ドブラーは、まったく新しいカテゴリーの医療機器を生み出した一二件のイノベーションにおける開発経緯を調査した。機器の特許を取得した発明者にインタビューすることもあった。ドブラーの分析により、成功事例に共通するいくつかの特性が明らかになった。その主なものは以下である。

□病状の早期発見が可能になる
□患者の早期退院が可能になる
□治療を低コストの場所で行なえる
□経験の少ない医師がより多くの作業を行なえる

EESは自身の成功の歴史において、これらのルールに従ったものが多いことを発見した。同社の機器により、外科医は胆嚢の手術などの処置を比較的小さな外科的切開で行なうことができる。処方は患者の体をあまり傷つけないため、患者の回復は早く、治療も安価な施設で行なうことができる。

このような過去の分析の結果から得られるパターンが極めて単純なこともある。ある大規模一般消費財メーカーにおいて数百ものプロジェクト・チームと仕事をしてきた上級役員は、自身の経験に基づき、破壊的イノベーションのプロジェクトを推進する際に使用できる三項目から成るチェックリストを作成した。

□一　アイデアが過去のものと異なり、より優れているため、消費者が熱狂している。
□二　自社が技術的障害の解決方法を知っている。
□三　チーム・メンバーが、アイデアに対して情熱を持っており、他の仕事を後回しにしてでもそれを追求する。

最初の項目は、チームが市場優先の視点を取っており、消費者が解決しようとしている問題を識別していることを確認している。また、単に他社がやっているから自社もやるというソリューションの提案ではないことを確認している。二番目の項目は、成功のためには、技術的な障害を克服することが不可欠であることをチームが認識していることを確認している。三番目の項目は、チームがアイデアを現実化するための情熱を有しているかを確認している。プロジェクト・チームのメンバーがアイデアに情熱的でなければ、必然的に生じる企業内の抵抗勢力と戦うことはできないことを、この上級役員は知っていた。情熱の欠如はアイデアが本当に優れたものかどうかの確信がないことの表れでもある。一方、プロジェクト・チームに情熱があれば、強力な抵抗勢力に直面した場合でも対抗できる。上級役員は、情熱的チームが間違った証拠があっても無視するような独断的なチームになってしまわないよう注意をする必要がある。しかし情熱がなさすぎるよりも、ありすぎるチームのほうが望ましいだろう。

初期の分析から得られたチェックリストが、ここで挙げた例よりもはるかに複雑になることがある。ある消費者向け医療製品メーカーは、家庭向け診断製品を主要な成長分野と位置づけた。同社は、消費者向け診断製品の中でも、妊娠検査や血糖値検査などが普及した一方で、ドラッグ・テストなどの失敗したものがある理由を理解したいと考えた。破壊的イノベーションの視点から、家庭用診断製品の歴史を分析するために、イノサイトはこの企業とともに成功したイノベーションの共通特性を識別し、新製品のアイデアの可能性を評価するために利用できる二〇項目から成るチェックリストを作成した。以下にそのいくつかの例を示す。

□診断が消費者にとって重要である。
□現状では、診断が困難、不便、あるいは、高価である。
□追加のテストやふるい分けを行なわなくても最終的結果が得られる。
□診断のイノベーションが治療や再調査と連携している。
□技術的な障害が克服可能である。
□ターゲット消費者に対する効率的な意思伝達方法がある。
□影響力のある人（介護者、保険会社）が診断結果を積極的にサポートする。

□競合他社がこの製品を提供する能力を有しておらず、短期的に獲得することもできない。

このチェックリストにより、同社は、あらゆる製品の機会を、消費者、競合他社、チャネル、規制当局などの複数の視点から見ることができるようになった。視点を多様化することで、同社は古くからある罠を避けることができた。つまり、企業の安全圏内でのイノベーションにフォーカスしてしまうという近視眼的な見方を避けることができたのである。たとえば、技術力中心の文化を持つ企業は、困難な技術的課題を解決できるかどうかに注目してしまうことが多い。このようなフォーカスされた質問を行なうことは重要だが、複数の視点から機会を見ることができない企業は重要な要素を見逃して、後で手痛い目に遭う可能性がある。

市場の状況を忘れてはならない

理想的には、チェックリストは市場の状況も考慮に入れているべきだ。たとえばP&Gは、自社の強力な流通の能力を活用して、新しい製品カテゴリーに何度も参入してきた。一つだけ例を挙げてみると、一九九九年にペットフードのニッチ企業であるアイムスを二三億ドルで買収している。優れた製品をさらに改良し、数千軒もの食料品店で販売し、分断化された他社と競合することで、P&Gは強力なブランドを作り出した。しかし、一九八〇年代にソフト・クッキーのダンカン・ハインズのブランドによって、袋入りクッキーの市場に参入したときには状況は大きく異なっていた。市場は分断化されておらず、強力な競合であるキーブラーとナビスコが強力に反撃してきた。P&Gは、競合他社が自社の特許権を侵害していると主張した（最終的には勝訴している）が、結局は、市場から撤退しなければならなかった。P&Gの「買収して流通する」という伝統的手法は、競合他社が分断化しているときには有効だが、競合が二社の強力な既存プレーヤーである場合はまったく有効ではなかった。もし、P&Gが競合他社の影響に関する質問を含むチェックリストを使っていれば、経営陣は早期に問題を把握できていたかもしれない。

社内の境界条件の重要性

第一章でも述べたように、カスタマイズされたチェックリストを作成する際には、社内の境界条件を忘れないことが重要だ。たとえば、あるメディア企業は携帯電話の領域における機会を追求する上で、ゲーム、ギャンブル、出会い系を禁止するという厳格なルールを規定している。同社は、このような境界を定めることで有望な成長の機会が検討対象外になってしまうことを知っている。しかし、同時に、最終的には上級経営陣により却下されてしまうアイデアにマネジャーが時間を浪費することを防いでいることも知っている。繰り返しになるが、このような制約が可能性を拡大してくれることもある。マネジャーが独創的なアイデアにフォーカスできるようになるからだ。

■アイデア評価の三つのアプローチ

基本的チェックリストについて合意が得られたならば、提案された戦略が成功のパターンに合致するかを評価できるようになる。以降では、戦略がパターンにどの程度合致しているかを評価する際の三つのアプローチについて述べる。すなわち、①簡単な適合評価の実施、②リスクと不確定要素の確認、③複数の戦略の比較、である。どのアプローチを取るかにかかわらず、可能な限り総合的な方法を選択し、複数の視点から市場機会を見ることが重要である。また、評価のもとになる証拠について注意する必要がある。イノベーションの初期段階では、推測したり、直感に頼ったりすることがよくある。それ自体は悪いことではないが、この初期段階では知識と仮説を分離しておき（この点については第七章で詳しく述べる）重要な仮説を注意深く管理しておくことが重要だ

最後に、戦略の評価を実際に開始する前に、チームが、プロジェクトの内容について正確な共通理解をもっていることを確認することが重要である点を指摘しておく。ここでの議論の指針として第五章で述べたアイデア・レジュメなどのツールが使用できる。チームが、アイデア・レジュメを使った議論を行なうことで、予期していなかったチーム・メンバー間の誤解や意見の不一致が明らかになることがよくある。概要レベルの議論をしていると意見の不一致が隠されてしまうことがあるが、このような問題は早期に知っておくことが重要だ。

簡単な適合評価の実施

最も基本的なレベルでは、チェックリストの各項目について「検討中の戦略はこの項目に完全に、合致しているか、ある程度合致しているか、まったく合致していないか」という質問を行なう。学習テストのように、それぞれの答に対して点数を割り当てる。これらの点数を合計することで、戦略が作成した成功のチェックリストにどの程度合致しているかを迅速に判断できる。

イノサイトでは、提案されたアプローチが破壊的イノベーションのパターンに合致しているかどうかを迅速にアクセスできるようにするために、「破壊度測定器（Disrupt-o-Meter）」という簡単なツール

を作成した。[※2] ツール6 - 1にこのツールの概要を示した。ツールでは、各分野における分析、各分野の説明、回答（「まったく破壊的でない」から「最も破壊的である」まで）、アイデアの破壊的イノベーションとしての可能性を増大するためにイノベーターが行なうことができる戦略的選択肢が示されている。

明らかにこのツールは、アイデアの分析を単純化しすぎているし、すべてのイノベーションに対して完璧に機能するわけではない。しかし、チームが破壊的イノベーションのアプローチに従っているかどうかを迅速にチェックするための助けになるだろう。ここで一つの複雑な問題について触れておこう。破壊度測定器で悪い結果が出たチームが次のように言って慰め合うことがある。「少なくとも我々の戦略は持続的イノベーションの戦略としては優れている」。しかし、優れた破壊的イノベーション戦略の反対語は優れた持続的イノベーション戦略ではなく、劣った破壊的イノベーション戦略だ。アイデアの持続的イノベーションとしての可能性をチェックするためには、まったく異なった質問項目が必要となるだろう。

サンプル応用事例：ボネージ対スカイプ

二〇〇五年に最も注目を集めたテクノロジー企業として、ニュージャージーに拠点を置くボネージと、ルクセンブルグに拠点を置くスカイプが挙げられるだろう。どちらの企業もインターネット上の電話サービスを提供したが、そのアプローチは大きく異なっていた。ボネージは従来型の電話サービスを模倣した。ユーザーは電話機を高速インターネットに接続し、極めて低価格で通話を行なうことができた。一方、スカイプのソリューションはＡＯＬのインスタント・メッセンジャーに類似していた。無料のソフトウェアをダウンロードすることで、ユーザーはコンピュータを通じて、スカイプの

■説明

このツールを使うには、以下の検討対象の戦略に関する質問に回答する。
「まったく破壊的ではない」には0点、「ある程度破壊的である」には5点、「最も破壊的である」には10点を加算する。
そして、以下の破壊度測定器の目盛りにおいて戦略がどこに位置するかを把握する。

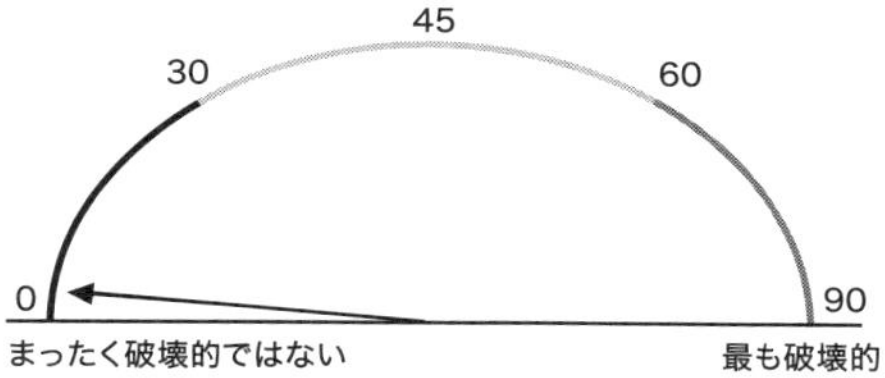

ツール6-1　破壊度測定器

他のユーザーとは無料で、スカイプ以外のユーザーとは低料金で通話することができた。

この業界をウォッチしている者は誰でも、ボネージが低迷し、スカイプが急成長したことを知っている。二〇〇五年九月にイノサイトは、破壊度測定器を使用して両社を評価した[※3]（表6-2）。

破壊的イノベーションの特性により強く合致しているのは、スカイプのソリューションだ。イーベイはスカイプの破壊的イノベーションの潜在性を見抜き、二六億ドルで同社を買収した（とは言え、二〇〇七年終盤に購買価格のうちの一〇億ドルを償却せざるを得なかったが）。ボネージは急成長したが、成功できるビジネスモデルの構築は困難だった。同社が二〇〇六年五月に上場した半年後にはその株価は六〇パーセント下落した。

領域	まったく 破壊的ではない （0点）	ある程度 破壊的である （5点）	最も 破壊的である （10点）	理由づけ	戦略的機会
初年度のターゲットは？	マス市場	大規模市場	ニッチ市場	破壊的イノベーションのソリューションは通常小規模な市場を足場として立ち上がる	• 小規模な顧客グループにフォーカス • 新しい地域に変更 • 新しい利用形態をターゲットにする
顧客はターゲットの「用事」をどう考えているか？	もっとうまく片づけたいと考えている	もっと安く片づけたいと考えている	もっと容易に片づけたいと考えている	顧客が単純性や利便性などの新たな特性における改良を求めているべきである	• よりフォーカスされた「用事」に対応
顧客は製品やサービスをどう考えているか	完璧である	優れている	必要にして十分である	顧客は初期段階ではソリューションを「必要にして十分」と考えているべきである	• ソリューションを使いやすくする • コスト削減のために機能を削る
価格はどのようになるか？	高価格	中程度	低価格	価格には複雑な要素があるが、通常は、破壊的イノベーションのソリューションは既存ソリューションと比較して安価である	• 価格を50パーセント削減
ビジネスモデルはどのようになっているか？	従来通り	多少の変更あり	根本的に異なる	破壊的イノベーションのアプローチではまったく異なるビジネスモデルが採用されていることが多い	• 新要素（例：サービス）の追加 • 要素の削除
市場へのチャネルはどうなっているか？	すべて既存のチャネル	少なくとも半分は新規チャネル	まったく新しいチャネル	破壊的イノベーションのアプローチでは既存の製品やサービスで使用されているチャネルとは異なるチャネルが使用されることが多い（スタートアップ企業は業界の既存企業の視点からこの質問と1つ前の質問に回答すべきである）	• 新規チャネルの選択 • 消費者へ直接アプローチ
競合他社はこの戦略をどう考えているか？	すぐにでも対応したい	注目しておきたい	気にしていない	破壊的イノベーションのソリューションは競合他社の弱みや盲点を利用したものである	• ビジネスモデルを再度公式化する • 競合他社と協業する
初年度の収益はどうなるか	多額	平均的	少額	成長を待ち、利益は待たないというアプローチは、スタートは着実でなければならないことを意味する	• テスト市場から始める
今後1年間に必要な投資	平均以上	平均的	平均以下	破壊的イノベーションのソリューションでは先に進むための平均以下の投資があれば十分なケースが多い	• 投資を50パーセント削減する

ツール6-1　破壊度測定器（続き）

分野	ボネージ	スカイプ
初年度のターゲットは?	大規模な広告を行なっていたボネージは明らかにマス市場をターゲットとしていた(0点)	スカイプは当初はコンピュータ・マニアや安価な国際電話を求めている人々のニッチ市場にフォーカスし、クチコミに頼ったマーケティングを行なっていた(10点)
顧客はターゲットの「用事」をどう考えているか?	ボネージの顧客は低価格性を求めていた(5点)	スカイプの顧客は長距離通話の簡単で安価な選択肢を求めていた(10点)
顧客は製品やサービスをどう考えているか?	ボネージのソリューションは固定電話ほど良質ではなかったが「必要にして十分」だった(10点)	スカイプのソリューションは信頼性が低かったが、国際電話に高額の料金を支払うしかなかった消費者にとっては「必要にして十分」だった(10点)
価格はどのようになるか?	ボネージのソリューションは低料金であったが、固定電話サービスに類似していた(5点)	スカイプのソリューションは無料であった(10点)
ビジネスモデルはどのようになっているか?	ボネージのビジネスモデルは従来型のモデルを模したものだが、低料金を提供し、インフラのコストも低かった(10点)	スカイプのモデルは、広告と低額の料金に基づいており、業界でもユニークなものだった(10点)
市場へのチャネルはどうなっているか?	ボネージは、インターネット、および、ベストバイなどのマス市場のチャネルを使用していた(10点)	スカイプは、ほとんどクチコミとダウンロードに頼ったマーケティングを行ない、広告主にとって重要と思われるユーザーのコミュニティ構築にもフォーカスしていた(10点)
競合他社はこの戦略をどう考えているか?	ボネージは、大手通信事業者の中核市場をターゲットとしており通信事業者は対抗しようとした(0点)	当初、スカイプは大手通信事業者の監視対象の範囲外だった(10点)
初年度の収益はどうなるか	ボネージはできるだけ急速に成長しようとしていた(0点)	スカイプはインフラのコストが安く、開発者もエストニア在住だったため、小規模で始めることができた(10点)
今後1年間に必要な投資	ボネージのテクノロジーには多大な投資は必要なかったが、マーケティング・キャンペーンには投資を要した(5点)	成長するコミュニティが草の根的にマーケティングを行なってくれたため、スカイプは、オーバーヘッド・コストを低く抑えることができた(5点)
合計点数	**45**	**90**

表6-2　2005年9月における破壊度測定器

リスクと未知の要素の判断

二番目のアプローチは、リスクと不確定要素の包括的リストを作るためにより詳細な分析を行なうことだ。このアプローチでは、成功要因の各項目に対して以下の質問を行なう。

□一　**この要素はどの程度「必須」か**：つまり、検討中のアプローチがパターンのこの要素に合致しなければ成功の可能性は極めて低くなるかどうか（たとえば、技術的な実現可能性は「必須」の要素になることが多い）。

□二　**検討中のアプローチがこの項目にどの程度合致すると考えるか**

□三　**この評価をサポートする根拠は何か**：つまり、確固たるデータに基づいているのか、直感か、単なる推測かということだ。たとえば、重要な「用事」についての「確固たるデータ」とは、実際の購買行動や大規模な市場調査の結果などである（とは言え、新規市場における市場調査は誤解の原因になることが多い）。類似の製品・サービスや小規模なフォーカス・グループへの調査のデータにより「直感」的判断を行なうこともできる。「推測」については自明だろう。

これらの三つの質問に答えることで、各要素を以下の四つの範疇に分類できる。

□一　強み：このアプローチが成功のパターンに合致している強い根拠がある。

□二　弱み：このアプローチが成功のパターンに合致していない根拠があるが、この要素は「必須」ではない。

□三　潜在的致命傷：このアプローチが成功のパターンに合致していないという根拠があり、しかも、この要素が「必須」である。

□四　不確実：証拠の欠如によりこのアプローチが成功のパターンに合致しているかどうかを判断できない。

たとえば、「必須」の要素として、「顧客がそのソリューションを既存の代替ソリューションよりも優れていると考える」という点を挙げたとする。テスト・マーケティングの結果データから、顧客が極めて高い評価をしてくれたことが判明したとしよう。これは、有効活用できる「強み」である。次に、「強力な競合他社が対抗してこないこと」いう要素を考える。仮に競合他社が対抗してきても有効な戦略を維持することはできるので、この要素は「必須」ではないと判断されたとする。最近の戦略的動向、および、競合他社を最近退社したマネジャーへのインタビューにより、市場のリーダーである競合他社が対抗してくる可能性が非常に高いと判断したとしよう。これは、「弱み」の要素であり、十分な監視を行ない、回避策を検討することが必要となる。第三の検討要素は、技術的アプローチの有効性である。これは「必須」の要素である。プロトタイプによる実験である程度の不確実性があることが明らかになった。これは、「潜在的致命傷」だ。テクノロジーがうまく機能しなければ戦略を実行しようがないからだ。最後の点として、採用したいチャネル・パートナーが戦略をサポートしてくれるかどうかが判明していないとしよう。これは「不確実」の要素であり、継続的な検証が必要である。

このような評価をしていくことで、戦略をより深く洞察することが可能になり、次のステップを決めることが容易になる。明らかに「潜在的致命傷」は即座に対応する必要がある。「不確実」の要素についてはさらに情報収集すべきであり、「弱み」については監視を継続し、回避策の検討をすべきである（ツール6-2はこのアプローチを推進する企業向けの簡単なワークシートである）。

モンテカルロ・シミュレーション・モデルなどのより高度な分析手法により、特定の戦略に対する洞察をさらに深めることができる。イノサイトのウェブサイトでは、イノサイト機会評価システム（Innosight Opportunity Assessment System）というツールの無料バージョンが公開されている。このツールは上記の手法を使い、成長の取り組みを即時に評価できるようになっている。

このアプローチを採用する際のヒントを二点挙げておこう。

□一　**合意と証拠を分けて考える**：合意が取れていることと証拠があることを分けて考えることが極めて重要だ。ある要素について確信がもてないチームが、確固たる証拠もなしに暗黙のうちにアイデアを悪く評価してしまうことがよくある。しかし、直感が間違っており、ソリューションが思っていたよりも適切である可能性もある。

□二　**「必須」の要件は慎重に選ぶ必要がある**：表6-1に挙げた一二個の要素の中では、一番目の要素（重要かつ満足されていない「用事」）、四番目の要素（顧客がソリューションを優れていると評価）、九番目の要素（価値を生み出す可能性がある）が「必須」となることが多い。他の要素も重要ではあるが、筆者の経験からいえば、仮に戦略がその要素を満足していない場合でもチームが何らかの回避策を立案できることが多い。

■説明
成功要因：チェックリストの項目を記入（例：重要な「用事」をターゲットとする）
必須要因：もし、この項目が戦略の成功に必須である場合にはチェックを記入
合致度：検討中のアプローチが成功要因にどの程度合致するかを記入（「強く合致」「ある程度合致」「ある程度不一致」「強く不一致」）
根拠：評価の根拠を記入（「データ」「直感」「推測」）
評価：下の表を使い、該当要素が、「強み」「弱み」「不確実」「潜在的致命傷」のいずれになるかを記入する
次のステップ：さらなる情報収集や評価の変更に必要な作業

成功要因	必須要因	合致度	根拠	評価	次のステップ

■「必須」の要素

	根拠		
	データ	直感	推測
強く合致	強み	強み	潜在的致命傷
ある程度合致	強み	潜在的致命傷	潜在的致命傷
ある程度不一致	潜在的致命傷	潜在的致命傷	潜在的致命傷
強く不一致	潜在的致命傷	潜在的致命傷	潜在的致命傷

■他の要素

	根拠		
	データ	直感	推測
強く合致	強み	強み	不確実
ある程度合致	強み	不確実	不確実
ある程度不一致	弱み	不確実	不確実
強く不一致	弱み	弱み	弱み

ツール6-2　アイデア評価フォーム

複数の戦略を比較する

今まで述べてきた二つのアプローチは個別の戦略の評価方法だった。しかし、フォーカスすべき領域を明らかにするために複数の戦略を迅速に評価できる必要がある。多様な戦略のポートフォリオを扱う大企業であっても、一つの戦略を実行するための複数の方法を検討している小規模企業であっても同様だ。

このような比較を行なうための単純な方法の一つは、複数の次元において戦略を比較する「マップ」を作成することである。たとえば、ある防衛産業企業は一五項目からなるチェックリストを三つのグループに分割した。第一のグループの質問は、各アイデアの破壊的イノベーションとしての可能性を評価するものである。二番目のグループは、アイデアの戦略的適合性、つまり、企業がそのアイデアを追求する能力と必然性を有しているかを分析するものである。[※4] 三番目のグループは、各機会の可能性を大まかに見積もったものである。評価担当者は、各回答について確信度を割り当てる。これらの領域において機会を点数づけする単純な手法を使うことで、この企業は図6－1に示したような図で各機会をプロットすることができた。

この図の横軸は一番目のグループの質問の回答を表しており、破壊的イノベーションの可能性を評価したものである。縦軸は、第二のグループの質問の回答を表しており、企業が可能性を実現するための能力と必然性を有しているかを表したものである。円の大きさは第三のグループの質問の回答を表しており、機会の可能性を推定したものである。円の色は、その配置と大きさに関する確信度を表している。

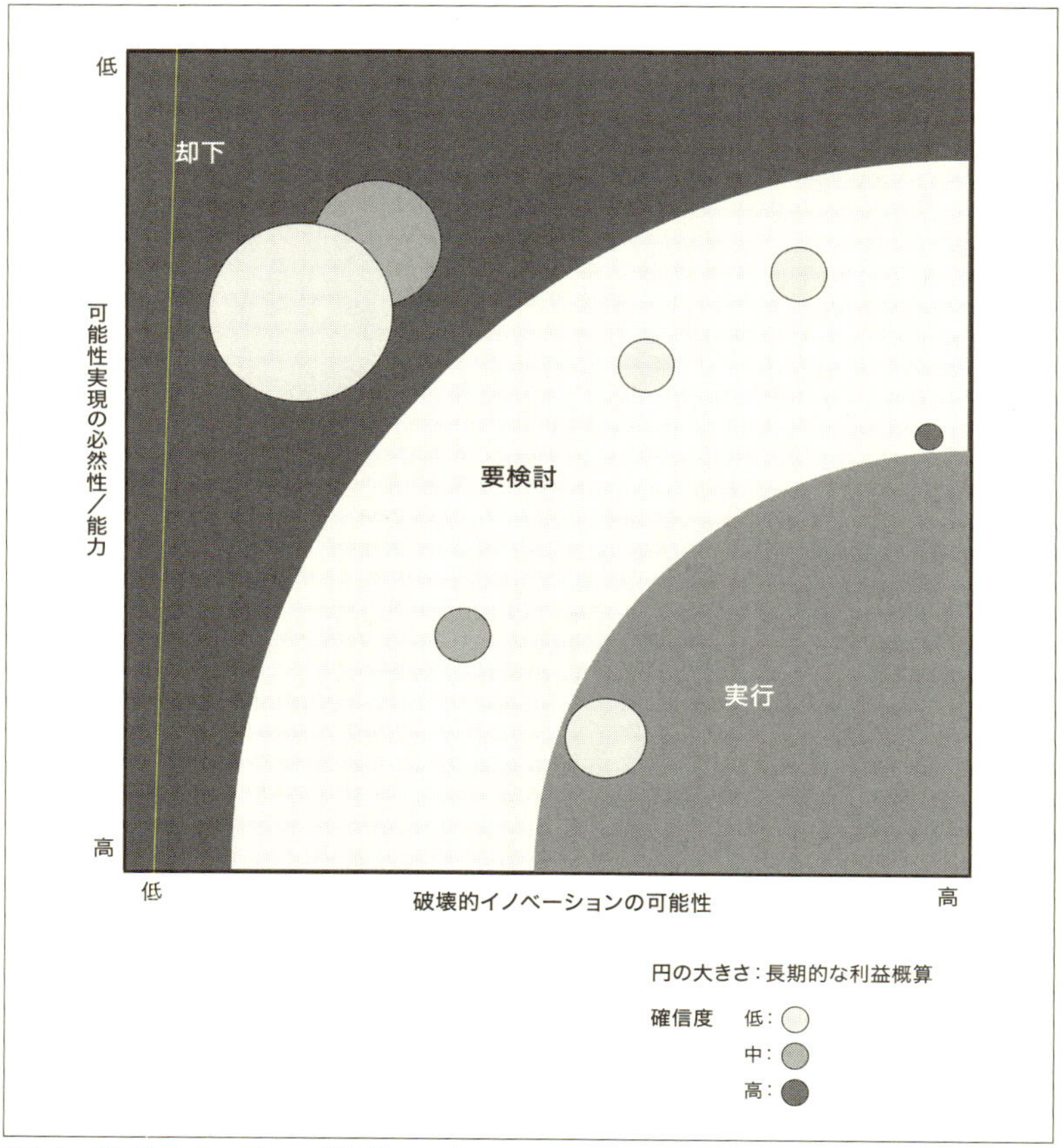

図6-1　破壊的イノベーション潜在性マップ

この「破壊的イノベーション潜在性マップ」により、この企業は潜在的機会を迅速にカテゴリー分けすることができた。右下に配置されるアイデアは積極的に推進すべきものだ。右上に配置されるもの（可能性は大きいが企業の目標あるいは能力の範囲外）、左下（企業の戦略的重要性の範囲内だが潜在性は小さい）、左上（可能性も低く、企業の安全圏の外にある）は却下された。この企業は中間にあるアイデアを注意深く精査し、リスクの低減あるいは可能性の増大のために機会の具体化を追求した。

ある一般消費財メーカーのチームは同様の手法を使って、初期段階の破壊的イノベーション・プロジェクトにおける複数の戦略を評価した。最終的な目標についてのチーム内の合意は明確だった。複雑でやっかいな問題を消費者が自分で解決できるようにする製品の一〇億ドル級のブランドを構築するということである。過去においては、消費者は、問題を適切に解決するためにコストが高いプロフエッショナルを雇ったり、あまり効果的ではない対応を自分で行なったりするしかなかった。チームが検討しているソリューションは、うまく機能すれば業界構造を変革するものだった。もちろん、多くのリスクがあった。テクノロジーは実証されていないし、安全性上の考慮点もあり、企業内の複数の組織の調停も必要だった。チームは、ツールを使って三つの「足場となる市場」を評価した。第一の選択肢は従来型のマス市場での立ち上げだった。このアプローチは同社の能力には合致していたが、破壊的イノベーションのパターンには合致しておらず、リスクも大きかった。破壊的イノベーション潜在性マップでは、円は左下に位置していた。次にチームは、製品をハイエンドのサービス提供会社に販売することを検討した。このアプローチは未知のチャネルへの対応が必要であり、プロフェッショナル向けソリューションよりも劣った、利益率の低いソリューションを優先することをチャネルに依頼することになるため、左上に位置することになった。最後に、既存のハイエンドのソリューションを提供する資力がないローエンドのプロフェッショナルにアプローチするという選択肢の可能性を評価した。この市場に対応するためには、チームは何らかの能力を身につけなければならず、最終的な収益目標を達成するために別の市場に進出することも必要であった。さらに、このアプローチは最終的なセルフサービス・バージョンの戦略との整合性にも問題があった。しかし、破壊的イノベーションのパターンに最もよく合致し、最初の商用化が最も迅速に達成できるのはこの市場と判断された。

■三つの重要な教訓

本章で述べたアプローチにより、イノベーターは極めて曖昧な成長戦略についても迅速に明確な見通しを得られるようになる。本章の最後では、筆者らが多くの企業において、このアプローチを支援してきた中で発見された三つの重要な教訓について議論することにする。

教訓1：あらゆる評価はアイデアを具体化するための機会である

既定のチェックリストを使って戦略をシステム的に評価することで、成功の可能性を増やせるようにリアルタイムで戦略を修正できる機会が提供されることが多い。たとえば、P&Gのプロジェクト・チームが、自社の主要ブランドを中国で販売する戦略の評価を行なっていたときのことである。チームは、ソリューションのコストが極めて低くなければならず、かつ、消費者が重視する性能特性において「必要にして十分」でなければならないことを知っていた。しかし、中国市場で競合できるように製品を十分安価にするためには、大都市における要求が厳しい顧客が重視するような機能を削除しなければならなかった。この評価プロセスを通じて、P&Gは中国の小都市で販売を開始するという戦略を実行することになった。既存の製品が高額すぎると考えているこれらの小都市の消費者は、機能を制限した第一世代の製品を受け入れてくれる可能性が高い。P&Gが、このような低コストの製品の製造における問題点を解決するにつれて、消費者の要求が厳しい大都市においても製品を販売できるようになるだろう。

教訓2：定量的指標を意識的に避けることで可能性を増す

経験を積んだイノベーターであっても「定量的指標なしに進んでしまって大丈夫だろうか」と自問することは多いだろう。当然ながら、数字を無視することはできない。しかし、筆者の経験では、ほとんどの企業がチームに対して詳細な財務的見積もりをあまりに早い段階で行なわせてしまう。不確実な成長事業の初期段階における財務的見積もりの正確性が限られているのは当然のことだ。正味現在価値や投資効果などの指標を大まかなガイドラインとして使用するのは良いだろう。しかし、意思決定の厳密な基準としてこれらの指標を使用することは無謀だ。

これらの評価指標を使って破壊的イノベーションのランクづけを行なう企業では、強力な成長戦略の足場になることが多い、一見小規模で測定不能な市場に対応するプロジェクトの優先順位を高めることが困難になる。そして、大規模で測定が可能な市場におけるプロジェクトが優先リストのトップに置かれることになる。しかし通常は、このような市場は新たな成長戦略に適切な環境とはいえない。新規製品が意味のある差別化を提供できないこともあるし、既存の競合他社から強力な反撃を受けることも多いからだ。

正確な数字にとらわれるよりも、桁数、すなわち、「ゼロの個数」に注目しよう。つまり、市場機会がもたらす可能性がある収益が八つのゼロ（一億ドル）なのか五つのゼロ（一〇万ドル）なのかを判断するということだ。そして、これらの推定の背後にある重要な仮説の検証にフォーカスする。この際には長期的な視点で考えることが重要だ。成長のための取り組みが成熟し、その可能性が現実のものとなるまでには長期間を要することが多い。「短期的には妥当レベル、長期的には最高レベル」を目指すべきだ。

破壊的イノベーション戦略は製品の段階的改良とは根本的に異なるため、相応に異なる評価プロセスが必要となる。初期においては、成功のパターンに合致しているかどうかへのフォーカスが必要である。チームが自分のアプローチについて多くを学んだ後に初めて定量的評価指標が有効になる。

もし、自社の強力なブランドを中国に投入しようとしていたP&Gのチームが詳細な定量的指標に早期の段階でこだわりすぎていたならば、中国の大都市での販売を最優先にしてしまったかもしれない。このアプローチが初年度の売り上げや正味現在価値という点では最大に見えるからである。しかし、チェックリストを重視することでチームはこのアプローチが失敗に結びつくことを確信し、上記の代替案を採用した（仮説の識別と検証についての詳細は第七章を参照）。

教訓3：短期的思考と長期的思考を組み合わせる

パターン・ベースの評価を実行しようとしているチームが、時にやっかいな課題に直面することがある。最終的にリーチしたいターゲット市場について分析するのか、単に最初に対応する「足場」の市場について分析するのかという点である。筆者の経験では、開始地点と最終目標の両方を注意深く評価することに価値があると考えられる。

筆者がコンサルティングを行なった企業には、最初の足場を無視して、最終的な目的地点の可能性だけを評価するところもあった。しかし、イノベーションに関する長期間にわたる研究では、一気に大きく跳ぶやり方は滅多にうまくいかないことが判明している。最終目的地に跳ぶための跳躍台があれば、ただやみくもに突き進む企業と比較して、目的地に至る可能性を大きく向上できる。企業が他の市場に進んでいくためには、まず足場となる市場で勝利する必要がある。

しかし、足場の市場で勝利するだけでは十分ではない。例として、アップルのアイポッドとP&Gのクレスト・ホワイトストリップスのそれぞれが辿った道筋を考えてみよう。最初にアップルはトランプカードのサイズの五ギガバイト、一〇ギガバイト、二〇ギガバイトのハード・ディスク・プレーヤーを市場に投入した。次に、小型ではあるが容量が小さいアイポッド・ミニを投入した。そして、チューインガムサイズのアイポッド・シャッフル、小型のアイポッド・ナノ、ビデオ再生バージョン、アイポッド・タッチなどの上位・下位の製品群を矢継ぎ早に市場に投入した。アップルは常に競合他社の先を行き、記録的な売り上げの成長を達成できた。

消費者が家庭で容易に歯のホワイトニングをできるようにするための製品であるクレスト・ホワイトストリップスは、最初の導入時には市場での大きな成功を勝ち取り、強力な足場を築いた。同製品の売り上げは米国内だけでも約二億ドルに及んだ（一方、二〇〇二年におけるアップルのアイポッドの売り上げは一億ドル以下である）。しかし、P&Gはクレスト・ホワイトストリップスの最初の導入に続く次の製品ラインアップを抱えておらず、強力なブランドを有する他社やプライベート・ブランドが市場に参入する中で、同製品の売り上げの伸びは鈍化していった。イノベーションとはボクシングの試合のようなものだ。最初のラウンドで勝っていたとしても、いずれはカウンターパンチを繰り出されることになり、それをうまく避けなければ試合に負けてしまう。ゆえに、イノベーションの最終目的地が自社の元々のビジョンから大きく逸脱している可能性はあるものの、最初のラウンドで勝利した次に何を行なうかをある程度は計画しておく必要がある。

■まとめ

新たな成長のためのイノベーションを成功裏に作り出すためには、アイデアの評価と具体化におけるパターンの認識と活用を適切に行なう必要がある。初期段階の戦略評価には、以下の作業が必要になる。

□市場において成功するための適切なパターンを表した独自のチェックリストを作成する
▼一二項目の破壊的イノベーションのチェックリストを元にする
▼チェックリストを強化するために社内外の成功ケースと失敗ケースを評価する
▼企業としての境界条件を必ず考慮する

□チェックリストを以下の三つの方法のいずれかで使用する
▼選択式テスト型の評価を行なう
▼項目の「必須」レベル、パターンへの合致度、判断の確信度に基づいてより詳細な評価を行なう

▼ 多様な戦略の比較のために多次元のマップを使用する

■実地演習

□「破壊的イノベーション」(disruptive innovation) あるいは「破壊的テクノロジー」(disruptive technology) についてのウェブ・サーチを行なう。破壊的イノベーションを行なっていると自称する企業を本章で述べたツールを使って評価してみよう。ここで述べたパターンに合致しているだろうか。

□グループで破壊度測定器を使い、自社で行なっている有望なイノベーションの一つを評価してみよう。

□大きな可能性があったと思われたにもかかわらず定量的数値がないために、会社に却下されたイノベーションについて同僚と議論してみよう。

■ヒント

□評価において行なったすべての仮説の最新リストを保持する。これは、プロセスの次の段階において極めて重要になる。

□評価において、多くの推測を行なわなければならなくても悲嘆することはない。システム的評価の最大の価値の一つは知識と仮説を分離することにあるからだ。

□数字にとらわれすぎてはいけない。どちらにしろ初期段階では、ほとんどの数字は間違っている。

□評価のプロセスはそのアウトプットと同等に重要である。戦略の成功の可能性を最大化するために、戦略の再構築を行なう機会に注目しよう。

第三部
事業の構築

三段階のプロセスにおける段階の要素は、アイデアを推進し、初期作業を始めるためのチームを結成して、新規事業の立ち上げを行なうという活動に関するものだ。第七章では、極めて不確実なアイデアを、成功の可能性を最大化できるように具体化する方法について述べる。第八章では、破壊的イノベーションのアイデアを検討するためのチームの構成と管理の方法について述べる。ここではこの二つの章で示した活動を順番に示すことになるが、実際にはこの二つの活動がまったく異なるペースで進むことがある。そして、機会識別の全体的プロセスと同様に、このアイデアの公式化と具体化、および、事業の構築のプロセスも反復的であり、アイデアが十分練られるまでに数回繰り返されるのが通常だ。

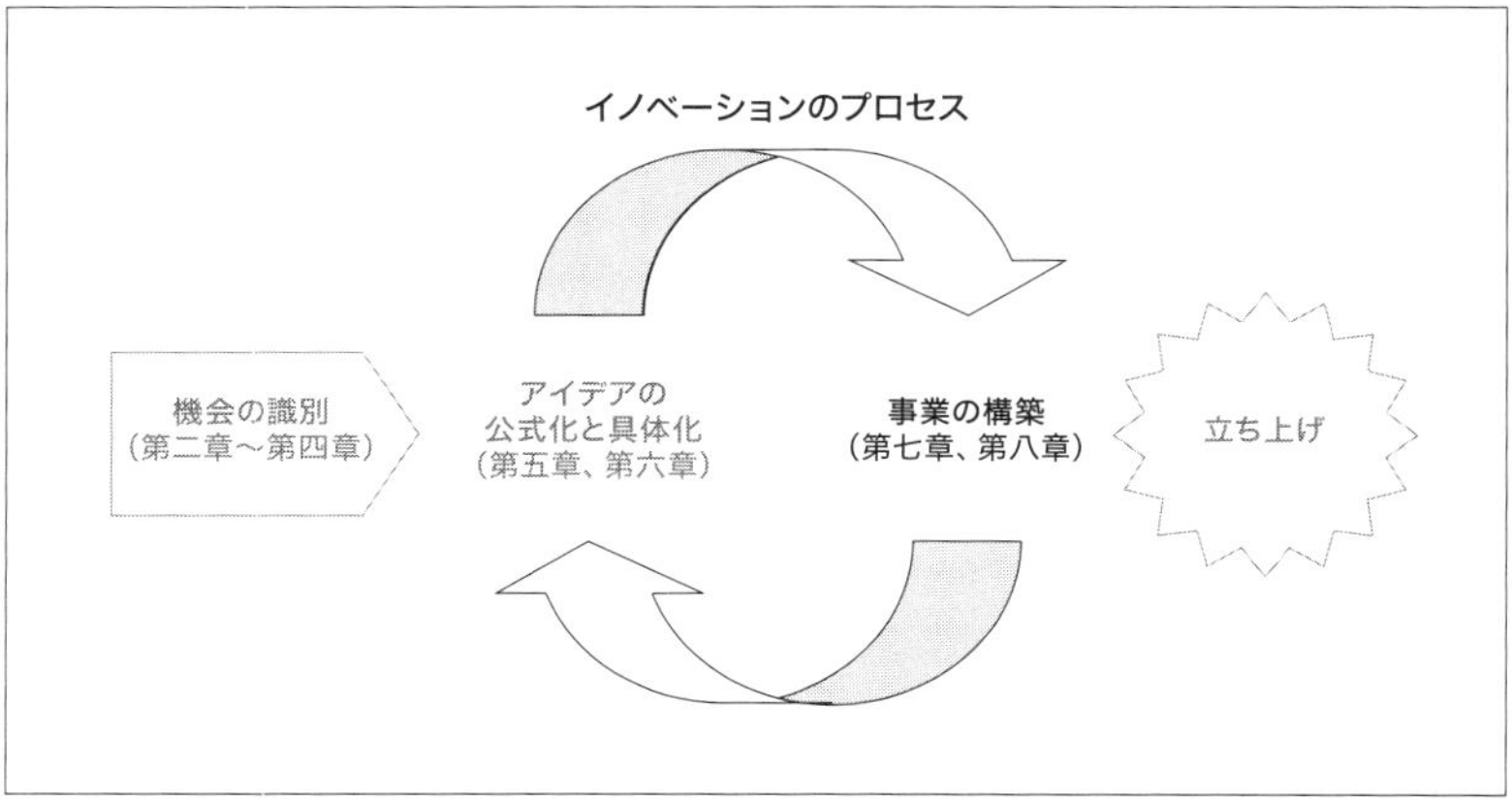

カリフォルニアまで車で行こうと思う。そのために五日分の衣類を用意し、クレジットカードを持った。しかし、火曜日にどこで昼食をとるかは聞かないでくれ。それは私にはわからない。

――ウィリー・シー、ハーバード・ビジネス・スクール教授
イーストマン・コダックがデジタル・イメージングのビジネスに移行する取り組みを統率したときの戦略へのアプローチについて議論しているときの発言

立案した戦略が成功のパターンに合致し、破壊度測定器でも抜群の評価を示したならば素晴らしいスタートを切ったといえよう。しかし、まだイノベーターの仕事は始まったばかりだ。これらの評価を参考にしつつ目指すべき次の課題は、アイデアを先に進めていくために具体的に何をするかを決定していくことだ。

この道には危険が待ち受けていることがある。一九九〇年代初頭におけるアップルの携帯情報機器（PDA）分野での取り組みを思い出してほしい。有名な話だが、同社はニュートンという製品を生み出すために何億ドルもの投資を行なってきたが、結果的に同製品は笑いものになっただけだった。しかし、失敗したのはアップルだけではなかった。ソニー、モトローラ、ヒューレット・パッカードなどの多くの大手企業がこの市場カテゴリーの創出に失敗した。結局、企業は合計一〇億ドル以上の資金をこの市場における破滅的イノベーション戦略に無駄に費やしたことになる。[※1]結局、この市場で勝ち残ったのは、パームという小規模なスタートアップ企業だった。

新しい市場領域において優秀な企業が失敗する確率が高いというのは、驚くべきことではない。新規市場に参入する際の企業の戦略が間違っていることが多いことを示す証拠は驚くほどたくさんある。この単純な文には深い意味がある。致命的欠陥がある戦略に資金を投入したがる者はいない。しかし、企業が早すぎるタイミングで戦略への投資を強化し、このような失敗をしてしまうケースがよくみられる。

「創発的戦略」と呼ばれる手法に従うことで、企業は、不確実なアイデアに付きものの重要なリスクと不確定事項に対してシステム的に対応し、成功の可能性を増すことができる（コラム「理論の復習：創発的戦略」を参照）。本章では、マネジャーが「創発的戦略」のプロセスをマスターするために利用できる三つの簡単なステップについて述べる。

□一　重要な不確実性の領域を識別する
□二　効率的な実験を行なう
□三　実験の結果に基づき、調整と方向性の転換を行なう

このステップに従うことで、企業は欠陥のあるアイデアを迅速に修正（あるいは破棄）し、最終的な成功の可能性を増すことができる。

ここでは、簡単な図解により、「創発的戦略」の理解を深めていこう（図7‐A）。図の円弧部分はイノベーションが追求するあらゆる戦略を表している。不確実な市場においては、企業は「意図的戦略」に従ってしまうことが多い。すなわち、円弧の端に向かってできるだけ早く移動しようとするのだ。しかし、目的地に到着すると、堅固に見えていた戦略に多くの欠陥（その一部は致命的）が発見されることが多い。

多大な時間と資金を投資した後に、成功のためにはまったく異なる戦略が必要であったことが判明すると大きな課題が生じることになる。たとえば、アップルはＰＤＡ製品のニュートンの開発に三億五〇〇〇万ドルを投資した後に、消費者はパソコンを補完する製品に関心があるのであってパソコンを置き換える製品には関心がないことを認識した。ここで、悲惨な製品マネジャーが以下のように言ったと想像してみよう。「三億五〇〇〇万ドルを費やして自分が本当はよくわかっていなかったということが証明できた。追加の三億五〇〇〇

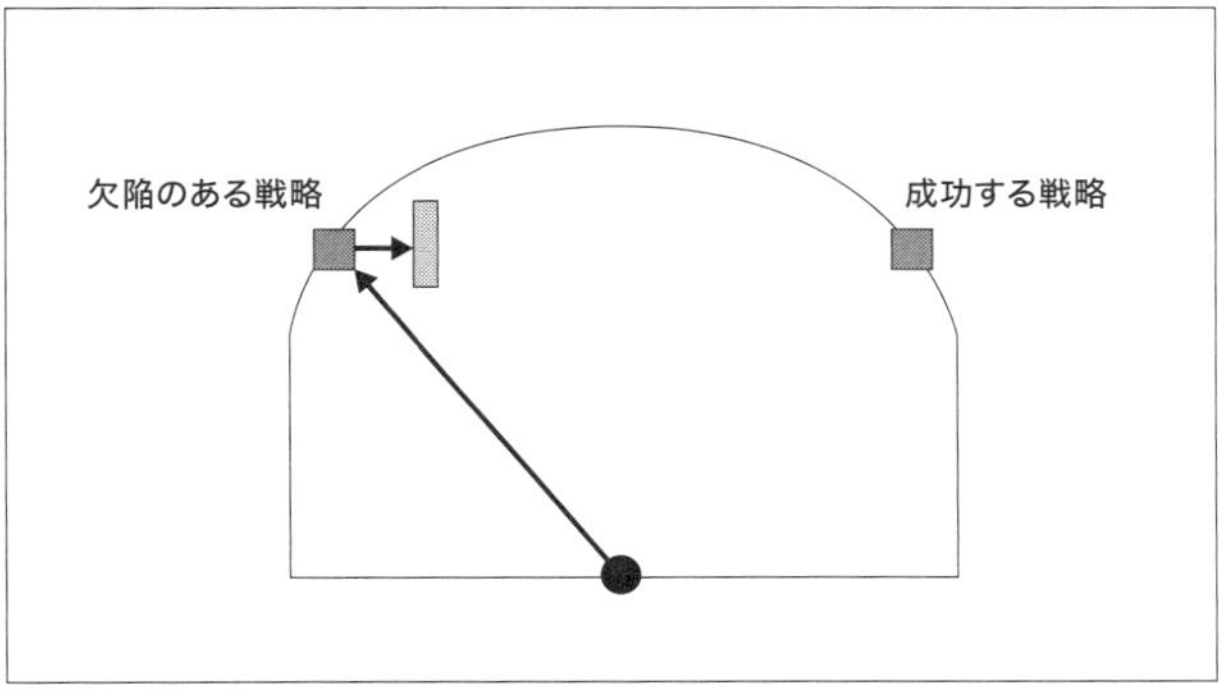

図7-A　不確実な市場における意図的戦略のアプローチ

万ドルがあればもっと意味のある物が作れるだろう」。このような主張が通ることはないだろう。

『イノベーションへの解』の第八章では、異なるアプローチを提唱した（図7‐B）。ロバート・バーゲルマン、リタ・マグレイス、イアン・マクミラン、ヘンリー・ミンツバーグらの研究に基づいたこのアプローチは、不確実性が極めて高い環境におけるイノベーターは「創発的戦略」に従うべきことを示唆している。正しい戦略を知っているかのように意図的に行動するのではなく、正しい戦略が市場から「わき出る」、つまり創発するようなアプローチを採用すべきということだ。[※a]

「創発的戦略」を採用したイノベーターは、学習と調整のための中間地点（図7‐Bでは三角で示している）を選択する。少額の投資を行ない、多くのことを学んで、成功に向けた戦略を（ほとんどの場合、何回も）調整していく。

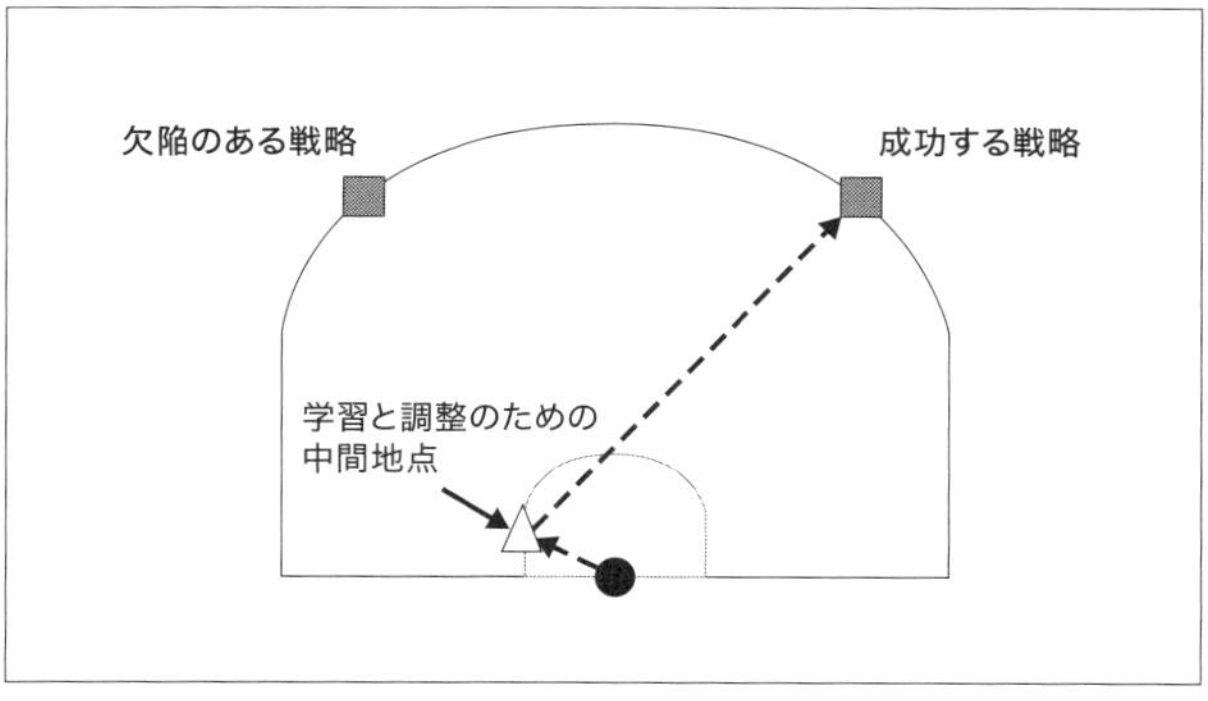

図7-B　不確実な市場における創発的戦略のアプローチ

a. Amar Bhide, *The Origin and Evolution of New Business*, Oxford and New York: Oxford University Press, 2000; Robert A. Burgelman, *Strategy Is Destiny*, New York: Free Press, 2002（『インテルの戦略：企業変貌を実現した戦略形成プロセス』ロバート・A・バーゲルマン著、石橋善一郎・宇田理監訳、ダイヤモンド社、二〇〇六年）; Rita McGrath and Ian MacMillan, “Discovery-Driven Planning,” *Harvard Business Review*, July-August 1995; Henry Mintzberg and James Waters, “Of Strategies, Deliberate and Emergent,” *Strategic Management Journal* 6 (1985): 257.

■ステップ1：重要な不確実性の領域を識別する

新たな方向へと進む前に、良い材料、悪い材料、そして未知の材料を注意深く区別する必要がある。まず、一般に「良い」機会とはどのようなものかを定義することから始めるべきだ。機会が継続的にどの程度の収益をもたらしてくれれば魅力的といえるだろうか。どの程度の粗利益率を達成すべきだろうか。事業所得にはどの程度の影響があるべきだろうか。いつキャッシュ・フローがプラスになればよいのだろうか。このような点についての最終的な回答について、早めに意思統一を行なっておくことが必要だ。

意思統一が得られたならば、検討中の戦略がこれらの予測に合致するために成り立たなければならない仮説を注意深く列挙する。また、成功の障害となり得るあらゆるリスクも列挙する。

「創発的戦略」では、注目すべきポイントが、答そのものではなく、答に至るための仮説になっている点に注意してほしい。企業が、財務予測を中心に機会を分析することだけが唯一の方法であると思い込んでしまうケースがよくみられる。ほとんどのインプットが確実でないときに予測の正確性に関して厳密な議論を行なうことは、はっきりいって時間の浪費でしかない。会計ソフトウェア・ベンダー、インテュイットの創立者であるスコット・クックの以下の言葉を覚えておいてほしい。「我々が犯してきた失敗の背後にはいつも一見素晴らしく見えるスプレッドシートがある」[※2]。数字を作り出す作業にはあまり意味がない。数字がどのように機能するかを理解する作業には意味がある。答が何でなければいけないかについて合意し、その答を得るためにはどのようなインプットが必要であるかを積極的に議論することが重要だ。

今までの章における分析を正しく実行していれば、すでに手元には仮説のリストが揃っているはずだ。仮説とリスクのリストの肉づけ作業は可能な限り包括的に行なうべきだ。たとえば、以前にイノサイトがコンサルティングを行なった一般消費財メーカーのプロジェクト・チームは、あらゆる仮説を想定済みであると考えていた。たしかに、このチームは新製品によって市場を勝ち取るために必須であると考えられた一五項目の仮説のリストを作成していた。しかし、イノサイトがコンサルティング活動を続けていくにつれ、このチームは実際の仮説とリスクのごく一部しか見ていなかったことが明らかになった。終日のセッションを行なうことで、チームは仮説とリスクのリストをおよそ一〇〇項目にまで拡大できた。このリストは、ターゲット顧客、テクノロジー、収益源、必要なコスト、流通チャネル、必要なパートナーシップなどの多様な領域にわたっていた。セッションでの議論により、チーム・メンバーが暗黙のうちに成り立つと思い込んでいた仮説が明らかになり、チーム・リーダーはチームがどの点で意思統一ができており、どの点でできていないかを知ることができた。

仮説についてのブレーンストーミング・セッションを行なう場合には、複数部門の代表者を集めることが重要だ。技術部門の代表は市場が何を要求しているかについての仮説を立てることが多い。一方、マーケティング部門の代表はソリューションに何ができるかについての仮説を立てることが多い。これらのグループを初期の段階から集めることで、全員が一貫したやり方で問題にアプローチできるようになる。

企業が中核事業から遠くに離れれば離れるほど、仮説とリスクについて注意深く検討することが重要になる。企業は、中核事業において暗黙的な仮定を行なってしまうことが多いからだ。たとえば、シリアル食品などの低価格の商品を販売している企業は返品についてはあまり気にする必要はないという暗黙的な仮定を行なっている。ほとんどの消費者はわざわざ時間をかけてシリアル一箱を返品したりしないからだ。しかし、この会社が一〇〇ドル以上するシリアル製造器を販売し始めたとするならば、この暗黙の仮定はもはや成り立たず、五パーセントから一五パーセント程度の返品率について注意深く検討する必要がある。同様な例として、ディズニーが欧州でユーロ・ディズニー（現在はディズニー・ヨーロッパ）の事業を立ち上げたときのケースがある。ディズニーは、欧州の消費者が他の地域における消費者と同じパターンで行動すると暗黙的に仮定していた。しかし、欧州の消費者は安い入場料に慣れており、ホテルに長期間滞在せず、外食もあまりとらず、お土産品も安価な物を購入する傾向があった。これらの仮定に適切に対応しなかったことで、ユーロ・ディズニーは大きな損失をもたらした。※3

すべての仮説とリスクを網羅したかをチェックするためには、少なくとも以下のリストの質問に答えているかを確認すればよい。質問に答えていく段階で、確実ではない項目（仮説）と不安要素の項目（リスク）を記録していく。

□最初の有料の顧客は誰になるか
□有料の顧客はこのソリューションのことをどのように知るか
□有料の顧客はどのように対価を支払うか
□購入には誰が関与するか。これらの人々が購入をサポートする理由は何か
□ビジネスモデルを機能させるために、顧客は何回このソリューションを購入しなければならないか
□顧客がこのソリューションを再度購入する理由は何か

□顧客が購入しようとしているソリューションはどのような問題を解決するか
□ターゲット顧客はその問題を現在はどのように解決しているか
□このソリューションはどの点で既存のソリューションより優れているか。どの点で劣っているか
□顧客は購入したソリューションの制限事項を許容できるか
□このソリューションを使うことで顧客行動に変化があるか。もしそうならば、そう思う理由は何か
□独自技術で実現されている要素があるか
□最初の市場に到達するまでに固定費をどの程度必要とするか
□ビジネスモデルにおける変動費としては何があるか
□どのようにして収益を得るか
□製品のマーケティングのためにどの程度の支出が必要か
□どのようにして利益を得るか
□誰がソリューションを販売するか
□なぜ、ソリューションの販売者は他の選択肢を選ばず、このソリューションを販売してくれるのか
□どのようなブランド名を使用するか
□どのような既存の競合他社と対抗することになるか。どのような潜在的競合他社が市場に参入してくるか。これらの競合他社に勝てる理由は何か
□この機会には大きな拡大の可能性があるか。その理由は何か
□このアプローチを推進することで、どのような戦略的選択肢を作り出すことになるか
□なぜ上級役員（あるいは投資家）はこの機会に熱狂するのか

□社内において成功を阻害する要因として何が考えられるか。どのようにしてこの障害を克服するか
□規制当局の認可が必要か。そうであれば、どのようにして認可を得るか
□どの地域において販売を開始するか

財務指標をリバースエンジニアリングする

答から始めて仮説に至るという方法は重要な財務的仮説を見つける場合にも重要である。三年から五年後に目標とする利益あるいは収益から始め、そこからさかのぼって検討し、その財務的結果を得るために必要な仮説を検討することができる。仮説が合理的であることを示唆する類似の事例やベンチマーク（業界の標準値）を探す。別の方法としては、アイデアが納得できるものである理由を説明する、紙ナプキンに収まる程度の簡単な計算を示すこともできる。これにより、アイデアが基本的に妥当であるかを確認する。このアプローチにより主要な財務上の仮説が明らかになるだけではなく、ビジネスモデルについてより総合的に考える機会が提供されることも多い。

仮説とリスクの優先順位づけ

一〇〇項目の仮説とリスクのリストを扱うのはやっかいな作業になるだろう。項目の優先順位づけが必要だ。項目の優先順位づけを行なうためには、まず、以下の二つの質問によって仮説を広くカテゴリー分けすべきである。

□一　もし、仮説が誤っていたり、リスクを回避できなかったりした場合の影響はどの程度か：最初に、

「評価が間違っていた場合に致命的な結果がもたらされる項目」、次に、「間違っていた場合に戦略の全面的な再設計が必要となる項目」、最後に、「アプローチの小規模な変更だけで対応できる項目」に対応する。

□二　仮説が正しい、あるいはリスクを克服できるという点についてどの程度確信があるか：マネジャーが、重要な仮説とリスクについての自身の確信度を極めて過大に評価してしまうことがよくある。このような不確実性を解消するには、もし評価が間違っていたときにどれくらいの罰金を支払うかを尋ねてみればよい。年収分か一週間分か、それとも罰金を支払うつもりはないか。いささかふざけたやり方ではあるが、これによりマネジャーは自分が思ってい

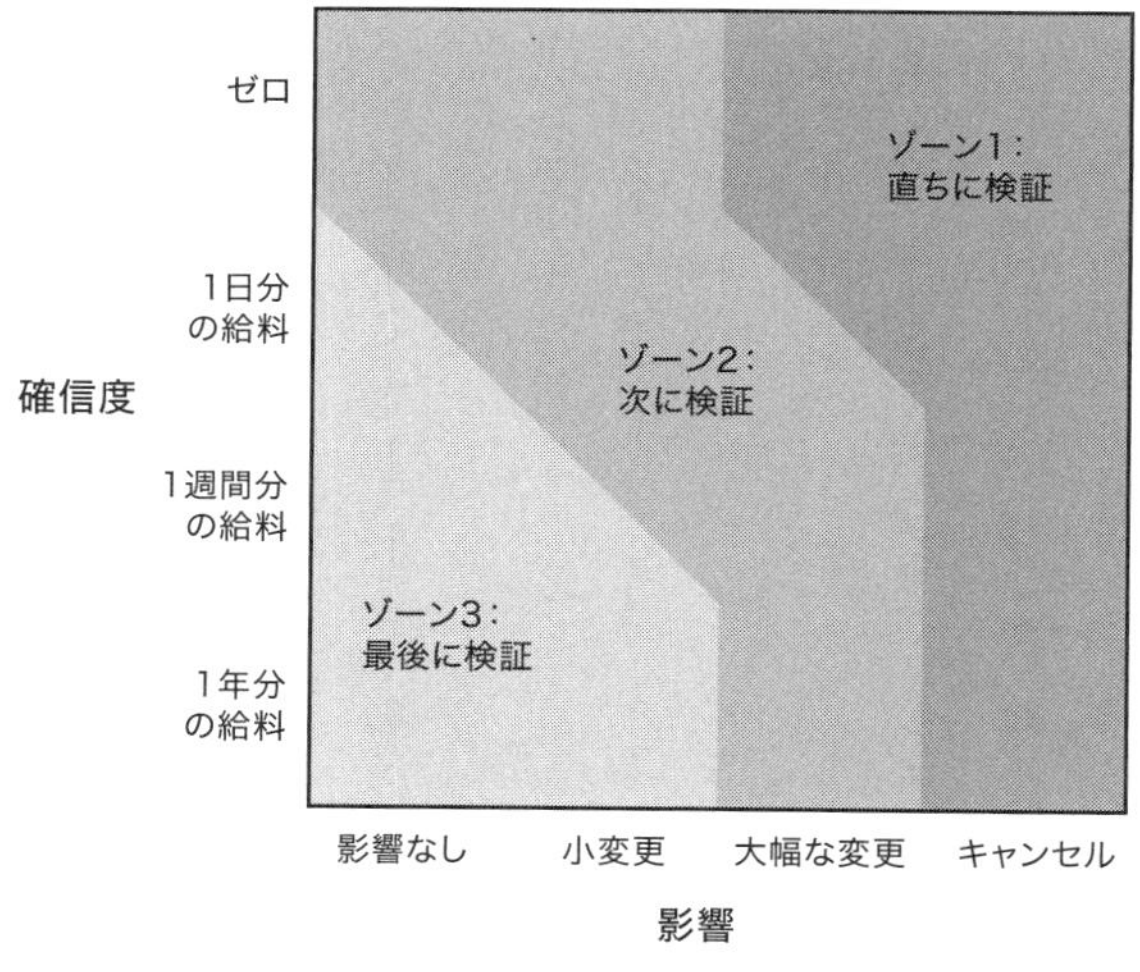
確信度：結果が予測どおりになることについていくら賭けるか
影響：予測が間違っていた場合に戦略に何が必要か

図7-1　仮説とリスクの優先順位づけマトリックス

たよりも確信がなかったことを直ちに知るだろう。

図7-1に、仮説とリスクを分類するために役立つ簡便な方法を示した。まず、仮説とリスクがゾーン1（直ちに検証）、ゾーン2（次に検証）、ゾーン3（最後に検証）のいずれにあるかを評価する。

顧客の根本的問題、本書の用語でいえば「片づけるべき用事」は、ゾーン1に入ることが多い。結局のところ、企業が対応しようとしている課題に顧客が関心を示さなければ成長を達成することは困難だ。価格設定の問題はおそらくゾーン2に属するだろう。価格ポイントを変更すると他の多くの要因も影響を受けるからだ。そして、主な販売地域はゾーン3に属するだろう。地域の選択はマーケティングの予算や要員確保に影響を与えるかもしれないが、どの地域に先に対応するかによって元々の戦略に大幅な変更が必要となることは少ないからだ。

仮説とリスクのカテゴリー分けが終わったならば、各カテゴリー内の各項目に対して次の質問を行なう。

□三　**追加の情報を得るのはどの程度容易か**：他の条件が同じとするならば、ゾーンの中で最初に対応すべき項目は追加の知識を得るのが容易な項目である。実験を行なうためのコスト、確定的結果を得るまでに必要な時間、同様の実験を行なった経験などを考慮する。

これらの三つの質問を行なうことで、仮説とリスクの長いリストから、迅速なアクションが必要な項目をふるい分けすることができる。この作業にはツール7-1に示した仮説チェックリストが有効だ。

例として、母親向けの雑誌ペアレンティング・マガジンの創設者であるロビン・ウォラナーの経験について考えてみよう。一九八〇年代にウォラナーは、マザー・ジョーンズ誌の上級発行人の職を辞した後に新たな事業を模索していた。子供を持つ友人との会話により、ウォラナーは子を持つ親をターゲットとした高級誌の市場機会があると考えるに至り、このアイデアを具体化するためには約五〇〇万ドルが必要であると推定した。助言者と議論することで、このソリューション向けの市場が存在するということが重要な仮説であることが明らかになった。ウォラナーの次の作業は、この仮説を検証するための単純な安価な方法を考案することだった（以降の詳細は、本章の後半で述べる）。

同様な例として、イノサイトがコンサルティングを行なっていた消費者向けヘルスケア製品メーカーのケースがある。この会社は、数百万人の人を苦しめていたやっかいな症状の斬新な治療製品の市場投入を検討していた。同社は、製品の有効性、規制対応への能力、チャネル、価格戦略などに関して数十件の仮説を立てていた。

プロジェクト・チームは数週間を費やし、一つの不確定性に照準を合わせた。すなわち、製品を数年の間安定した状態で維持できるかという点である。これは、薬局やディスカウント・ショップなどの大量販売の流通経路を使用するために必要だ。チームはこの課題に対応できると考えていたが、そのためには多大な投資が必要であると判断していた。この問題は重要ではあったが、さらに重要な仮説は、医師の推奨により製品を試行する消費者が増えること、および、製品を試行した消費者がリピート顧客になってくれるということだった。

もしこれらの仮説が成り立たない場合には、同社は市場投入計画を大幅に変更し、場合によっては製品計画をキャンセルせざるを得ないと思われた。そうなれば製品の長期安定性の問題を解決しても

■説明

仮説：この機会が有効であるためには何が真でなければならないか

危険度：仮説が真でなかったときには何が起きるか。プロジェクトの中止か、方向性の転換か、小規模な変更か、影響なしか

確信度：この仮説についてどの程度の確信を持っているか。1年分の給与、1カ月分の給与、1日分の給与のいずれを賭けるか。それとも、一銭も賭けたくないか

検証ゾーン：図7-1におけるゾーンは、ゾーン1（直ちに検証）、ゾーン2（次に検証）、ゾーン3（最後に検証）のいずれか

推奨されるテスト：この仮説についてより多くを知るために何ができるか

テストの容易性：テストの実行は容易か、多少の困難があるか、極めて難しいか

ランク：このテストをいつ実行すべきか

仮説	危険度	確信度	検証ゾーン	推奨されるテスト	テストの容易性	ランク

ツール7-1　仮説チェックリスト

意味はない。チームが、最も重要な課題を識別できれば、それに対して低コストかつタイムリーに対応するための効率的実験の設計を行なうことができる。

■ステップ2：効率的な実験の実行

適切な「創発的戦略」には、効率的実験とリスク回避戦略が不可欠だ。企業は不確実な戦略に資源を投入するのではなく、少額を投資することで、自社のアプローチにおける主な不確実性に関して多くのことを学ぶことができる。

効率的実験

実験には、小規模なフォーカス・グループなどの簡単なものから、特定地域での試験販売などの複雑なものまである。以下に多様な実験方法について、容易で安価なものから困難で高額なものまでを列挙する。

□社内のベスト・プラクティス評価：社内において類似の仮説とリスクに対応してきた人物と対話し、結果がどのようになったかを調査する。この情報を使い、仮説とリスクを適切に優先順位づけできたかどうかを評価する。ベスト・プラクティスよりもうまくできるはずだと仮定するようなことがないよう注意する必要がある。

□社外の市場調査：社外で提供されている調査により、市場の動向を迅速に把握し、競合他社の活動を知ることができる。しかし、存在しない市場に関する調査レポートについては過大な信頼は禁物である（コラム「存在しない市場を評価するときの注意点」を参照）。

□**社外ベンチマーキング**：他の市場において他社が同様の課題にどのように対応してきたかを調査する。もし、あることを今までの誰よりも優れたやり方で行なえることが成功の前提になっているのであれば、その仮説が合理的であるかを自問すべきである。市場調査やアナリストのレポート、および特定業界を専門とするコンサルタントが重要な情報源になる。※4

□**ビジネス・モデリング／シミュレーション**：財務的な仮説を組み合わせて、ビジネスモデルがどのように機能するかを知ることができる。仮説が変更になったときに何が起きるかを知るために複数のシナリオを実行できる。このアプローチにより、モデルの要となる部分を知ることができる。また、他の仮説に影響を与える基本的仮説を発見することも重要だ。

□**競合の「ウォー・ゲーム」**：自分自身を競合他社の立場に置き、自分のアプローチにどのように対応するかを想像してみる。こうすることで、競合他社にとって魅力的にみえないように自社の戦略を調整することが可能になる。また、競合他社の動きを早期に知るための仕組み作りにも有用だろう。

□**特許分析**：特許は、新興の市場についての豊富な情報源になり得る。特許出願や登録の状況は、企業が公式発表を行なう前にどのように市場にアプローチしようとしているかを知る手段になり得る。

□**フォーカス・グループ**：フォーカス・グループ（情報収集のために集められた数人のユーザー）は消費者との対話を開始するための有効な方法になり得る。しかし、一つのフォーカス・グループからの情報に過剰に依存することは避けなければならない。声の大きな個人が議論を支配してしまう可能性もあるし、六人程度のサンプルから結論を導き出すことは危険だ。より広範な議論ができるようにフォーカス・グループを導いていくことが重要だ。

存在しない市場を評価するときの注意点

まだ存在していない市場の規模を評価する際には、以下の四つの点に注意する必要がある。

□一　**データがまだ存在しない**：市場が存在しないときには、基準となる市場調査レポートも分析の対象となる過去の時系列データも存在しない。

□二　**比較できる製品が存在しない**：既存のデータがない場合には、類似の市場から類推を行なうことになる。しかし、真の意味で新しい市場においては、普及率を評価するための適切な過去の事例が存在しないことが通常だ。誤った類似事例に基づいた推定は大幅に誤った結論に至ってしまうことがある。

□三　**既存顧客のデータが役に立たない**：新しい製品やサービスが、破壊的イノベーションの特性をもつ（つまり、単純性、利便性、低価格性のためにある種の性能を犠牲にしている）ときには、同様の市場における既存の顧客の規模に基づいて市場規模を推定するのは極めて危険である。既存の顧客は、必然的に自分が慣れ親しんだ製品やサービスと比較して新しい製品やサービスを評価してしまうからだ。

□四　新規顧客のデータは信頼できない：よく知られていることだが、顧客は、自分が使ったことがない、あるいはこれまで存在したことがない製品やサービスを自分がどう使うのかを想像できないことが多い。ゆえに、新興市場における予測としての顧客調査の価値は低い。さらに、新しい市場が驚くべき形で発展し、想像もできなかった顧客が生まれることも多い。ゆえに、データが適切な情報源から提供されたかを判断することすら難しくなる。最後の点として、現時点で製品やサービスを使っていない顧客には信頼できる参照データがないため、価格に対する反応の調査の結果も信頼できないものになる。

■過去の事例

多くの古典的ケーススタディにおいて、存在しない市場を評価することの難しさが示されている。[※a] たとえば以下のような事例がある。

□『イノベーションのジレンマ』において、クリステンセンは、著名な業界誌であるディスク・トレンド・マガジンによる五件の主要なディスクドライブの市場投入後における四年間の売り上げ予測を分析し、以下のことを発見した。

▼持続的イノベーションによる既存市場への製品投入のケース二件においては、予測は極めて正確であり、実際の出荷量と、それぞれ八パーセントおよび七パーセントの相違であった。

▼しかし、破壊的イノベーションによる未知の市場においては、予測は大きくはずれるこ

とが多かった。三件の破壊的イノベーションによる市場投入における予測誤差は、二六五パーセント、三五パーセント、五五〇パーセントであった。

□一九五〇年代に、IBMはゼロックスの特許を購入するかどうかの決定を行なうために、コンサルティング会社のアーサー・D・リトル（ADL）に依頼し、コピー機の市場規模を推定した。マイケル・ハマーとジェイムズ・チャンピーは『リエンジニアリング革命』（日本経済新聞社）において、以下のように述べている。「ADLは、仮にコピー機という革新的な機械が（当時の文書複製技術であった）カーボン紙、ディトグラフ、ヘクトグラフ（こんにゃく版）の市場を独占したとしても、コピー機ビジネスに進出するための投資を回収することはできないと結論づけた」。

□一九七〇年代の終わりに、AT&Tはマッキンゼーに携帯電話の潜在市場規模を見積もるよう依頼した。マッキンゼーは二〇〇〇年における世界の携帯電話の市場規模は九〇万台であると推定した。しかし、二〇〇七年時点では「一八時間ごとに」九〇万台の携帯電話が売れている。予測を間違ったのはマッキンゼーだけではない。当時の最も楽観的な予測でも、総市場規模を契約者数一〇〇〇万人と見積もっていたのである。

□二〇〇二年五月における市場調査会社のレポートでは、二〇〇三年にハードディスク・ベースのMP3プレーヤーが九〇万台売れると予測されていた。しかし、二〇〇三年にはアップル単独で九四万台のハードディスク・ベースのアイポッドを売り上げている。ハードディスク・ベースのMP3プレーヤーの総市場規模は二五〇万台以上だった。一年後の予測であるにもかかわらず、市場調査レポートの予測はおよそ二〇〇パーセント間違っていたことになる。

a. Clayton M. Christensen, *The Innovator's Dilemma*, 2nd edition, New York: HarperBusiness, 2000, 144-146（『イノベーションのジレンマ　増補改訂版』クレイトン・クリステンセン著、翔泳社、二〇〇一年）; Michael Hammer and James Champy. *Reengineering the Corporation*, New York: HarperCollins, 1993（『リエンジニアリング革命』M・ハマー、J・チャンピー著、日本経済新聞社、一九九三年〔日経ビジネス人文庫、二〇〇二年〕）; "Cutting the Cord," *The Economist*, October 7, 1999; "From TiVo to the iPod, Hard Disk Drives Penetrate Consumer Electronics Products," InStat/MDR, May 2002; "Worldwide Compressed Audio Player 2004-2008 Forecast: MP3 Reaches Far and Wide," International Data Corporation, August 2004.

□**ソート・リーダーによる懇談会**：多様な視点を持つソート・リーダー（thought leader）を一カ所に集結することで、今まで無視していた事項に気がつくことがある。ソート・リーダーと定期的に交流する仕組みを用意しておくことは極めて有用だ。

□**顧客の観察**：第四章でも述べたように、顧客の観察は、イノベーションの対象となる「片づけるべき用事」を発見するための重要な方法である。顧客の観察は時間を要し、コストもかかるが、現場に出て、解決しようとしている問題に消費者がどのように対応しているか、あるいは提供しようとしているソリューションをどのように使っているかを観察することが何物にも代え難い価値を提供することもある。

□**コンセプト・テスト**：コンセプト・テストとは、消費者に対して製品やサービスのコンセプトを詳細に説明し、購買の意思を尋ねる手法である。コンセプトに対する顧客の反応を評価し、新製品に対する過去の反応と比較してテクノロジーの普及曲線をシミュレートするサービスを提供している二ールセンなどの企業もある。中核事業における製品改良においてこのようなテストに依存している企業は、革新的な取り組みにおける同様のテストの適用には注意を払う必要がある。製品やサービスがまったく新しいものである場合には、コンセプト・テストの結果が極めて誤解を招くものになり得ることを多くの識者が指摘している。

□**定量的市場調査**：より詳細な市場調査により、市場規模を把握し、顧客が機能の改良についてどのような妥協をするかを理解し、顧客のクラスター（特定の共通特性を有する顧客グループ）を識別することができる。ウェブ・ベースのツールなどを活用した定量的調査の設計と実行が容易になっている。

□**プロトタイプ**：どれほどの努力を傾けても紙の上の情報だけで有効なフィードバックを得るのには限界がある。同様に、製品の構成要素間に実際に作ってみるまではわからない依存性が存在することもある。プロトタイプの作成により、そのような依存性をテストするとともに消費者のフィードバックを得るためのより具体的な手段が提供される。プロトタイプは、物理的な製品を作る企業にとってのみ意味があると考えているマネジャーもいる。しかし、ウェブの画面や詳細なプロセス・マップを作ることで、無形のサービスに対する理解を深めることもできる。

□**テスト市場**：価格設定、流通チャネルとの関係、購買者の行動などの最も重要な仮説は、実際に市場に出てみないとシミュレートしにくいものが多い。特定地域、あるいは特定の顧客グループ向けに限定的な試験販売を行なうことは、これらの変数についての重要な洞察を得るための方法の一つである。筆者の経験では、実際の市場をできるだけ忠実にシミュレートしようとすることが重要である。別の言い方をすれば、一見成功に見えるかのようにテスト市場を調整することは可能ではあるが、企業の長期的なメリットにはならないということだ。

リスク回避戦略

同様に、重要なリスクを軽減するためには以下のようないくつかの方法がある。

□**コンサルタントや契約社員の採用**：要員の雇用はリスクが高い。フルタイムの従業員を雇い、その後に戦略が変更になったとすると、その従業員が戦略の変化についてきてくれることを期待するしかない。そうでない場合には、その従業員を別のポジションに異動せざるを得なくなる。小規模企業は、ビジネスモデルが確定してからフルタイムのCEOを雇用すべきであるとの意見もある。なぜなら、CEOが自身の前職におけるビジネスモデルを引きずっていることが避けられないからだ。[※5] そのビジネスモデルに欠陥があれば、CEOが会社を破綻させてしまう可能性もある。より柔軟な雇用形態を取ることで、これらのリスクを軽減できる。もし、雇用の柔軟性を高めることができるのならば、月あたりの人件費が多少増加しても十分元が取れることが多い。

□**特許による保護**：強力な特許があれば競合他社による対抗のリスクを軽減できる。しかし、特許の力を過大評価しないように注意が必要だ。強力な企業がどうしても市場に参入したいと考えているときには、どのように強力に見える特許であっても回避策が発見されてしまうことが多い。

□**パートナーシップ**：企業の能力によりそのリスクも異なる。ペアレンティング誌の創業者ロビン・ウォラナーの事例を再度検討してみよう。起業家であるウォラナーは制作やフルフィルメントなどの課題を大きなリスクであるととらえていた。大手出版社であれば、これらのリスクは些細なものだろう。優秀な起業家であれば、リスクをよりうまく管理できるパートナーに課題解決を委譲するのは得意だ。同様に、株式投資、レベニューシェア契約、戦略的連携、ジョイント・ベンチャーなどにより、多大な資源を投入することなく、市場についてより多くを学ぶ機会が提供される。

□**条件つき契約：**条件つき契約とはあたかも金融オプションのようなものだ。ある事象を前提として契約の実行が行なわれる。条件つき契約により、先に進む前に、致命傷となり得るリスクに事前に対応していくことが可能になる。

□**マイルストーン：**もし、パートナーと競合するときには「死なばもろとも」型の契約ではなく、方針の変更を可能とするようなマイルストーンを早期に設定しておくべきだ。

成功の鍵：投資を控えて多くを学ぶ

知識構築作業を設計し、実行する際に心に留めておかなければならない最も重要なルールは、作業をできるだけ単純かつ安価にするということである。「投資を控えて多くを学ぶ」というモットーを念頭に置くべきだ。このモットーを実現するためには、以下のことを行なう必要がある。

□実際の製品構築前にプロトタイプを作成する
□資源を投入する前にテストを行なう
□購買する前に借りる
□雇用する前に契約社員を採用する
□業務拡大の前にアウトソースする
□実行の前に調査する

ライト兄弟が、初期の飛行機の背後にある重要仮説をテストしたときのやり方は、「単純にする、安くする」というコミットメントが持つ力を表している。多くの飛行家志願者が、まず飛行機を構築して、それを実際に飛ばそうとするという大胆なやり方を採用していた。しかし、この戦略の背後にある仮説が間違っていれば、飛行機は墜落して飛行家は死んでしまう。ライト兄弟は異なるアプローチを採用した。まず、小型の模型を作成したのである。これは、まさに今日における風洞実験の先駆的存在だ。このアプローチによりライト兄弟は、人命と機体を犠牲にせずに、最も成功する可能性が高い選択肢を探すことができた。ライト兄弟のケーススタディを勉強したあるマネジャーは以下のようにまとめている。「よくわかった。人命を捨てる必要はないが、凧はもっと捨てる必要があるということだ」。

企業には自由に使える安価な選択肢が思ったよりも多く存在することが多い。以下のような可能性を検討してみるべきだろう。

□製品・サービスの立ち上げを特定地域に限定する
□社員にベータ版の製品を使用してもらう
□「予測市場」を使う（予測市場とは、戦略をあたかも株式のように扱い参加者が「株式」を売買することで予測精度を高める手法である）
□自分のアイデアを友人や家族に投げかけてみる
□顧客になったつもりで一日を経験してみる
□ウェブ上で公開されている情報を検索する

□ベンチャー・キャピタリスト、業界のエキスパート、起業家と対話する
□類似の取り組みを調査する

P&GのCEOであるA・G・ラフリーは、自社の破壊的イノベーションへの取り組みをベンチャー・キャピタリストのポートフォリオにたとえて、以下のように述べている。「破壊的イノベーションのポートフォリオをベンチャー・キャピタリストのように管理しなければならないと考えている。成功率が極めて低いからだ。低コストの大まかなプロトタイプをまずは顧客候補の前に用意して、必要な用事ができるかを確認することを目指している。これは反復型のプロセスだ。また、顧客が新製品や新サービスを試行できる、金銭を使った実際の購入環境にも素早く移行したいと考えている」。

先に紹介した二件の事例に戻り、主要な仮説をどのように検証したかをみていこう。ペアレンティング・マガジンの創業者であるウォラナーは、この雑誌の市場が存在しているという彼女の直感を裏づける方法を探していた。彼女は、およそ一五万ドルの資金を獲得し、この重要な仮説を検証するためにダイレクト・メールによる調査を行なった（今日では、同様の調査をウェブ上でわずかなコストで容易に実行できる）。最初の投資家は、この事業が五〇万ドルの価値があると見積もっていた。調査の結果はウォラナーの期待を上回っていた。明らかに消費者はこの雑誌に関心を示していた。この重要な仮説が検証されたことで、ウォラナーは計画を実現するための追加の投資元を探し始めた。独自の雑誌の発行を検討中であると噂されていたタイム（現在は、タイム・ワーナーの一部）と交渉すると、同社は事業に投資してくれた。そして、この事業は大成功となり、タイムにより最終的におよそ一〇〇〇万ドルで買収された。

前述の消費者向けヘルスケア製品メーカーのチームは一部の地域で「秘密の」製品立ち上げを行なうことを決定した。製品をオンラインで販売し、その市場における著名な医師と緊密に連携して初期の売り上げを推進し、消費者がその製品をどのように使うか、また、リピート購入につながるかを注意深く観察した。興味深いことに、チームは最も成功した二つの市場では地域の医師ではなく、製品のことをかぎつけた地域のオピニオン・リーダーが重要な役割を果たしていることを発見した。また、商品包装面でのイノベーション、および、この症状に苦しむ個人のオンライン・コミュニティへの参画が消費者への普及を推進する上で重要であることも発見した。チームは、知識構築作業の結果を検証し、次の重要な段階、すなわち、「調整と方向転換」に進むことができるようになった。

■ステップ3：調整と方向転換

「創発的戦略」をマスターするための最後の段階は、知識構築作業で得られた教訓を活用することである。戦略の方向転換を行なうのは心情的にはつらいものだ。ある方向性を目指して時間とエネルギーを費やしてきたマネジャーは、明らかな問題点の証拠があるにもかかわらず、その道に固執してしまいがちだ。成功のためには、謙虚さ（最善を尽くしたにもかかわらず最初のアプローチは間違っていたと認めること）と自信（失望させる結果が出ても途中であきらめないこと）をうまく混ぜ合わせることが必要だ。

この最後のステップが企業をつまずかせることが多い。新聞社が初期にウェブ事業に乗り出したときのことを回想したある新聞記者の以下の発言について考えてみよう。「当時の業務拡大のペースを考えてみれば、十分に速く失敗していたとも、失敗から十分に学べていたともいえなかった。単に実験を行なうことだけではなく、実験をやめることも必要だったのだ。本質的問題は、会社が実験から得た知識を活用しておらず、失敗であることが判明したプロジェクトを中止したり、問題はあるがまだ可能性が残されている戦略を方向転換したりするという調整作業を行なえなかったことだ」。

このステップに確実に従えるようにするためには、自身のアプローチを定期的なマイルストーンごとにシステム的に再評価することが必須だ。マイルストーンに到達するたびに、新たに発見した知識により何をしなければならなくなったかを注意深く検討する。ここでは四つの基本的選択肢がある。

□**掛け金増額**：明らかに致命傷となるような不確実性がなく、成功に結びつく戦略であることが明らかになっている。ゆえに、さらに速度を上げるべきだ。

□**検討継続**：すべての要素が前向きだが、依然として検証されていない仮説がある。ゆえに、実験を続ける必要がある。

□**方向転換**：調査により現在のアプローチは現実的でないことが示唆された。しかし、他のアプローチが現実的である可能性がある。ゆえに、アプローチを変更して再度実験を行なうべきだ。

□**棚上げ**：明確な将来性がない。ゆえに、条件が変わってこのアプローチが有望に思えるようになるまでは、他のプロジェクトを追求する。

パームはソニーなどの資力豊富な企業に最終的に打ち勝ち、ＰＤＡの市場を作り出した企業だ。しかし、パームの最初の戦略にも欠陥があったことを多くの人が忘れている。同社の最初の製品であるズーマーは雑誌の評価記事によれば「多くのことができるが、ほとんどのことが苦手」というものであった。※6 しかし、この製品が失敗した後でも、パームは勝利の可能性がある戦略を再度実行できるだけのキャッシュを有していた。同社は、ズーマーのユーザーと話し合い、なぜこの製品に失望したのかを尋ねた。消費者がコンピュータを代替するのではなく、補完する機器を求めていることを知った同社は、複雑で問題が多かった手書き認識の代わりに直感的で単純な入力方式を採用した簡便な機器であるパーム・パイロットを開発した。パーム・パイロットはユーザーのコンピュータとシームレスに同期し、整合性が取れたデータの保管機能を提供した。この戦略の方向転換は功を奏し、強力な成長事業が生まれた。

以下の四つの質問が、適切な道を選択するのに有効であろう。

□一　どの程度のリスクが残っているか
□二　次回のテストにはどの程度のコストがかかるか
□三　それらのテストからどの程度の知見が得られるか
□四　この機会の改善の可能性はどの程度か

残ったリスクを払拭できず、テストのコストが段階的に高額になり、得られる知見が段階的に少なくなり、これ以上の改善の可能性も見込めないときは、別のプロジェクトに向かうべきときだろう。重要な点は意思決定を迅速に行なうことだ。イノベーションの能力を構築しようとする企業が、数十ものアイデアを同時に進行させていることがある。最初に多くのアイデアから始めることは重要だが、成功の可能性が低いアイデアをキャンセルし、間違った方向に進んでいるアイデアを方向転換する勇気も必要だ。結論を出すのが遅すぎると、資源を不毛な努力に費やし、致命的な欠陥がある戦略の実行を継続する結果になってしまう。

一般的に、調査を継続したり、方向転換する場合には、先述のステップ1に戻るべきだ（あるいは、第五章で述べた手法により戦略を再構築することもあるかもしれない）。新しい仮説が見つかっていないかを確認しよう。そして、仮説リストの優先順位づけを再度実行し、実験を再開始する。成功に結びつく戦略に至るまでこのステップを繰り返す。最終地点に到達したことを表す兆候には以下のものがある。

□未知の事項数に対する既知の事項数の割合が増加した（多くのことを知り、仮説が少なくなった）
□重要な仮説とリスクに対応した
□有効なビジネスモデルが判明した

この変曲点を確実に発見する（あるいは、プロジェクトを中止するタイミングを知る）ためには、優れた直感と判断力が必要だ。真の変曲点を発見したなら、フォーカスのバランスを実験から実行へと向ける。正しい方向に向かっていることが明らかになったのならば、もはや実験を繰り返すべきではない。

過去二〇年間において、ゼネラル・モーターズはそれなりのトラブルを経験してきたが、同社において大成功した事業の一つとしてテレマティクス・サービスのオンスターがある。CEOのリック・ワゴナーは、オンスターの成功をもたらした鍵の一つは、積極的に方向転換を行なってきたことだと考えている。「戦略を元に新規事業を始めるが、四日後に戦略が変更されている。オンスターのプロジェクトはまさにそのように動いていた。（中略）このプロジェクトの進展をみるのは素晴らしい経験だった。そして、それは社内の他の事業における機会の見方も変えてしまった。一〇〇パーセント理解している必要はない。正しいと思えば先に進み、進みながら修正していけばよいのだ」。

■イノベーションの加速要素としての「創発的戦略」

業務プロセスについての専門家の多くが、イノベーション・プロセスの迅速化のために、同時進行するプロジェクトの数を減らすよう推奨している。しかし、直感に反するかもしれないが、この章で述べたアプローチに従う企業は、検討するプロジェクトの数を増やすことで、イノベーション・プロセスの全体的スピードを向上させることができる。

製品の市場投入の遅れは、多くの場合、開発サイクルの開始段階で起こる。典型的な段階レビュー型のプロセスでは実行するプロジェクトの数が厳しく制限されるため、最初のレビューにおける掛け金が極めて高くなる。つまり、マネジャーは、投資に見合う詳細なビジネスケースができるまで、新規プロジェクトの提案を遅らせることが多い。しかし、プロジェクトの実体はまだ存在していないので、ビジネスケース構築に投資できる資源は存在しない。結局、アイデアは宙ぶらりんの状態に置かれてしまう。

パターン認識に基づいた基本的な分析のみを行ない、不確実性を積極的に認め、最初の段階における掛け金を下げることで、上級役員ははるかに多くのプロジェクトを迅速に評価できるようになる。そして、早期の段階からより多くのアイデアに触れ、スタッフによるアイデアの提案を容易にすることができる。

自社のビジネスモデルの中核要素として、このような実験と調整の高速プロセスを使用している企業も実在する。グーグルはその例だ。グーグルがグーグルベース（無料三行広告サービス）やグーグルトーク（インスタント・メッセンジャーのソリューション）を実験的に市場に投入したことはよく知られている。もし、これからの新サービスに成功の可能性が見えれば、グーグルは投資を増加する。もし、問題があるようであれば、グーグルは直ちにプロジェクトを終了し、他の機会を追求する。

迅速な方向転換を得意とする他の業界の企業も、「創発的戦略」の力を活用して、魅力的な成功事業を生み出す確率を向上できる。

■「不足」がもたらす力：二つのケーススタディ

イノベーションにまつわる一見不思議な現象として起業家が大企業を打ち負かすことができるというものがある。もちろん、大企業には官僚主義という問題もある。しかし、大企業の成功を妨げる問題の種がその資源の豊富さという要素にあることも多い。追加投資が害をもたらすこともある。資金がありすぎるプロジェクト・チームは間違った方向に長期間突き進んでしまう可能性がある。一方、資源が不足しているチームは、斬新なアプローチを見つけるために努力せざるを得なくなる。

大手オンライン・チケット転売業者であるスタブハブの事例を見てみよう。ボストン・レッドソックス対ニューヨーク・ヤンキースの試合のチケットを試合直前に入手したいとする。チケットは確実に売り切れになっているだろうが、stubhub.comでチケットを購入できる可能性がある。ほとんどの場合、スタブハブのチケット価格は額面より高額だが、支払う意思があるのならば、最も人気のあるイベントのチケットを入手することも可能だ。

二〇〇六年の初頭時点では、主なイベントのチケットの最大三〇パーセントが転売であると推定されていた。サンフランシスコに拠点を置くスタブハブは、二〇〇五年にこの成長市場において二億ドル以上の収益を上げていた。二〇〇七年の一月にイーベイは同社を三億一〇〇〇万ドルで買収した。

創立者兼CEOであるジェフ・フルアは、スタンフォードの経営大学院在学中にスタブハブのアイデアを思いついた。ビジネスプランのコンテストに参加した後、同氏は事業を始めるために大学院を辞めた。しかし、二〇〇〇年代初期のドットコム・バブル崩壊の後では資金を集めることは困難であった。元々の戦略は、チケット取引システムを構築し、マイクロソフトによるMSNなどの他のポータルやプロバイダーに販売することであったが、このアプローチがうまくいかなかったことで、スタブハブは別の方法を試みた。二〇〇三年に、同社は、グーグルに広告を掲載し始め、購入者が同社のウェブサイトから直接チケットを購入できるようにした。この結果が良好だったことで同社は、この直販のアプローチがビジネスモデルとしてはるかに魅力的であると判断した。

この方向性の転換は同社の戦略に大きな影響を与えた。以前には同社はイーベイにチケットを出品していたが、今やイーベイと直接的に競合する立場になった。スタブハブは、イーベイのように売り手から手数料を徴収するのではなく、チケットの販売価格の一部を収益として得ることを選択した。売り手は固定価格方式、オークション方式、イベントが近づくにつれて自動的に価格低下する方式を選択することができる。スタブハブは売り手から販売価格の一五パーセントの手数料を、買い手からは一〇パーセントの手数料（および郵送料金）を徴収している。

もし、ジェフ・フルアが大企業に勤めていたなら、このプロセスがどう変わったかを考えてみよう。

大規模企業は最初の段階で多くの投資資金を有していることが多いため、マネジャーに対して、他のプロバイダーに販売するためのチケット取引ソフトウェアを構築するという一見魅力的な戦略を追求するよう指示するだろう。この戦略がうまくいかない兆候が明らかになっても、計画を中止することはせず、成功するまで忍耐強く待つだろう。結局、成長のためには長期的投資が必要だというロジックだ。そして、他のアプローチの実験を避け、他の道がより大きな成功につながるという兆候も無視してしまうだろう。

致命的に欠陥がある戦略を頑固に追求してしまうことで、他の起業家が、大企業のビジネスモデルの構造的欠陥を見抜き、別のアプローチで市場に参入することを許してしまう。おそらく、大企業は、起業家の参入を「小規模すぎて問題にならない」と無視するだろう。そして、遅まきながら自社のアプローチが間違っていたことを認識し、事業から撤退するか、大金を消費して方向転換を図るかあるいは、成功した起業家の会社を買収するかの選択を迫られることになるだろう。

このシナリオが好ましくないものに思えるのなら気をつけたほうがよい。既存企業はさらにやっかいなトラブルに陥ることも多いからだ。工場やオフィススペースなどの固定資産に多大な投資を行なってしまうことも多い。間違った戦略に従っている兆候が明らかになっても、固定資産への投資は消えるわけではないので、方向性を転換することが困難になってしまう。

プロディジー・コミュニケーションの例を考えてみよう。同社は小売り大手のシアーズとＩＢＭのジョイント・ベンチャーだ。同社は一〇億ドル以上を投資してオンライン・サービス業界のパイオニアとなった。この資金は、顧客が使用するであろうと同社が想定していたサービス、すなわちトランザクション処理と情報配布をサポートする基盤の構築のために使われた。

失敗に立ち向かう

多くの企業は、教訓を学び、方向性を変えてくれた要素として失敗を尊重するのではなく、失敗を隠そうとする。さらに悪いことには、失敗したプロジェクトの担当者を罰し、失敗したチームのマネジャーを降格したりする。この結果、潜在力のあるマネジャーも、失敗する可能性が高いと思われるプロジェクトに参加することを避けるようになる。その結果どうなるだろうか。企業は低リスクだが、大きな成長を達成することが不可能なアイデアを優先するようになってしまう。

イノベーターは失敗による教訓を受け入れる必要がある。もし、失敗が迅速かつ安価であれば、実際は、資源を適切に配分できたことで、企業に貢献できたことになる。

イノベーションの成功事例の多くが何らかの失敗から生まれている。一九九一年にファイザーのシルデナフィルという狭心症の治療薬はわずかな効果しか実現できなかった。開発に必要だった数百万ドルの資金は無駄になってしまったのだろうか。そうではなかった。シルデナフィルには予期しなかった副作用があることが明らかになり、七年後にファイザーは同薬をバイアグラとして市場に投入し、大成功を収めた。シルデナフィルの「失敗」が後に大きな成功をもたらしたのである。[※a]

適切な失敗を奨励する手法を開発しようとしている企業もある。製薬会社のメレクの事例を見てみよう。同社は、数千人の科学者を雇用し、消費者の健康に貢献する新薬の研究を行なっている。しかし、科学者たちが成功の可能性が極めて低いにもかかわらず、頑固に研究を進めてしまう場合があった。

このような根気が予期せぬ成功に結びつくこともあるが、多くの場合は、哲学者ジョージ・サンタヤナによる狂信者の定義「目的を忘れたときに努力を倍加する者」の実例になっている。

この課題に対応するために、二〇〇七年にメレクは失敗する取り組みを早期に検知した科学者に対してストックオプションで報償する制度を開始した。

メレクの研究開発部門の長であるピーター・キムはビジネスウィーク誌の取材に対して次のように述べている。「真実を変えることはできない。ただ、真実を知るまでの時間を延ばすことができるだけだ。もし優秀な科学者であれば、成功に結びつく取り組みに自分の時間と会社の資金を費やしたいと思うはずだ」[※b]。

もちろん、報償を与えるべきではない種類の失敗も存在する。馬鹿な間違いを行なったり、保証がないリスクを取ったりしたことで失敗した場合には、報償を与えるべきではないだろう。しかし、適切な種類の失敗には将来の成功の種が含まれている。

企業は、失敗を隠して、忘れてしまうのではなく、失敗の理由とその教訓を追求すべきだ。失敗を研究することで貴重な成長戦略へとつながる方向性とはどのようなものかが明らかになるだろう。

a. Jena McGregor, "How Failure Breeds Success," *BusinessWeek*, July 10, 2006.
b. Arlene Weintraub, "Is Merck's Medicine Working?" *BusinessWeek*, July 30, 2007.

しかし、一九九二年に同社は同社の二〇〇万人の顧客がシステムを主に電子メールのために使っていることを認識した。プロディジーのシステムは電子メールのために設計されていたわけではなかったので、同社は、月に三〇件以上の電子メールを送る契約者から追加料金を徴収し始めた。『イノベーションへの解』で書いたように、「電子メールを創発的戦略のヒントとして考えるのではなく、逆にそれをふるい落とそうとした。意図的モードにあった経営陣は、当初の戦略を遂行することだけを考えたのだ。アメリカ・オンライン（ＡＯＬ）は、運良くこの市場に遅れて参入した。つまり、オンライン・サービスに会員登録する目的が主に電子メールの利用にあることを、顧客が自覚するようになってからだ。メッセージングに合わせた技術基盤と、「ユー・ガット・メール（メールが届いたよ）」というメール着信音とが当たって、ＡＯＬははるかに大きな成功を収めた」。

スタブハブとプロディジーの教訓を一つの文でまとめることができる。すなわち、「不足が起業家の優位性である」ということだ。起業家が独創力を発揮するのは意図的ではなく、必要に迫られてであることが多い。起業家は、アプローチがうまくいくかを迅速に判断し、うまくいかない場合には成功のために方向性を変えざるを得ない。逆の見方をすれば、資力がありすぎるがゆえに、大企業が間違った方向に長い間突き進んでしまうことがあり得る。

■避けるべき落とし穴

この段階でうなずき「よしわかった。我が社でも、ベンチャー・キャピタル的なアプローチを採用しよう」と言い出すマネジャーもいるかもしれない。しかし、筆者の経験では、「投資を控えて多くを学ぶ」のルールに基づいていると考えている企業の多くが以下の三つのよくある罠のいずれかにはまっているようだ。

□一　致命的欠陥があるプロジェクトをキャンセルしようとしない
□二　時期尚早に過大な資金を投入し、プロジェクトが間違った方向に長期的に進んでしまう
□三　現在のアプローチが間違っていることを示す証拠があるにもかかわらず、戦略の調整を行なわない

これらの罠が生じる理由の一つは、多くの大企業に見られる失敗を恐れる感情である。枠内の「失敗に立ち向かう」で述べたように、いわゆる失敗から生まれた教訓こそを尊重しなければならないという点を企業は認識し始めている。

まとめると、不確実性が高い市場に対して資金をつぎ込んでいるのならばちょっと手を休めてみるべきだ。もちろん正しい方向に進んでいる場合もあるが、そうでない可能性も高い。すべてのチップを一つの番号に賭けてそれが当たればルーレットで大勝ちすることができる。しかし、そのようなやり方で生計を立てることはできない。

■まとめ

新規成長事業を成功裏に作り出すためのキーは「創発的戦略」をマスターすることにある。以下の

三つのステップにより、「創発的戦略」の力を最大限に活用できる。

□一　最も重要な仮説とリスク（影響度が高く、確信度が低いもの）を識別する

□二　重要な仮説が真であり、重要なリスクが回避可能であると判断するための知識構築作業を設計し、実行する

□三　戦略の調整と方向の再設定のために、知識構築作業の結果を活用する

独創性を発揮できるように資源を制限するのは、このプロセスを推進する上での重要なポイントの一つである。

■実地演習

□有名なマーケティングの失敗ケースを調査してみよう。そのケースでプロジェクト・チームが立てた仮説の中で最終的に間違っていたことが明らかになったものを評価してみよう。

□部門横断型のチームを集め、自分が考えている最もリスキーなアイデアを支える最重要の仮説を検証するための独創的で安価な実験方法について、ブレーンストーミングをしてみよう。

□自社内のプロジェクト・チームに、予算を半分にされ、市場期間投入までの期間も半分に短縮されたら何をするかを尋ねてみよう。

■ヒント

□最低五〇個の仮説を見つけるまで作業を続けよう。それができていない場合にはすべての前提条件を想定していないはずだ。

□「起業家だったら何をするだろうか」という質問を常に行なおう。課題をこのようにとらえることで、見えなかった解決策が明らかになる可能性がある。

□仮説に対する確信を得るために、あるいは仮説を検証するための独創的な方法を得るために他の業界での類似事例を探そう。

□成功だけではなく失敗も高く評価しよう。失敗は重要な教訓の源泉となり得るからである。

□資金が一万ドルしかなかったら、あるいは資金がまったくなかったら、どのように問題を解決するかを考えてみよう。

□意思決定において数字だけに頼ってはいけない。数字は機会の優先順位づけのための有効なインプットとなり得るが、直感や判断力も極めて重要である。

第八章　プロジェクト・チームの結成と管理

新たな成長事業の創出を目指すマネジャーにとって最大の課題の一つは、新たな成長を生み出すチームを結成し、管理していくことだ。ここで、リーダーは多くの重要な質問に答えなければならない。たとえば、以下のような質問だ。

□チームを「精鋭陣」で固めるべきか、それとも「未完の大器」で固めるべきか
□要員を社外から採用する必要があるか
□チームにはどのような部門を代表するメンバーが必要か
□チームは企業内の他組織とどのようにやり取りするべきか
□チーム・リーダーはメンバーとどのようにやり取りするべきか

□チームはどの程度の自立性を備えているべきか
□チームを誰の配下に置くべきか

チームの構成と管理の技は、最も複雑な技術上の問題よりもさらに不確実なものであるかのように見える。両者がどれほど違うかについて考えてみよう。シックス・シグマの原則によれば、企業は製造プロセスにおいて〇・〇〇〇三四パーセントのエラー率を許容すべきである。一方、ほとんどのマネジャーは、雇用の意思決定において四件に一件が間違いであったと認めるだろう。中核事業においては何の問題もなかったチームが破壊的イノベーションの取り組みに苦慮することがある。そして、破壊的イノベーションの可能性を目指していたチームが、気がつかないうちにゆっくりと破壊的イノベーションへの道からはずれていくこともある。要するに、卓越した既存企業にとっても、チームの構築と管理がイノベーションの可能性を現実化する上での重大な障害になっているのである。

本章では、上級役員が成功を目指すチームを結成し、大きな可能性を持つ市場機会を排除しようとする「企業内の抗体」を回避しながら、前進していくための指針を示す。

■課題1：成功のためのチームを結成する

『イノベーションへの解』の終章では「初期条件」の重要性について述べた。適切な初期条件でプロジェクト・チームを始めれば、チームにとって正しい答がすぐに明らかになる。しかし、誤った初期条件でチームを始めれば、正しい答が見えにくくなる。チームは堂々巡りを繰り返し、先に進むことが困難になる。

残念ながら、ほとんどの企業において、破壊的イノベーションのチームを構築し、適切な任務を与えるための標準的方法が存在しない。成功のためのチームを結成しようとする上級役員は、まず、チームの目標と自由度を記載した「憲章」を作成し、適切な「経験の学校」（後述）に通ったマネジャーによってチームを構成する必要がある。

目標と自由度の設定

新規成長事業を創出するという責務を負うチームには目標と自由度に関する指針が必要だ。放任しておくと、チームは自分ができないこともできるものと仮定し、企業にとって望ましくないリスクをいくつも背負うことになる。さらに問題なのは、チームが、自分ができることをできないと仮定してしまうことである。この罠にはまったチームは、中核事業に近い分野の常識的な成長戦略に落ち着いてしまう。目標と自由度の設定が明確でないと、チームは麻痺状態になるか、重要ではない課題の分析に多大な時間を費やしてしまう。

この問題に対応するために、チーム憲章を作成することを推奨したい。ここで、憲章とはチームを適切な方向性に導くための一ページ程度の簡単な文書のことを指す。

まず、憲章にはチームの目標を記載する。最終的な成長戦略がどのようになるかはわからないし、第七章で述べたように、最初の戦略がかなり間違っている可能性も高い。しかし、全体的な戦略目標については把握しておくべきである。たとえば、特定の隣接市場での成長を目指すことであるかもしれない。特定のテクノロジーの新しい活用法を見つけることであるかもしれない。どのような目標であるかにかかわらず、チームの戦略的意図を簡単な文章で表すことが有用だ。

その文章の後には、チームが絶対に検討可能な項目、検討を考慮できる項目、そして、検討の対象外である項目を記述すべきだ。ターゲット顧客、対象地域の範囲、流通チャネル、安定状態での収益と利益率、製品・サービスの種類、ブランド、戦術などについて、チームに指針を与えるために、第一章において検討した企業目標と境界条件に基づいて検討を行なう。これらの変数を最初の段階で明確にしておき、かつ新しい情報が入った段階で変更できるようにすることで、チームを適切な行動にフォーカスさせることができるようになる。

憲章の最後には、チームが今後数カ月間においてフォーカスすべき二件から四件程度の重要な仮説を詳細に記すべきである。これらの仮説を文書化し、九〇日後および一八〇日後のマイルストーンを規定することにより、チームが行動の優先順位づけを行なうことができるようになる。最も重要な点は、プロジェクトに関与する最上位の人物が憲章をレビューし、署名することで、チーム内の意思統一を図ることだ。憲章作りは一度きりの活動ではない。およそ六カ月ごとに、目標、自由度、重要な課題、マイルストーンについて再検討することが重要だ。

ツール８‐１に憲章作りの指針となる簡単なワークシートを示した。

成功のための要員選定

上級役員は、明確な憲章を作ることに加えて、チームに適切な要員を配属しなければならない。適切な要員選択を行なうことの課題は、大規模組織の誰もがよく知っているだろう。企業は、「最も優秀な精鋭陣」を集めようとすることがある。このような考え方は魅力的にみえる。これらの要員は関

チームの目標［チームの全体的目標を1つの文で表現する］

自由度：自社の業界における戦略の重要要素をすべて識別し、下の表の空欄を埋める。そして、要素ごとに、「望ましい」（検討が必要なもの）、「議論の余地あり」（検討対象とするもの）、「問題外」（検討の範囲外のもの）を記載する。

範囲	望ましい	議論の余地あり	問題外
ターゲット顧客			
流通チャネル			
安定状態の収益			
製品・サービスのタイプ			
ブランド			
収益源			
サプライヤーと パートナー			
戦術（例：企業買収）			
市場参入アプローチ （例：試験販売）			

重要仮説

1.

2.

3.

4.

90日後のマイルストーン

1.

2.

3.

180日後のマイルストーン

1.

2.

3.

チームリーダーの署名 ＿＿＿＿＿＿＿＿＿＿

上級役員スポンサーの署名 ＿＿＿＿＿＿＿＿＿＿

ツール8-1　チーム憲章作成ガイド

連する課題を解決してきた経験があり、チームを配属するマネジャーもこれらの要員と一緒に仕事をした経験があることが多い。しかし、このような精鋭陣は企業の根幹を支える中核事業においても重要な役割を果たしている。強力な代役が控えているかもしれないし、明確なプロセスに従って中核事業を継続することも可能かもしれないが、主要なマネジャーを失うことで中核事業にダメージを与える可能性もある。さらに、中核事業の運営を得意とするマネジャーの仕事や意思決定のパターンが、新しい環境ではうまく機能しない可能性もある。また、親会社から物理的あるいは財務的に分離された場合でも、マネジャーの思考形態は依然として中核事業の市場中心であることが多い。

代替案として「未完の大器」を集めることが考えられる。イノベーションにはものごとを今までとは異なるやり方で行なうことが必要になる。であるならば、今までとは異なる思考形態の要員を集めればよいというロジックだ。しかし、ただ変わり者を集めただけでは、成長を推進することは難しい。そのようなチームはアイデアを進めていくための規範を欠いていることが多い。また、社内の資源に影響を与えられるだけの信頼も欠いている可能性がある。

破壊的イノベーションを追求するときには、今後直面する可能性が高い課題と同じ種類の課題を体験した「経験の学校」の出身者であるチーム・メンバーを選択することが最適である（「経験の学校」を参照[※1]）。

「経験の学校」のモデルを使用するためには、以下の二つの単純な質問を行なってみればよい。

□一　どのような問題が予期されるか

□二　企業内外において、誰がこの問題に直面したか

経験の学校

「経験の学校」理論の学問的基礎は、モーガン・マッコール教授の著書『ハイ・フライヤー：次世代リーダーの育成法』で述べられている[※a]（なお同書では、「学校」を「スクール」と呼んでいる）。マッコール教授によれば、企業は中核事業での任務で成功した「万能型」と思われるマネジャーよりも、新規成長事業を発見し、育成するための適切な「経験の学校」で学んだマネジャーを探すべきである。

同教授は、新たな任務で成功するために必要な管理スキルと直感は、その人のキャリアにおける過去の任務での経験によって作られると主張している。ゆえに、事業部門は学校と考えることができ、マネジャーがそこで直面してきた課題はその学校の「カリキュラム」とみなすことができる。

したがってマネジャーのスキルは、そのマネジャーが学んだ複数の「経験の学校」において、どの「科目（コース）」を受講したか（つまり、どのような訓練を受け、どのような教訓を得たか）に大きく影響される。

a. Morgan McCall, *High Flyers: Developing the Next Generation of Leaders*, Boston: Harvard Business School Press, 1998（『ハイ・フライヤー：次世代リーダーの育成法』モーガン・マッコール著、プレジデント社、二〇〇二年）.

チームが直面する課題はチームに固有のものであることも多いが、マネジャーが破壊的イノベーションのための要員選択を行なう上で一般的に有効な「経験の学校」が存在する。このような「経験の学校」で学べる科目としては以下のものがある。

□**曖昧さに対応してきた**：破壊的イノベーションのプロジェクトに曖昧さはつきものだ。曖昧な状況で働いてきた経験を有するマネジャーは、破壊的イノベーションのプロジェクトにうまく対応できることが多い。曖昧さを徹底的に排除し、最小化しなければならない環境で働いてきた人物は破壊的イノベーションの環境には不適切なことがある。

□**パターン認識と判断力に基づいて確信的な意思決定を行なってきた**：破壊的イノベーションでは、直感、判断力、パターン認識能力が必要とされる。一方、中核事業におけるマネジャーの職務の多くでは、数字や固定的ルールに従って機械的に意思決定していくことが要求される。

□**製品やサービスの予想されていなかった顧客について実験し、市場機会を発見した**：市場機会の識別のために入念な計画と調査が求められる企業もある。中核事業の市場機会にフォーカスしたアプローチが破壊的イノベーションの機会を完全にとらえ損なうことがある。破壊的イノベーションを推進するマネジャーは、顧客のニーズを見つけるための斬新なアプローチを積極的に追求できなければならない。調査を部下や市場調査会社に一任するのでなく、自分自身で生のデータを扱った経験を有しているべきだ。

□**障害の克服や問題解決のために広範なネットワークを利用してきた**：指揮系統を厳守し、社外から回答を求めないなどの組織のルールに厳密に従うことが要求される企業もある。一方、破壊的イノベーションの課題の解決には、障害の克服のためにネットワークを作り、柔軟にルールを曲げ、社外に答を求める能力が必要とされる。

□十分な資源がない環境で業務運営してきた：経営資源が豊富な環境で仕事をしてきたマネジャーは、あらかじめ設定されたコースを忍耐強く進み、重要な未確認事項を注意深く分析することが許されてきた。一方、資源が制約された環境では、マネジャーは成功を見つけるために苦労しながら進んでいかなければならない。この「経験の学校」で学ぶには、資金不足のスタートアップ企業に勤務する以外の方法もある。たとえば、開発途上国で働いた経験があるマネジャーは、問題解決のための極めて独創的な方法を考えなければならなかったため、この「経験の学校」で学んだと言えるかもしれない。

□実行型であることを実証してきた：多くのマネジャーは、重要な意思決定を注意深く分析し、実際に行動に移す前に完全な意見の統一を図ろうとする。このアプローチは、中核事業に影響する重要な意思決定においては非常に有効だが、破壊的イノベーションのアイデアを阻害する可能性がある。最初の戦略はほとんどの場合間違っているものだという点を思い出してほしい。後で調整が必要になったとしてもとにかく先に進んできた経験をもつマネジャーを探すべきだ。

チームにおける重要な「経験の学校」のギャップを認識することは社内の要員配置の意思決定に有効だ。想定される課題に対応してきたマネジャーだからといって、著名なベンチャー企業のトップで活躍してきた可能性は高いとはいい難い。ほとんどの場合に、破壊的イノベーションの追求には、マネジャーが中核事業で経験してきた経験とは異なる経験が必要とされるためだ。実際、「経験の学校」の多くは、マネジャーがこれまでのキャリアで得た経験から構成される。また、分析の結果、社内のマネジャーよりも適任の外部者を招聘する必要性が明らかになることもある。INGダイレクトは、一九九七年にグローバルの大手金融サービス企業であるINGが立ち上げたオンライン銀行である。物理的店舗を持たないため、非常にオーバーヘッド・コストが低く、料金も低い（これは、リテール金融の世界では消費者にとっての利息が高いことを意味する）。この低コスト・モデルは大成功を収め、INGは新規市場に参入し、新たな顧客に対応することができるようになった。INGダイレクトのCEOであるアーカディ・クールマンは、破壊的イノベーションには今までとは違う思考が必要であると考え、以下のように述べている。「取り組みを開始するときは情熱を持った人々を集めるべきだ。そして、業界内のちょっと変わった人物を集めるべきだ」。社外の要員を適切に活用すれば新鮮な思考形態がもたらされ、チームが今までとは異なる方向性に変化できることもある。

ケーススタディ：パンデシック

『イノベーションへの解』の第七章では、適切な「経験の学校」を識別する必要性を示すケーススタディについて紹介した。そのケーススタディでは、一九九七年に巨大テクノロジー企業のインテルとSAPにより設立されたジョイント・ベンチャーであるパンデシックについて論じた。※2

パンデシックの使命は、SAPのERP（企業資源計画）パッケージの、よりシンプルで安価なバージョンを開発し、小中規模企業に販売することであった。パンデシックのアイデアの根本は非常に破壊的だった。過去においては、SAPは超大規模企業をターゲットにし、アクセンチュアなどの大手チャネル・パートナーを経由した販売を行なってきたからである。

インテルとSAPは両社の中核事業をうまく統率してきた最高レベルのマネジャー陣で、パンデシックのチームを結成した。八カ月で、パンデシックは従業員を一〇〇名にまで拡大し、欧州とアジアに営業拠点を設立した。

パンデシックのマネジャーは、同社の安価で実装が容易なERPパッケージを、SAPシステムを大規模企業に売っているチャネル・パートナー経由で販売することを決定した。そして、当初は小規模企業向けにインターネットで提供されるシンプルなERPソリューションとなることを意図していた製品は、完全に自動化された総合的なソリューションへと変化していった。

結果は予測ができるものだった。チャネルは、パンデシックの低価格製品の販売にあまり積極的にならなかった。SAPの従来型の大規模な製品ではサポートで大きな収益を上げられる一方で、パンデシックの製品では実装サポートが不要だったからである。

パンデシックは無惨な失敗に終わった。一億ドル以上を費やしたが、システムはほとんど売れず、二〇〇一年二月に事業から撤退した。

SAPとインテルが別の「経験の学校」で学んだマネジャーを採用していたらどうなっていただろうか。マネジャーたちは、パンデシックの製品をSAPの中核製品と同じチャネルで販売することが大きな誤りである点に気づいていたかもしれない。実際、もし、以前に学んだ「経験の学校」で同じような問題に直面していれば、この種の過ちは明白であっただろう。

パンデシックのリーダーたちは無能というわけではなかった。自身の「経験の学校」に基づいて最も意味があると思われることを実行したのである。新たな破壊的イノベーションの事業において適切な行動を取るための適切な「経験の学校」で学んでいなかったというだけのことだ。

■課題2：チームと企業間のインターフェースを管理する

上級役員が破壊的イノベーションにおいて重要な役割を果たすことはいうまでもない。たとえば数年前、大規模なハイテク企業で破壊的イノベーションによる成長事業を成功裏に立ち上げたエンジニアが、クレイトン・クリステンセンが主催する会議で講演したときのことである。そのエンジニアは、CEOがスタートアップ事業の立ち上げに深く関与し、チームと密接に連携して、重要な意思決定を行なってくれたと述べた。その後、聴衆の一人が質問してきた。「私は会社内で破壊的イノベーションのプロジェクトを立ち上げようとしています。しかし、CEOがプロジェクトの意味を本当に理解してくれているかわかりません。私はどうすべきでしょうか」。エンジニアは質問に答えた。「私なら会社を辞めます」。

この回答はいささか不真面目ではあるが、その意味するところは正しい。CEOの支援なしでは、この質問者のプロジェクトが長期的に成功できる可能性は極めて低いものになるだろう。チームが企業にとって理解できない企画を提案してしまう可能性があり、そうなれば、プロジェクトは手に負えない障害に突き当たり、最終的には失敗してしまうだろう。

チームを統率する上級役員は単に「意味がわかっている」だけはなく、以下の二つのインターフェースを注意深く管理していく必要がある。第一のインターフェースは上級役員とチーム間のものだ。ものごとを従来と異なったやり方で行なおうとする企業は、経営陣とプロジェクト・チーム間における今までのやり取りの仕方を大きく変革する必要がある。第二のインターフェースはチームと他の組織との間のものだ。特にチェックしていなければ、企業内の見えない力がプロジェクトの破壊的イノベーションのエネルギーをゆっくりと拡散させてしまう。破壊的イノベーションを推進する上級役員は、チームがこれらの「企業の抗体」の犠牲にならないよう注意する必要がある。

経営陣とチーム間のインターフェースを管理する

上級役員は、破壊的イノベーションの推進を担うチームを採用することで、対話の方法を変えなければならない。多くの企業において、イノベーションの管理に段階的レビューのプロセスを採用するにつれ、イノベーションを他人事ととらえる思考方法が顕著になってしまう。チームが上級役員に対してプレゼンテーションを行ない、上級役員は門番として働き、プロジェクトを先に進めるために門を開けるか、チームがより良い数字やさらなる証拠を持ってくるまで門を閉めてしまう。適切な戦略が不明であり、また知ることもできない場合（これは斬新な成長の取り組みではよくあるケースだ）には、上級役員は独裁者ではなく問題解決者にならなければならない。

世界有数のデザイン・ファームIDEOの創立者であるトム・ケリーは著書『イノベーションの達人！：発想する会社をつくる10の人材』において、天の邪鬼的な評論家がイノベーションを台無しにしてしまう可能性について述べている。[※3] 筆者もこれには同意する。上級役員は、難癖をつけることが自分の仕事であると思っているかもしれないが、それは正しくない。実際、難癖をつけたがる評論家は多数存在する。誰でも、真に斬新な成長戦略において一〇個の問題を指摘することができるだろう。しかし、これらの問題を解決するためには真の意味でのスキルが必要だ。評論家は多数存在するが、問題解決者はまれにしか存在しない。

P&Gの多くの上級役員と同様にカール・ロンは問題解決をいとわない人物だ。ロンは、同社の家庭用掃除用品部門の研究開発担当バイスプレジデントであったときにミスター・クリーン、ドーン、スイッファー、ファブリーズなどのブランドを統括していた。チームが段階的な製品ライン拡張を行なっていたときには、ロンはプロジェクトの進捗状況をあらかじめ設定されたマイルストーンごとに受け取っていた。しかし、P&Gが斬新な製品、たとえば、市場投入時点のスイッファーやミスター・クリーン・マジック・イレーザーなどを開発していたときには、ロンは違うやり方をした。あらかじめ同意していた結果をレビューするのではなく、事業部のマネジャーとともに研究所に行き、初期プロトタイプをレビューし、終日のブレーンストーミング・セッションに参加したのである。このように深く関与することで、上級役員は新製品をより適格に把握し、集合知をチームと共用することができるようになる。ロンは以下のように述べている。「これは、ミドル・マネジャーを排除した秘密プロジェクトではない。我々は投資を行なう前にチームを援助して、ビジネスについて学ぶために現場に来ているのだ」。

一般的に、斬新な成長戦略を統括する上級役員は、製品の開発と実装を行なう現場のマネジャーと頻繁にやり取りすべきである。四半期ごとの会議だけでは進捗が鈍化したり、チームが上級役員の支援なしに重要な意思決定を行なったりしてしまう結果になる。

成長の取り組みを支える上での上級役員の役割を理解するには、テレビを観るときとコンピュータを使うときの違いを考えてみるとよいだろう。通常、テレビを観るときは「後ろにもたれる」ことになり、コンピュータを使うときは「前に乗り出す」ことになる。中核事業における改善策をレビューするときは「後ろにもたれる」こともできるが、成長の取り組みにおいては、「前に乗り出し」、本気で取り組むことが必要になる。通常は他人任せにするような活動のために自分の時間を割り当てるのは、すでに多忙なマネジャーにとっては極めて困難なことに思えるかもしれない。多くの上級役員が筆者に「このような仕事をしている時間はない」と言ってくる。その場合、筆者は「企業の今後一〇年間にわたり企業の成功を推進する成長事業の創出以上に重要な仕事があるのですか」と質問することにしている。上級役員は極めて優れた知見と戦略的洞察力を有していたがために、現在の地位に就いているのだ。その知見を使うのに、新たな成長の追求以上に適した場所はないだろう。

もちろん、上級役員はすべてのプロジェクトに深く関与することはできない。もし、プロジェクトが既知の市場に関するものであれば、上級役員は従来と同じく門番として機能するのが適切だろう。また、上級役員は、チームが前進できるほどに情報を得たタイミングを判断する意思決定者としての役割を担うべきである。しかし、経営陣もチームも答を知らないのであれば、上級役員は他人任せの思考形態を打ち破り、自身の戦略的思考のスキルを活用して、チームの問題解決を援助しなければならない。

上級役員とプロジェクト・チームのやり取りの方法を変革しようとする企業が興味深い発見を行なうことがある。そのようなケースが、ある大手ヘルスケア企業の成長審議会のキックオフ・ミーティングで見られた。同社は、強力な差別化を提供する新たな成長戦略を推進するために審議会を設立していた。

審議会がどのように機能すべきかを議論していたとき、製品マネジャーがCEOに言った。「これらの戦略の不確実性を考えると、通常の会議で使うような分厚いパワーポイント資料は作らない予定です」。CEOは答えた。「それのどこが問題なのかね。私はどちらにしろパワーポイント資料は読まない。実のところ、私が資料を気にすると思っていたので作っていたのだろう。最初に聞いておくべきだったな」。

その後の数カ月間に、この企業は極めて複雑な市場機会に関する生産的議論を行なうための仕組み作りを始めた。そこでは、致命傷となるような課題とイノベーション関連の構造計画の枠組みだけを示した極めて短いパワーポイント資料が使われていた。

チームへの助言

以下のアプローチにより、チームとその管理者の間の対話の変革を始めることができる。

□チームが未知の事項を注意深く検討していることを示すために、経営陣に仮説を立てるセッションに参画してもらう

□顧客の視点で状況を経験するために、経営陣にフォーカス・グループを見てもらったり、顧客を観察してもらったりする

□経営陣をアイデア作りやブレーンストーミングのセッションに参加させ、新たなソリューションに対する当事者意識を持ってもらうようにする

□経営陣が、進捗状況や課題をリアルタイムで把握することができるように、短い電子メールで定期的に更新情報を配信する

□経営陣との議論では、戦略の議論が後回しにされてしまわないように、使用するパワーポイントの

スライド数を意図的に制限する。

別のアプローチとして、成功の阻害要素の克服を援助してくれる支援者を探すことがある。たとえば、あるフォーチュン100の複合大企業のプロジェクト・チームは、事業部と社外のテクノロジー・サプライヤーとの間の緊密な連携を必要とする画期的なイノベーションを推進していた。チームは理想的な支援者が以下の特性を持つ人物であると定義した。

□多様な事業部において影響力を持つ
□企業の経営陣と効果的に交渉できる
□一般に新たな製品やイノベーションについて（そして、特に対象となるプログラムに関して）先見の明があり情熱的である
□起業家精神をもち、リスクをいとわず、今まで異なるやり方でものごとを進めようとする
□技術的課題だけではなくビジネス上の課題も理解でき、新規テクノロジーの扱いに慣れている
□社外パートナーと協業した経験がある
□一カ月に少なくとも一日から二日（総時間の五パーセントから一〇パーセント）、このプロジェクトに専念できる
□政治力があり、それを活用できる

チームは十数名の候補者を評価し、直面する課題克服に貢献する組織支援者を見つけることができ

た。

チームと他組織間のインターフェースを管理する

企業が中核事業と異なる事業を成功裏に作り出すためには、十分な組織上の自立性が必要であるというのは歴史が証明するところだ。よく引用される例の一つが小売業界である。ほとんどすべての総合スーパーがディスカウント・スーパーへの移行に失敗している。例外の一つは、ミネアポリスを拠点とするデイトン・ハドソンだ。同社はターゲットという独立した子会社を設立し、大きな成功を収めた。今日では、この子会社はよく知られているが、親会社のことは知られていない。他の業界においても、たとえば、ヒューレット・パッカードやＩＢＭが破壊的イノベーションに基づく事業を作り出すために同様のアプローチを採用した。

もちろん、どんなマネジャーも、単に独立したベンチャー企業を作ればよいというものではないことを知っている。実際、破壊的イノベーションの最近の成功事例には、アップルのアイポッドやＰ＆Ｇのスイッファーのように、市場リーダーである既存企業の主流組織から生じてきたものもある。

一般的に、企業の中核事業からあまりに遠い領域でベンチャー子会社を作ると、子会社に長期的な成功のための重要な能力が提供されなくなるリスクがある。さらに、チームを物理的に別の場所に置くだけでは十分でないことが多い。分離しているかのようにみえるベンチャー子会社でも、次第に中核事業との類似性を強めていき、結果的に破壊的イノベーションの可能性を台無しにしてしまうことがある。

ゆえに、多くの企業は微妙なバランスを取っている。破壊的イノベーションのプロジェクトに多大な自立性を与える一方で、プロジェクト・チームに社内の中核事業とのやり取りを行なわせている。場合によっては中核事業の内部に「最終着地」することが期待されることもある。以下では、そのようなバランスを求める企業が軋轢のポイントを見つけて解決するための方法について論じる。

軋轢のポイントを発見する

成功する組織は、成功するために必要なことを適切に行なえるように組織されているのであって、成功するために必要でないことを行なえるように組織されているわけではない。この文章をもう一度読んでほしい。意図的に循環型の論理を使ったが、これは組織の能力の二面性を表すためだ。組織があることをできるようにする能力そのものが、別のことを行なうときの阻害要素になるということだ。このポイントを理解して破壊的イノベーションで攻撃をしかける新規参入企業は、市場リーダーである既存企業の弱みにつけ込んで勝利する。

大きな可能性がある新規事業を突然の死に追いやることを望むマネジャーはいない。しかし、大企業が自社ではできないことをやろうとしたときには失敗はすぐに起こり得る。要するに、企業が新規ベンチャー事業を重視するあまり多くのものを与えすぎて、実際には成功を妨げてしまうことがあり得るのだ。

このため、新規ベンチャーのための組織構造を作る最初のステップは、プロジェクト・チームとして、企業が何をできて何をできないのかをまとめた「能力のバランスシート」を作成することだ。『イノベーションへの解』と『明日は誰のものか』で紹介した、シンプルな資源、プロセス、優先順位のフレームワークは、能力のバランスシートを作るための迅速で有効な方法である。※4 そのモデルでは、企業の能力には以下の三つの要素がある。

- □一　**資源**：企業が使用できる具体的資産
- □二　**プロセス**：企業の活動を制御するやり取りや調停のパターン
- □三　**優先順位**：企業が複数の戦略から選択するときに明示的にあるいは暗黙的に使用する意思決定のルール（過去の著作では「優先順位」ではなく、「価値基準」と呼んでいた）

通常、資源はこの三つの要素の中では最も柔軟性が高い。人的資源は雇用することもできるし、解雇することもできる。物的資源は売買できるし、貸し借りもできる。この本質的柔軟性により、資源は組織の能力を決定する上では重要な要素ではない。にもかかわらず、資金、特許、要員、流通チャネルなどの資源をリストにしておくことは重要だ。

プロセスは本質的に柔軟性がないものだ。プロセスは特定のものごとを実行するため、特に、効率的に実行するために設計されているからだ。典型的なプロセスには、製造、流通、製品開発、要員配置、雇用、研修、予算計画、市場調査などがある。各プロセスについて、そのインプット、その内容、潜在的アウトプットを評価することが有用だ。プロセスが特に得意とする作業、さらに、本質的に苦手とする作業を明確にすべきだ。

能力の最後のカテゴリーは優先順位である。自社の優先順位を評価するためには、以下のような質問をしてみるとよい。

□粗利益はどの程度か。純利益はどの程度か。適切な投資効果はどの程度か
□機会はどの程度大規模でなければならないか
□企業の中心的目標は何であると考えているか。たとえば、ある消費者向けヘルスケア商品企業は、科学的根拠がない製品（この企業では「スネークオイル（いんちき薬）」と呼んでいる）は絶対に検討しない
□顧客は我々に何をしてほしいと思っているのか。何をすれば顧客は離れていくか

複数のカテゴリーに関連する企業資産もある。たとえば、ブランドは企業が売買したり、ライセンスしたりできる資産であるが、あまり柔軟な資源とはいえない。企業の優先順位づけによりブランドの使用法が限定されてしまうこともあるからだ。また、要員の個人個人は柔軟であるが、チーム全体による組織的な学習は複製することが難しい。

能力バランスシートを埋めているときには、複式簿記の原則を心に留めておく必要がある。つまり、プラス面とマイナス面の両方を記載するということだ。自社の資産と課題を成功のために必要な要素と比較する必要がある。能力のギャップ、つまり必要な能力を欠いている部分、あるいは既存の能力が成功の足かせになってしまうような部分に注目する必要がある。これらが注意深く関与しなければならないインターフェースである。破壊的イノベーションの戦略の方向性を誤らせるリスクをはらむ領域だからだ。

能力バランスシートの例：無料新聞

過去十年間において、多くの企業が無料の日刊新聞を提供している。この分野のパイオニアは、一

九九五年にストックホルムの地下鉄で最初の無料新聞を提供したスウェーデンの企業、メトロ・インターナショナルである。同社のタブロイドサイズの新聞は、その日の主要な出来事を記した簡潔な記事から構成されていた。記事の多くは、通信社のアソシエーテッド・プレス（AP）やロイターから提供されていた。また、通常の新聞では見られないような気軽な内容の記事もあった。メトロは新聞を中央の場所で無料配布した。それ以来、多くの北米企業が自社の無料新聞事業を立ち上げてきた。たとえば、シカゴにおけるトリビューンのレッド・アイ、ワシントンDCにおけるワシントン・ポストのエクスプレスなどがある。

架空の新聞社が無料の日刊紙を立ち上げようと検討しているとしたら、どのような能力バランスシートが作られるだろうか。

新聞社であれば、この機会に適合できるそれなりの資産を所有している。たとえば、確立した流通メカニズム、優秀なジャーナリスト、広告営業担当者などだ。本書執筆の時点で、新聞の中核ビジネスは攻撃を受けているが、ほとんどの新聞社は新規機会に投資できるだけの十分なキャッシュ・フローを生み出している。

典型的な新聞社におけるプロセスのほとんどは無料日刊紙の作成を支援できる。たとえば、編集プロセスが確立しているため、ニッチな出版物の制作も可能だ。

しかし、二つのプロセスには注意が必要だ。第一は、広告営業のプロセスである。無料の新聞を発行する理由の一つは、新聞を定期購読していない若い読者にリーチすることにある。従来は新聞の広告主にはならなかったような、バーやレストランなどがこの消費者グループにリーチすることに大きな関心を示すかもしれない。広告を販売するために、従来、新聞社は既存の顧客への訪問に応じて、営業担当者の給与を決めてきた。しかし、このプロセスは新規事業機会の特性には合わないだろう。

第二に、ほとんどの新聞社における編集プロセスは高品質の独自コンテンツを作成することにポイントがある。あらゆる新聞社が通信社の情報を使ってはいるが、通常は、関連性のない短い記事を組み合わせるようなことはしない。

最後に、新聞社が無料新聞に高い優先順位を与えるかという点がある。ほとんどの新聞社は購読料から収益の三〇パーセントを得ている。メトロは、記事内容と流通への投資を削減することで、別の利益獲得方式を作り出し、購読料という収益源なしでも利益を上げられる。既存の営業担当者は、新しい広告主が小規模すぎて重要ではないと考えるかもしれない。最後の点として、ジャーナリストが「低級」の出版物で働くことを快しとしない可能性もある。結局、通常の新聞社が無料日刊紙を最優先事項とみなすことはないように思える。

この簡単な分析により以下のことが明らかになる。この架空の新聞社がインターフェースに関する課題を最小化する戦略なしに、中核事業の中で無料日刊紙の事業を立ち上げることは困難である。無料日刊紙の事業を成功裏に立ち上げることができた既存の新聞社のほとんどは、これらの課題に対応するため新規事業に大幅な自立性を与えている。

軋轢を管理する

潜在的な軋轢が発見されたならば、上級役員はチームに中核事業の資源を最大限に利用させながら軋轢を最小化するための組織的インターフェースの管理方法を考案しなければならない。

当然ながら、このような軋轢が発生しない別個の組織を作ることが選択肢の一つである。しかし、このアプローチに満足できる企業は少ない。中核事業の資産と組織的学習の能力を制限してしまうからである。[※5]完全な自立性を与えるまでに至らない企業は、「イノベーションのジレンマ」の根幹要素を避けるための方法を決める必要がある。つまり、中間管理職による段階的改良の意思決定により、より大きな成長の可能性があるにもかかわらず、従来やってきたのと同じ方向性に戦略を方向づけてしまうことを避けなければならない。

ダートマス大学アモス・タック・スクールのビジェイ・ゴビンダラジャン教授はこの課題を明確化するための有効な方法を提唱している。同教授は、いかなる新規成長のベンチャー事業においても重要な点として、中核事業から必要に応じて資源を借り、成功を妨げるような古い慣習については無視することを挙げている。[※6]

大規模で安定した企業であれば、できるだけ中核事業から資源を借りたいという欲求は非常に大きいだろう。なにしろ、ほとんど無料に思える資源にアクセスできることで、社外の起業家と比較して圧倒的に有利な援助が得られるのだ。しかし、これらの資産に伴う隠れたコストについて注意深く考慮する必要がある。ゴビンダラジャン教授は、何を借りて何を借りないかを決定する上で有効な以下の助言を挙げている。

□不可欠な競合優位性を得られる場合のみに借りる
□段階的なコスト削減を借りることの正当化の理由として使ってはならない
□中核ビジネスと新規組織の連携を早期に確立する
□利害の衝突（市場の食い合いのリスク）を避ける

企業がこのやり方に従い、適切な要素だけを注意深く借りている場合でも、上級役員は忘れるべきことを忘れることが重要だ。つまり、古い慣習に従ってしまわないように注意する必要がある。

軋轢を管理する：三つのケーススタディ

以下に、大企業内において破壊的イノベーションを推進する上でつきものの軋轢を積極的に管理してきた三社の事例を示す。[※7]

最初の事例は、カスタマイズされた商品を市場に迅速に投入するために、多様なサプライヤーと協業する新しいアプローチを追求していた企業のものである。この戦略は、少数の大手サプライヤーとの取引を行なっている同社の中核事業とは大きく異なっていた。

同社の中核事業では、高い品質標準にサプライヤーが適応できるかを検証するために、厳密（かつ長期的）なプロセスが構築されていた。この長期的プロセスは、同社が何年もの間、取引をすることになる中核的サプライヤーを選択する場合には極めて有効だった。しかし、組み合わせ型の迅速なカスタマイズを要求される新しい市場では、このプロセスは機能しないと考えられた。従来型のプロセスを使ってサプライヤーが承認された時点では、市場の好機はもう過ぎていることが予測されるからである。

この問題を認識した上級役員は、チームに「プロセス・ファストパス」カードを与えた。これは、ディズニーが人気のある乗り物の長い列の先に入れるようにするためのプログラムを提供しているのを模したものだ。検討対象のサプライヤーを使うことで同社が問題に巻き込まれることがないという根拠をチームが示せれば、標準的な承認プロセスをバイパスできるのである。運良く、検討対象となったサプライヤーのほとんどは業界の他のプレーヤーと協業しており、テストをパスするのは極めて容易であった。

携帯電話業界の巨大企業であるモトローラは同様の原則を用いて、超薄型携帯電話のＲＡＺＲ（レイザー）の事業を成功させた。モトローラの経営陣は、業界の動向に敢えて反することで市場機会が得られると考えた。当時の競合他社は、より多くの機能を電話機に詰め込むことで競合していたが、モトローラは機能を限定的にし、市場で最も薄型の携帯電話機を作り出すことにフォーカスした。

通常、モトローラが新しい電話機を計画するときは、主要地域（欧州、アジアなど）の代表者が会議に参画し、どのような機能を含めるかを議論する。そして、各地域で何台の販売ができるかを予測する。地域の販売予測を合計することで、モトローラは電話機の市場投入の投資を行なうかどうかを決定することができる。

これは複雑なプロセスになる。もし、特定地域が重要と考える機能を開発部隊が無視すれば、その地域における販売予測台数は少なくなる。販売予測台数が少なくなると、プロジェクトに投資が行なわれる確率が低くなる。開発部隊は各地域を満足させられなければ自分のプロジェクトが無に帰すことを知っている。このプロセスにより、各地域の市場から得た重要なフィードバックが製品に反映されていることが保証されるが、その一方で、開発部隊が誰にとっても妥当レベルではあるが、画期的とはいえない妥協案の製品を作り出してしまう可能性がある。

幸運なことに、モトローラの経営陣は、もしこの超大型のイノベーションを市場に投入したいのであれば、ＲＡＺＲのチームを他と隔離しなければいけないということを正しく認識していた。上級役員は、このプロジェクトとチームに対して「上空援護」を提供した。他のプロジェクトで要求されるような厳密な財務的予測は必要とされなかった。そもそも、このプロジェクトは携帯電話事業の事業計画にも含まれていなかったのである。経営陣は、この製品がモトローラの他の製品とあまりに大きく異なっているため、従来のプロセスから隔離することが必要であると判断した。ＲＡＺＲの開発プロジェクト管理を担当したロジャー・ジリコーは「これは、標準的なプロセスを適用しては絶対にいけないタイプのプロジェクトだった」と述懐している。

このプロジェクトを通常のプロセスの対象外としたことで、上級役員はチームに斬新な製品を開発させ、顧客を満足させ、競合他社を不意打ちすることに成功した。ＲＡＺＲの販売は、ライフサイクル全体にわたる予測販売数を最初の三カ月で超えてしまった。

二〇〇七年後期に、モトローラの当時のＣＥＯであったエド・ザンダーは、ＲＡＺＲがヒット商品として成功できた理由について回顧している。「このプロジェクトは秘密プロジェクトとして、顧客や通信事業者からのインプットなしに、三〇人の従業員で実行されてきた。不確実な要素はあったが賭けだと思い、二〇〇四年七月に製品として発表した。当初の売り上げ予測は六〇万台程度だったが、結局は一億台を売り上げた」。

ＲＡＺＲの製品ラインは疑いのない成功だった。しかし、モトローラが同様に成功する製品を継続的に市場に投入できなかったことが、二〇〇七年に同社の携帯電話事業が苦境に陥った理由の一つになっている。次章でも述べるとおり、イノベーションをマスターするためには一発のヒットだけでは不十分だ。イノベーションと成長をシステマティックにするための能力を育成することが必要になる。

企業が社内の軋轢に対応できた三番目の例として、二〇〇三年にシスコ・システムズがリンクシスを買収したケースがある。シスコは、リンクシスの破壊的ビジネスモデルにアクセスするために五億ドルを支払った。シスコはハイエンドの機器を企業向けに販売しており、リンクシスは簡便なソリューションを個人向けに販売していた。シスコは研究開発と営業部隊に多大な投資を行なっていた。リンクシスは研究開発をほとんど行なっておらず、小売りチャネルを使った販売を行なっていた。シスコの粗利益率は七〇パーセントであり、リンクシスの粗利益率は四〇パーセントであった。

リンクシスを買収した後、シニアバイスプレジデントのチャーリー・ジアンカルロは、自分の配下になるこの新しい資産をどのように扱うかを決定しなければならなかった。賢明にも、同氏はリンクシスをシスコの中核事業に緊密に統合することが最悪の戦略であることを認識していた。統合によって、シスコの買収の目的であったリンクシスの組織能力そのものが台無しになってしまう可能性があるからである。そこで、同氏は、シスコの中核組織と新規事業部のインターフェースとして機能する「食い止め役」のチームを任命した。このチームによりリンクシスは、破壊的イノベーション推進の障害となるシステムや組織構造に影響されずに、中核事業から適切な資源の提供を受け、拡張していくことができるようになった。たとえば、シスコは、リンクシスがシスコの厳格な戦略計画プロセスに従わなくてもよいようにした。そうしなければ、リンクシスがシスコの伝統的な意思決定ルールに固執する結果になりかねないと考えたからである。

破壊的イノベーションとしての企業買収を成功させた企業は同様の方策を取っていることが多い。たとえば、ベストバイがギークスクワッドを買収したときには（第五章を参照）、同社は、ギークスクワッドの企業文化を注意深く保護した。ベストバイのCEOであるブラッド・アンダーソンは以下のように述べている。「最初の時点から、我々は、ギークスクワッドがベストバイを買収したかのように考えていた。逆ではない。変革を求められていた企業はベストバイのほうだったからである」。

本章で述べてきた企業は、破壊的イノベーションを台無しにしかねない「企業の抗体」からチームを適切に隔離することで成功できた。より一般的にいえば、以下の手法により、企業は、破壊的イノベーションのチームが必然的に直面する軋轢を避けられるようにできる。

□障害を突破し、相違点を調停し、重要な「上空援護」を提供してくれ、必要なときには中核事業への橋渡しとして機能してくれる上級役員を支援者として任命する
□異なる成功指標を使用する
□指揮系統の単純化、そして、重要資源と意思決定への統制権の付与によりチームに大幅な自立性を与える
□軋轢を生じさせる可能性が高いプロセスを避けられるように、チームに「ファストパス」などの回避策を提供する
□チームが社外に人的資源を求めることを許可する。社内の人的資源しか活用できないチームは、社内のルールに従わざるを得なくなるからである
□複数分野の管理能力と自立的な意思決定能力を備えた実力と人脈を備えたリーダーを任命する

これらの特性の多くは、組織に関する学術書が「重量級チーム」と呼ぶ組織に類似している。[※8]この

種のチームは、企業が確立した行動パターンを破り、大きな差別化を提供するソリューションを迅速に構築する助けになる。さらに重要な点は、通常、重量級チームは専任のチーム・メンバーから構成されているべきであるという点だ。チーム・メンバーは、事業部門の代表ではなく、チームの代表として機能する。チームは、標準的な業務手続きに従うのではなく、手続きを破り、再定義する。事業部門間の相互依存性が高く、また、チームが中核事業にとって当たり前ではないようなアプローチを追求する可能性が高い場合には、このアプローチが特に有効である。

チームの着地点を選択する

最後に、企業は、新規ベンチャー事業が最終的にどこに「着地」するかを考慮しなければならない。着地点が明らかな場合もある。チームが極めて破壊的なイノベーション戦略を推進しており、企業の中核機能と適合する要素がない場合には、独立した事業体としてイノベーションを継続することが成功への唯一の道だ。着地点の選択がより微妙なこともある。プロジェクトが市場に破壊的な影響をもたらしつつ、既存の事業部や製品グループのプロセスや優先順位とうまく合致できる場合などだ。また、既存製品を置き換える新製品ファミリーの基盤となる場合もあるだろう。

最終的な着地点にチームを直ちに運び込むことは必要ではないが、早めに計画を行なっておくことが有効だろう。たとえば、着地点となる可能性が最も高い事業を担当する上級役員にプロジェクトの支援者としての職務を与えておくなどだ。また、最終的な着地点に合わせて製品やサービスを、既存のものとより親和性が高いものにできないかを評価しておくこともできる。

■まとめ

破壊的イノベーションによる成長を追求する上級役員にとって、プロジェクト・チームの管理は最も困難な課題の一つだ。本章では、企業が二つの課題を克服していく方法について示した。第一の課題は成功のためのチームを結成することであり、第二の課題はチームと企業間のインターフェースを管理することである。

□第一の課題を克服するためには、企業は以下のことを行なうべきである。

▼チームの目的、自由度、仮説、マイルストーンを規定したチーム憲章を作成する

▼予測される課題の克服のために、適切な「経験の学校」で学んだマネジャーの中から要員を選択する

□第二の課題を克服するためには、企業は以下のことを行なうべきである。

▼上級役員が「前に乗り出し」、「問題指向型」の姿勢を取ることで、プロジェクト・チームとのやり取りの仕方を変更する

▼新規事業に向けた取り組みに適していない企業活動から、積極的にチームを保護する

■実地演習

□自分自身のキャリアを振り返ってみよう。最近通った「経験の学校」についてまとめてみよう。破

壊的イノベーションのプロジェクトで活動する能力を増すためにはどのような経験を積むことが必要だろうか。

□市場の破壊的変化の波に乗ることに失敗した既存企業の能力バランスシートを作成してみよう。成功を阻害したその企業の欠点を探してみよう。

□社内のチームが抵抗勢力に打ち勝った独創的な方法について同僚と議論してみよう。

■ヒント

□誰かが「ひとこと言わせてもらってよいか」と言ったら、以下のように言って形勢を逆転しよう。「これが問題なことは私もわかっている。わからないのはその答だ。何か提案があるかい」。

□社内人材に対して部分的な資源の割り当てを要求する成長戦略（特に、その人にとって直接的に意味がないことを行なわせるもの）には注意しよう。このような場合には、社内人材をチームとしてまとめるか、標準的な業務手続きに従わなくてもよい自立性を確保する必要がある。

□実験を必要とする新規事業向けに、業務運営に実績のある担当者を採用することは避けよう。中核事業の運営や持続的イノベーションの実現を得意とするマネジャーが、新規事業構築においては最悪の選択肢になることもある。

第四部
組織能力の構築

イノベーションによる成長の創出を目指す企業にとっては、成功事例が一件あるというだけでは十分ではない。イノベーションを制度の一部とし、成長の追求を反復可能で日常的な活動にできなければならない。第四部では、企業による革新的成長事業の推進を助けるための社内の組織体制とプロセスを構築し、社外とのやり取りを実現する方法を述べる。第九章では、継続的な新規成長の取り組みを実現するための組織体制とプロセスについて述べる。そして、第十章では、イノベーションの評価指標について述べる。

「従来の中核事業を再発明し、破壊するために、専任要員による完全に独立したグループを設立しようと努力してきた」

——ニック・バレリアニ、プレジデント、戦略・成長企画室、ジョンソン・エンド・ジョンソン

第九章　イノベーションのための組織構造

　新規成長ビジネスを成功裏に実現できた既存企業のケーススタディでは一つの成功事例だけについて述べられていることが多い。もちろん、一度でも成功できた企業、そして数回の成功を成し遂げた企業は十分な賞賛に値する。後者の例としては、直販の保険サービスで急成長したＩＮＧ、超薄型携帯電話であるＲＡＺＲ（レイザー）で市場を席巻したモトローラ、そしてスイッファー、ファブリーズ、クレスト・ホワイトストリップスなどの製品によってまったく新しい市場カテゴリーを創出したＰ＆Ｇなどがある。成功事例を実現したマネジャーは、市場の主流既存プレーヤーにとってイノベーションの阻害要因と戦うことがいかに困難であるかを知っている。

　しかし、イノベーションに関する厳しい現実は、競争は決して終わらないということだ。新規市場を作れば他の企業が参戦してくる。一つの脅威をかわすことができても、すぐに別の攻撃者が機会を求めて登場してくる。

すなわち、真の成功のためには一度限りの勝利では十分ではない。競合他社による破壊的イノベーションの脅威を繰り返し無力化し、新たな機会を追求するための能力を身につけることが必要になる。この目標を達成するために、企業は、個別の勝利を活用して、成長ビジネスを毎年成功させていくための能力を最大化する組織を作る必要がある。

この章では、企業がイノベーション課題に対応できるようにするための組織を構築し、その組織を適切なシステムと思考形態で補強するための方法について述べる。

■イノベーションに貢献する組織体制の実現

「イノベーションのための組織作り」は容易な作業ではない。アイデアを追求するために、一つのチームに十分な資源と自立性を提供するだけでは十分でない。入念に構成されたチームが、多様な成長機会を確実に検証し、優先順位づけし、推進していけるような環境を構築することが必要だ。

また、「イノベーションのための組織作り」は「研究開発のための組織作り」とは異なる点も重要だ。イノベーションは単なる研究開発ではない。イノベーションの推進チームは、新しいビジネスモデル、独創的な財務アプローチ、ユニークなパートナーシップ戦略、そして当然ながら、新しいテクノロジーを考慮しなければならない。

イノベーションのための組織作りには多くの方法がある。最先端の事例の一つとして、P&Gのフューチャーワークス事業部がある。これは、同社の新たな成長の基盤の識別・推進・育成に専念するための独立したチームである。もう一つの事例として、農薬業界の巨大企業であるシンジェンタのラーニング・アンド・デベロップメント・ユニットがある。この小規模組織の目標は、同社の経営陣やマネジャーのイノベーションやリーダーシップに関する資質を育成することである。当然ながら、大企業では複数のイノベーション組織が並行的に稼働している。

イノベーションのための組織作りに万能の方法は存在しない。企業は自社が直面するイノベーションの課題に対応して適切な組織体制を構築する必要がある。

一般に、このような組織体制は以下に示す戦略目標を達成する。

□一　認知度を広め、スキルを構築することで、イノベーションを活性化する
□二　イノベーションの取り組みを支援し、成功の妨げとなる障害を取り除くことで、イノベーションを指導する
□三　アイデアを現実化するための資源と環境を提供することでイノベーションを先導する
□四　提携関係の構築、企業買収、社外イノベーションの取り組みに投資を行なうことで、イノベーションを強化し、成長を促進する

最初の三つの目的は企業内のイノベーション組織に関するものであり、四番目の組織体制は社外組織との戦略的関係によりイノベーション組織の強化を図るものである。

以降は、各組織体制が適している状況について説明し具体例を挙げていく。表9‐1にこれらの組織体制についてまとめた。

イノベーション・プロセスにおける弱点	イノベーションの課題	戦略的要件	考えられる組織体制
機会の識別	• 成長の目標を支えるための十分なアイデアがない • ほとんどのアイデアが「持続的」である • イノベーションの共通言語が存在しない • 社外的な視点や認知度が限定的である	イノベーションを活性化する	研修組織、諮問委員会
機会の優先順位づけと資源配分	• 企業が持続的な思考形態にとらわれている • 成長のアイデアが勢いを失っている • 成長の取り組みの資源が定期的に削減されてしまう • 中核事業が優先されて、成長のための取り組みが後回しにされてしまう	イノベーションのアイデアを指導する	成長委員会、社内起業ファンド
新規事業の具体化と構築	• 破壊的戦略よりも持続的戦略が優先される • 破壊的イノベーションのアイデアがフルに活用されない • 不確実性を適切に管理できないことで、成長の取り組みが阻害される • 良いアイデアが優れた事業につながっていかない	新規成長事業を先導する	インキュベーター、自立型の成長グループ
事業の立ち上げと他社の強みの活用	• チャネルのサポートの欠如によりアイデアが機能しない • 新規事業を拡大することが困難 • 能力の不足により成功が限定的 • 他社との提携やパートナーシップが活用されていない • 企業のバリューチェーンにおける位置が悪いため、価値の確保が困難	社外のイノベーションの取り組み強化	企業ベンチャー投資事業部、事業開発グループ

表9-1　イノベーションの課題と組織体制

イノベーションの活性化のための研修組織と諮問委員会

イノベーションの活性化を目指す企業は自社がイノベーションのアイデアを商用化するために適切な基本組織体制を備えていると考えていることが多い。しかし、同時に、機会を見つけ、成功につながる成長事業を推進する能力を高める必要性を感じている。企業にイノベーション活性化の必要性があることを示す兆候として、強力な成長のアイデアが存在しないこと、イノベーションに対して社内指向の見方が強いことなどがある。これらの課題に対応するために、企業は研修組織と諮問委員会を作ることができる。

イノベーション研修組織は、イノベーションに特有のスキルと文化を育成するために役立つ。イノベーション研修組織はスキルを系統的に構築し、主要な従業員の思考形態を変革することで、社内イノベーションを活性化する。通常、イノベーション研修組織は製品やサービスの開発組織の外部にあることが多いため、企業内のコンサルタント的な役割を果たすこともある。

イノベーション研修組織は既存の研修部門の一部であることもあり、イノベーションにフォーカスした専任要員から成る独立組織のこともある。イノベーション研修組織は、マネジャーにとってイノベーションの概念をより身近なものにするために、企業特有および業界特有のケーススタディを収集しておくべきである。破壊的イノベーションの成功事例を詳細に語ることができる企業は少ないかもしれないが、どの企業にも破壊的イノベーションの原理が持つ効果を示す事例があるはずだ。また、イノベーション研修組織は、中核事業においても有効な情報やツールの発見に役立つ社外情報へのリンクも提供すべきである。

筆者の経験では、実際にイノベーションの課題に積極的に取り組んでいるチームとやり取りすることでイノベーション研修組織はより効果的になる。これらのチームとは、新しいアイデアの開発と商用化を行なっているプロジェクト・チームであることもあれば、イノベーション戦略を立案しようとしている上級役員のチームであることもある。積極的なチームであれば、直ちに重要な学習を適用し、中核事業におけるイノベーションの概念を維持し、企業文化に長期的な影響を与えることができる。

すでに述べたように、シンジェンタは、マネジャーとチームの能力開発のための専任イノベーション研修組織を設立している。二〇〇七年に同社は、破壊的イノベーションによる成長事業のアイデアの概念化と商用化を支援するイノベーションの研修コースを開催した。

イノベーション諮問委員会は、組織のイノベーションの視点を拡大する手段として機能する。諮問委員会は一〇名以下で構成されるのが普通だ。社内の主要部門の代表者数名、コンサルタント、顧客、サプライヤー、学識者などの社外のソート・リーダーから構成されることになるだろう。理想的には、諮問委員会は多様なイノベーションの手段、つまりビジネスモデル、管理アプローチ、そしてテクノロジーに対して助言を行なえる代表者から構成されているべきだ。諮問委員会は研究開発強化のための組織とは明確に異なる。また、諮問委員会と企業の間のやり取りは、アイデアの共用やオープンな対話を可能にするために比較的形にとらわれないものになる可能性が高い。

エクソンモービルとシェルによる数十億ドル規模のジョイント・ベンチャーであるインフィニアムは、社外の動向を活用するために二〇〇七年に小規模な諮問委員会を構成した。諮問委員会は、CEOに加えてテクノロジー部門、知的財産部門、サプライチェーン部門、人事部門のマネジャー、そして、外部のアドバイザーから構成されていた。諮問委員会は、インフィニアムの成長事業のリーダーと四半期ベースで自由な対話を行なっている。

諮問委員会が複数の事業部の代表者から構成されることもある。この場合には、委員会は社内情報を交換する場となり、より直接的な管理と説明責任が適用されることもある。このアプローチによって他事業部の上級マネジャーがイノベーション・プロセスに参画することになるため、新たな視点が提供される。

イノベーション先導のための成長委員会と社内起業ファンド

社内のイノベーターが膠着状態になっている企業は、イノベーションの取り組みを支援し、イノベーションの阻害要因を排除するための組織を構築することができる。ここでは、イノベーションを先導する二つの組織体制、すなわち、成長委員会と社内起業ファンドについて述べる。これらの組織により、従来型の取り組みを行ないながら、成長事業のためのイノベーションの取り組みを推進し、保護することができるようになる。通常、これらの組織体制は、成長のためのアイデアが企業内で勢いを失っていたり、中核事業が優先されて成長の取り組みが後回しになっていたりする場合に必要とされる。


成長委員会は企業内の経営陣の選抜グループであり、企業のイノベーションの優先順位を統一することを目的とする。通常、成長委員会は、企業にとって戦略的意義がある分野を識別し、初期段階の全アイデアを検証して優先順位づけし、破壊的イノベーションのアイデアの推進を指導する。

成長委員会にすべての上級役員を関与させたいという誘惑には抵抗すべきである。委員会が中核事業の組織と同じであれば、委員会の会議も中核事業における会議と同様のものになってしまう。委員会のメンバーは、破壊的イノベーションのマインドセットを持っている必要があり、会議においては中核事業での役割を一時的に忘れるべきである。このようなアプローチを取ることで、他の組織よりも形にとらわれない議論が可能になる。委員会は、すべてのアイデアをレビューし、アイデアのライフサイクルを管理するが、特定の取り組みの日常的管理に関与することはない。

ゼネラル・エレクトリックでは、CEOのジェフ・イムレットが上級役員役一二名を集めた成長委員会であるコマーシャル・カウンシルを結成した。この委員会は月次の電話会議を開催し、マネジャーが提案したイノベーションの企画や成長戦略を議論し、優先順位づけし、資源の配分を行なっている。

社内起業ファンドは、成長委員会よりも能動的な役割を担い、予算を分配し、「上空援護」を提供し、経営陣の資源を破壊的イノベーションのプロジェクトに配分する。通常、上級役員が予算の一部を分けておき、社内外の代表者による委員会がその配分を行なう。そして、組織内のチームが標準的な手続きでは対応できないアイデアを提案する。アイデアは、自発的に提案されることもあるが、委員会が提議した特定の課題に対する回答であることもある。

予算の提供を受けたプロジェクトは、一時的なCEOとして機能する優秀なプロジェクト・マネジャーのサポートを得られることも多い。社内起業ファンドにより、中核事業の担当者がイノベーションのアイデアに触れることができるようになり、起業家精神を育成するとともに、イノベーションの取り組みを行なう要員に対する貴重な研修の基盤が提供される。

二〇〇六年初頭、新聞社スクリプスのSVPであるマーク・コントレラスは、新聞社としての中核事業の範囲外のプロジェクトに対するファンドとして一〇〇万ドル以上を投資している。コントレラスは、当時のスクリプス紙インタラクティブ部門のゼネラル・マネジャーであったボブ・ベンツをファンドの管理者として任命した。現在、ファンドはコントレラス、スクリプス社の三人の役員、三名の部外者（アップルの前役員、インテルの前役員、そしてイノサイトの代表者）によって運営されている。ファンドの管理者は定期的に会合し、新しいアイデアの評価と、すでに予算を提供しているアイデアの進捗状況のレビューを行なっている。初期投資は五〇〇〇ドル程度の低額であることもある。二〇〇七年十月時点で、ファンドはおよそ一〇〇件の提案を評価し、そのうちの約一五件に予算を提供した。その中の四件が実際の成長の可能性がある事業となっている。

二〇〇六年にベンツは以下のように述べている。「これらの投資は大きな賭けというわけではない。提案されたアイデアにおける主要仮説をテストするための少額の支出だ。（中略）失敗したときには、皆がそこから学んでほしいと考えている。そして、成功したときには、傘下の全新聞社がそれを活用してほしいと考えている。（中略）我々はすべての答を知っているわけではないが、正しい方向性に進んでいると確信している」[※1]。

イノベーションを先導するためのインキュベーターと成長グループ

予算の提供と管理だけでは適切な結果を出すために十分でない場合がある。良いアイデアが良い事業に結びつかない場合、あるいは、常に破壊的イノベーションのアイデアよりも、持続的イノベーションのアイデアが優先されてしまう場合には、イノベーションの先導を行なう組織が必要だ。

アプローチの一つとして、専任のインキュベーター・チームを構築することがある。インキュベーター・チームとは部門横断型の専任チームであり、荒削りなアイデアを受け取ると、短期間（四週間から八週間）の検討を行ない改良する。インキュベーターの背後にある理論とは、いったん破壊的アイデアが特定の方向に推進されてしまえば、基本的なイノベーションのプロセスで再吸収できるということだ。

理想的なケースでは、インキュベーター・チームは、事業開発、マーケティング、戦略、テクノロジーの分野にまたがる独自のスキルセットを備えているべきである。通常、インキュベーター・チームは必要に応じて社内の主要部門からサポートを受ける。専任のチーム・メンバーが、不確実性に対応し、独創的な問題解決を推進し、障害を克服する。

インキュベーターに適切な「経験の学校」で学んだ要員を配置するのは容易な作業ではないため、社外から採用しなければならないこともある。通常、メンバーは最初の一年半から二年はインキュベーターとしての役割を果たし、専門知識を多様なプロジェクトに提供していく。

石油ガスの巨大企業であるシェルは、斬新なアイデアの育成と推進のために「ゲームチェンジャー」という名称のプログラムを開始している。このプログラムを立ち上げるにあたり、同社の担当者は以下のように述べている。「シェルには革新的なアイデアがある。しかし、これらのアイデアを発見し、社外の影響を考慮し、適切かつ段階的な投資を行なうためには新たな方法が必要である」。この組織は現実の事業を立ち上げることを目指している。シェルの既存製品の範疇外にある機会を追求するべく機能しており、通常業務における制約条件や優先順位にとらわれない運用を行なっている。[※2]

自立的成長グループは、インキュベーターよりも高いレベルの事業構築能力を提供する。典型的な成長グループの戦略ミッションは、新たな成長の取り組みを商品化することである。非中核事業におけるアイデアの発見と推進という能動的な役割と、中核事業が関心を持っているが短期的には優先事項ではない案件を引き継ぐという受動的な役割を担う。

通常、成長グループは独自の予算を持ち、独立した意思決定を行なう。起業家的スキルを備えたジェネラリストを数名抱え、さらに、中核事業から人事異動プログラムの一環として必要に応じて要員を調達する。このような人事異動プログラムにより、成長グループのイノベーションの活力を中核事業組織に反映することができる。また、中核事業の専門家（たとえば、財務、規制、法務）を兼任で採用するグループもあれば、中核事業とまったく関与しないグループもある。

ダウ・ケミカルは、新規成長事業の創出に専念する自立的成長グループを擁している。このグループは非中核事業のアイデアを発見して推進するとともに、企業の主組織からの要求に応えて、企業の得意分野外のアイデアを推進する。専任のジェネラリスト数名を擁し、これに加えて、中核事業組織から潜在力のあるリーダーを一年程度のローテーションで採用している。さらに、中核事業組織から兼任で参加している専門家からの援助も受けている。

チームには独立した予算が与えられているため、ソリューションを推進し、アイデアを市場でテストし、商用化に結びつけるというプロセスを迅速に実現できる。事業のアイデアが根づくと、成長グループは中核事業に権限を委譲するか、あるいは、さらに事業を強化するための追加の資源をCEOに要求する。

二〇〇三年にモトローラは、テクノロジーの商用化と新規事業の成長にフォーカスしたアーリー・ステージ・アクセラレーター（ESA）と呼ばれる社内グループを結成した。このグループの使命は、社内の開発業務と社外の提携を通じて、特定の成長の機会を推進することにある。上級スタッフから成る小規模グループが業務を管理し、選択したイノベーション・プロジェクトに対してマイルストーンに基づいた投資を行なっている。ＥＳＡは、これらのプロジェクトに、市場分析、戦略分析、知的財産の評価、事業計画作成、エコシステム構築などを通じてビジネス的な知見、いわば、「ビジネスＩＱ」を提供する。プロジェクトごとに「役員会」が存在し、プロジェクトのリスク排除と成熟化にフォーカスした管理機能を提供している。

ＥＳＡのメンバーは、本書で述べてきたツールや概念を使用して重要なリスク領域を知り、リスクを回避するためのプロジェクトを結成した。最終的に、アイデアはＥＳＡを「卒業」してモトローラの既存の事業部門に取り込まれることになるか、適切な方法でモトローラ社外に放出されることになる（たとえば、テクノロジーを他社にライセンスしたり、別会社としてスピンアウトしたりするなどである）。ＥＳＡが扱うプロジェクトのタイプには、新規事業機会の創成、事業部間連携の先導、ライセンス可能な知的財産権の強化、そして、テクノロジーの商用化の加速などがある。

ＥＳＡプロジェクトの一つにキャノピーがある。十年間にわたり、モトローラの研究所とＥＳＡにおいて育てられてきた無線ブロードバンドのイノベーションを推進するプロジェクトだ。ＥＳＡは実地試験のためのプロトタイプ構築と市場投入支援チームの結成を援助した。商用化の最終ステップにおいて援助を提供したことで、このテクノロジーは市場でより広く知られることになった。

キャノピーは最終的にはモトローラのＷｉＭＡＸ（高速無線ブロードバンドのテクノロジー）製品の基盤となった。

イノベーションを強化するための企業ベンチャー投資事業部と事業開発グループ

企業は単独でイノベーションを行なうべきではない。単独で試みても成功できるケースは少ない。

最も革新的なアイデアであっても、サプライヤー、チャネル、提携企業、テクノロジーのライセンス先などの協力がなければ、成長する事業にはつながらない。

本章で最後に説明する組織体制はイノベーションの外部的環境を強化するためのものである。これらのアプローチを採用する企業は、中核事業を犠牲にすることなく社内のイノベーションの取り組みを強化する方法を探しているか、新たなスキルを獲得したり、成功のために他社との協業を追求したりしなければならないことを認識している。自社の力を提供しつつ、他社の力を活用して、両社に対して価値を提供する。さらに、イノベーションの取り組みがパートナーの利益にもなり、価値を共有するための投資の機会も提供される。

企業ベンチャー投資事業部は、中核事業の範囲内では得られないアイデア、知的財産、成長の機会を追求する。また、ビジネスの提携関係を補完するための投資も行なう。他社に直接的に投資することも、独立系のベンチャー投資家と提携することも、他の個人投資家と協力することもある。すでに親会社と協業関係にある企業に投資することも、パートナーあるいは買収ターゲットとなる可能性がある企業に投資することもある。

このような投資の動機が純粋に財務的なものであることもある。しかし、財務的な目標だけを追求する企業が、良い結果を得るための忍耐力を欠いていることがあるのは歴史が示すとおりだ。ほとんどの専門家は、企業ベンチャー投資における最適のアプローチは財務面と戦略面の両方の効果を追求するものであると述べている。[※3]

企業ベンチャー投資事業部は、以下の点で企業の全体的なイノベーションの取り組みを強化する。

□ベンチャー投資コミュニティへの関与により、中核事業に間接的あるいは直接的に影響を与え得る新しいアイデア、テクノロジー、事業戦略を早期に知ることが可能になる。
□共同投資などの他の投資家との協業により、可能性は大きいが不確実性も高い取り組みにおいてリスクをシェアすることが可能になる。
□中核事業を推進し、あるいは、中核事業から利益を得られる事業を企業ベンチャー投資事業部がサポートすることで、中核事業の製品やサービスの需要を増大でき、従来は検討対象外であったようなバリューチェーンにおける魅力的な位置を占められるようになる。

ヒューレット・パッカード、フィリップス、ハースト、モトローラ、インテルなどが企業ベンチャー投資事業部を運営している企業の著名な例である。特に、インテル・キャピタルは、広範な戦略的利益を提供してきたベンチャー投資組織として傑出している。一九九一年の誕生以来、インテル・キャピタルは六〇億ドル以上を一〇〇〇社以上の企業に投資してきた。[※4]これらの投資により成功できた企業には、クリアワイヤ、ヴイエムウェア、ＬＡＮＤｅｓｋ、グルーブ・ネットワークスなどがある。明らかに、インテル・キャピタルは、一般的な利益目標を達成している。インテル・キャピタルのミッション・ステートメントでは、財務的目標と戦略的目標の両方を追求することが明確に示されている。「インテル・キャピタルは世界中の有望なテクノロジー企業を探求し、投資を行ないます。これにより、業界標準のソリューション開発、グローバルなインターネットの成長、新たな利用形態の促進、コンピューティングと通信のプラットフォームの進化を達成することを目指しています」[※5]。

このアプローチには、インテルの主要製品（マイクロプロセッサー）の需要を喚起し、コンピュータの利用の推進と標準の普及によりインテルのテクノロジーの採用を推進するという暗黙的な目標がある。

本社レベルあるいは事業部レベルの事業開発部門が、企業のイノベーションの取り組みを強化する上での多面的な役割を果たすこともできる。これの部門は、戦略立案者と財務アナリストから成る強力なチームであり、事業部門の経営陣と協力して、イノベーションの成功を強化するための多様な組織を構築し、以下の点で貢献する。

□企業のイノベーションを加速できる中核スキル、テクノロジーのノウハウ、リレーションを有した企業を識別し、買収を容易にする。たとえば、シスコ・システムズは、既存製品の強化と新規市場カテゴリーへの進出のために一〇〇社以上の企業買収を行なっている。
□各パートナー企業の強みを生かし、リスク・シェアを可能にし、戦略的な調達契約を行ない、独占的な流通契約を行なうためのジョイント・ベンチャーや提携を実現する。
□企業の製品の普及を推進し、さらに需要を喚起する補完的製品の開発を促進する「市場のエコシステム」を作るために協業する。
□知的財産権を獲得し、競合上の差別化を提供するためのテクノロジー契約やライセンシングを推進する。

このリストですべてを尽くせたわけではないが、強力な事業開発部門の重要性は計り知れない。例として、一九九八年に携帯電話端末の大手企業のジョイント・ベンチャーとして設立された英国のソフトウェア会社であるシンビアンについて検討する。同社の最初の目標は、携帯電話端末で稼働するオペレーティング・システムを提供することであった。時の経過とともに、投資家、ライセンス先、製品戦略は変化したが、同社は、携帯電話のオペレーティング・システム市場における主要なプレーヤーとなった。協業により、投資を行なった企業は携帯電話のソフトウェアにおけるイノベーションを推進できた。このようなイノベーションの実現は、各社が単独で行なっていれば、不可能とはいえないまでも極めて困難であっただろう。

同様に、携帯電話端末メーカーは重要テクノロジーにおいて、多様なアプリケーション開発企業に依存している。ゲーム、ウェブ・ブラウザ、メッセージング・アプリケーションなどの携帯電話における主要テクノロジーのほとんどは、サードパーティが開発しており、携帯電話メーカーはそれらのサードパーティからライセンスを受けている。事業開発部門は、適切なパートナーの選択、契約の交渉、他社のネットワークの管理などにより、開発部門のイノベーションの機能を補完している。

P&G：複数の組織体制を同時に活用

企業は一つの組織体制にこだわる必要はない。一般消費財市場の巨大企業であるP&Gは、複数の構造を効果的に同時活用している。本社レベルでは、フューチャーワークスという自立型成長グループが明日のブランド作りに専念している。このグループは社外のアイデアを活用するためのP&G社内の多様なプロジェクトと協力し、新規製品のパイプラインを充実させることを目指している。

事業部レベルでは、P&Gは新しいアイデアを育てるための新規事業開発グループを設置している。二〇〇五年に同社は、破壊的イノベーションのアイデアを推進するプロジェクト・チームと協力する少人数の「ガイド役」という形態の研修ユニットを結成した。上級役員が、通常の優先順位づけに従わないアイデアの資金として「企業イノベーション・ファンド」を管理している。さらに、同社のブランドの多くは、重要な技術革新を把握するために、社外の諮問委員会を設置している。

このような多様な組織体制を使うことで、P&Gは、企業のイノベーション能力を構築しつつ、優れたアイデアが死蔵されてしまわないようにしている。

行動の強さを決定するためにイノベーション環境を評価する

イノベーションのための組織体制を実現するときに、上級役員から必ず聞かれる質問の一つに、この取り組みにどの程度の力を入れればよいかというものがある。「多数の要員を投入する必要があるか、数人で十分か」、「上級役員が積極的に関与する必要があるか、ある程度距離を置いたほうがよいのか」というような質問だ。

社内外の環境を評価することで、これらの質問に答えるための検討が開始できる。まず、社外的な環境について以下の質問をしてみよう。

□自社の業界は発展期か成熟期か[※6]**：**一般に、発展中の業界のほうがイノベーションは発生しやすい。しかし、セメント業界のCEMEXやシリコン業界のダウ・コーニングなど一見成熟したビジネスにおいてもイノベーションで成功することは十分可能である。

□自社の業界におけるイノベーションの速度は速いか遅いか：イノベーションの進行の速度が遅いときは、企画立案や戦略の具体化の作業を時間をかけて行なうことができる。イノベーションの速度が速く、また自社が業界の動向に遅れているときは迅速に効果を発揮できる組織体制が必要である。

□資本集約度は高いか低いか：資本集約度が高い業界では、組織階層の全般においてより入念な管理が必要となることが多い。イノベーションの取り組みの投資リスクが大きいからである。

次に社内的な環境を評価する。

□イノベーション活動が特定の部門やグループに留まっているのか、企業内で分散しているか：イノベーションの取り組みが企業内で分散されていればいるほど、より多くの調停作業が必要になる。

□企業文化はイノベーションに対してオープンか、それとも閉鎖的か：企業にとってイノベーションがなじみのないものであればあるほど、マネジャーがイノベーション戦略の推進により深く関与する必要がある。

□企業内に多くのイノベーション指向のマネジャーが存在するか、それともイノベーターは珍しい存在か：イノベーション指向の人材が少なければ、適切なリーダーがより積極的にイノベーションの取り組みを推進していかなければならなくなる。

業界が成熟しており、変化のペースが遅く、資本集約度が高く、イノベーションが調停作業を必要としており、企業にイノベーターの数が少ないときには、現場への積極的関与が必要となる。

これらの質問に答えることで、複雑な状況を単純化し、適切なイノベーション組織体制の選択・統治・運営の方向性が明確化できる。ツール9-1の簡単なスコアリング・シートを使うことで、必要

■説明

自社の状況を最もよく表している回答を選択し、左列を選択した場合には5点を加算し、右側を選んだ場合は5点を差し引く。合計点により評価を行なう。

		厳しい イノベーション環境 （5点）	中間（0点）	緩やかな イノベーション環境 （－5点）
社外環境	業界の成熟度	コモディティ化の兆候がある極めて成熟した市場	市場に成熟化の兆候がある	ビジネスモデルが確定していない新興市場
	競合力学	動きが速いか、製品ライフサイクルが短い業界（例：バイオテクノロジー）	適度な変化の業界（例：自動車）	変化がほとんどない業界（例：鉄鋼）
	資本集約度	極めて高い。イノベーションのために大規模な投資が必要（例：製薬）	イノベーションのための投資は中程度（例：一般消費財）	低い。イノベーションのための投資はほとんど不要（例：メディア）
社内環境	イノベーション活動の範囲	イノベーションのために、事業部間、部門間、地域間の緊密な調停が必須	イノベーションは1つの事業部内で完結し、部門間の調停のみが必要	イノベーションのための調停作業はほとんど不要
	イノベーションの企業文化	企業は効率優先であり、イノベーションが余分な作業とみなされがち	イノベーションの重要性は理解されているが、全員の責務とはみなされていない	イノベーションが企業のDNAであるという起業家的文化がある
	人材の幅広さ	破壊的イノベーションのアイデアを考案できるマネジャーは10%以下	10～30%のマネジャーが破壊的イノベーションのアイデアを考案できる	30%以上のマネジャーが破壊的イノベーションのアイデアを考案できる

合計点数の評価

20～30	極めて厳しいイノベーション環境。この環境では、資源の配分プロセスを強化し、より組織化されたアプローチを使用し、上級経営陣による指導を強め、イノベーション組織への自立性を提供することが必要になる
10～15	ある程度厳しいイノベーション環境。この環境では、企業環境の一部の局面にフォーカスすることが必要になる。社内の課題克服のために経営陣への深い関与が必要となることがある。また、イノベーションの迅速化とリスク管理のために、明確に定義された組織体制が必要になることもある
-15～5	あまり厳しくないイノベーション環境。この環境では、上級役員のある程度の方向づけや最小限の投資があれば、イノベーションの取り組みを実行できる。市場の状況や社内の要員の状況によっては、より柔軟で緩やかなペースのイノベーションへのアプローチが可能なこともある
-30～-20	必然的にイノベーションが行なわれている環境。この環境では、イノベーションは企業文化に根づいている。この結果、イノベーションへの取り組みも企業の中心的課題であり、日常業務の一部となっていることもある。このような環境では、過剰な統制によりイノベーションを管理し過ぎないように注意が必要である

ツール9-1　自社のイノベーション環境の評価

なイノベーション組織体制の最適な管理方法を選択できる。ここで、企業のイノベーションの環境が厳しければ厳しいほど、イノベーションの取り組みにはより多くの資源配分が必要であり、より構造的なアプローチが必要であり、より高い組織の自立性が必要である。

意思決定組織を成功裏に構築する鍵

ここまで述べてきた組織の多くは、アイデアをレビューし、資源を配分する少数の上級役員のグループを中心としていた。グループの名称が委員会、審議会、リーダーシップ・チーム、ファンド管理委員会のいずれであっても、その運営を成功させるために以下のような一般的原則が有効である。

□**発言の機会を設ける**：人々がアイデアを提案するのを困難にしてはいけない。そうなれば、良いアイデアが提案されることはないだろう。具体化の対象となる荒削りなアイデアの提案を推進するための仕組み作りが必要である。

□**段階的投資を行なう**：アイデアに過剰な投資を行なってはならない。まずは、主要な仮説の検証のために少額の投資を行なうべきである。学習を進め、成功の可能性が高まるにつれて、投資を強化していけばよい。過剰な投資は害になり得るという点を念頭においてほしい。チームが間違った方向に全速力で走ることになる可能性があるからだ。

□**外部の者を関与させる**：ほとんどの場合、イノベーションは人々が多様な視点を持ち寄る境界領域で発生する。外部の人材が、アイデアを予想もできなかった形で具体化できることもある。適切な「経験の学校」で学んだ社外の業界専門家（おそらくは起業家あるいは大学教授）の関与を検討すべきである。

□**目標設定を明確にする**：何が「良い」アイデアなのかについて広く意思統一を行ない、それを広めていくことが極めて重要だ。三項目のチェックリストを使うグループもあれば、高度な分類ツールを使うグループもある。どのような手法を使うかにかかわらず、意思決定者が対象を同じ視点で見ており、アイデアを提案した者が選択基準を完全に理解していることが重要である。

□**楽しい雰囲気を作り出す**：イノベーションの組織は、アイデアをつぶしたり、アイデアを提案したマネジャーを傷つけたりするための場所ではない。一見最悪に思えるアイデアでも建設的なフィードバックに値することもある。このようなアイデアの中にも、強力な成長事業に作り替えられる要素が含まれていることもある。

■その他の支援システムとマインドセット

他のシステムや思考形態のサポートがなければ、どんな組織でもイノベーションを推進することはできない。イノベーションの環境を有効活用するためには、イノベーションに適したツールの開発、イノベーションの共通言語の確立、社外からのインプットの積極的採用、従業員がイノベーションに適切なリスクを取れるようにするための人事ポリシーと報奨制度の策定などが必要になる。

適切なツール

中核事業の運営に秀でた企業において、中核事業や持続的イノベーションの管理のために設計されたツールが、非中核事業や破壊的イノベーションの取り組みにおいては阻害要因となることがよくある。

問題はツール自身にあることも、ツールの使用法と結果の解釈法にあることもある。中核事業におけるツールのほとんどは資源配分を管理し、社内の整合性を確保することを目的にしている。正確性を優先したツールにより、企業は、プロジェクトを正しい方向に進めており、サプライチェーンを適切に管理しており、社内資源を適正な割合で配分しており、主要なチャネル・パートナーと確実な関係を維持できていることを確認できる。

真のイノベーションとは必然的に不正確なものだ。特に初期段階にはそれが当てはまる。正確性をあまりに早い時点で要求するツールは、重要な機会を却下してしまったり、イノベーターが数字にこだわるあまり持続的イノベーションを指向してしまったりするという結果を招くことがある。

既存のツールキットが新規成長事業の創成には不適切であることが判明した企業には二つの選択肢がある。最初の選択肢は、使用しているツールを変更することである。大規模なサーベイの結果を使って一〇年レンジの予測を行なうのではなく、アイデアに対して顧客がどの程度関心を持っているかを評価するための定性的データを使うことができる。顧客の製品購買意欲をサーベイするのではなく、消費者が実際に製品を買って使わなければならないような購買テストを実施することもできる。二番目の選択肢は、既存のツールを異なるやり方で使うことだ。たとえば、販売量や正味現在価値の推定値を計算するのではなく、シナリオや、複数の代替シナリオを作成することができる。このアプローチは「数字」にこだわるよう経験を積んできた上級マネジャーにとっては難しいかもしれない。しかし、アイデアの可能性をより現実的に評価したものとなる。

共通言語

破壊的イノベーションで成功するためには、多くの企業のマネジャーにとってなじみのない、場合によっては、まったく受け入れられない行動を実行する必要がある。筆者の経験では、共通言語の確立が破壊的イノベーションの達成を困難にする多くの罠を回避するために有効である。たとえば、「必要にして十分」であるべき部分に完璧性を追求してしまったり、新規市場に関する知識を過大評価してしまったり、小さく始めるのが適切であるのに大きな賭けを行なってしまったりという罠だ。

あらゆるマネジャーはこのマインドセットを克服する必要がある。マネジャーたちは日々多くの意思決定を行なっているため、斬新なマインドセットが必要とされるときでも、無意識のうちに従来のやり方を踏襲してしまうことがある。また、イノベーションの本質を理解していない上級役員が不適切なときに不適切な質問をしてしまうことで、革新的なアプローチが台無しになってしまうこともある。イノベーションの共通言語の確立は、企業がこのような落とし穴にはまらないために重要である。

企業文化の変革と共通言語の確立を行なうためには、以下のような選択肢がある。

□研修コースの作成：破壊的イノベーションを学ぶためには三種類の研修コースが考えられる。第一は、共通原則についてのものだ。第二は、プロジェクト特有のスキル（たとえば、低コストで試行する方法）についてのものだ。第三は、リーダーシップに関するスキル（たとえば、不確実性への対応）に関するものだ。

□サポート資料の作成：簡単なガイドブック、一ページのチラシやカード、用語集などが共通言語の確立に有効だ。ベスト・プラクティスのガイドにより、プロジェクト・チームが予期される課題に対応できるようになる。マネジャー向けにウェブキャストやポッドキャストを作成することも検討に値する。

□社内イノベーターのネットワーク構築：どのような企業にも、イノベーションの共通課題を現職あるいは前職において克服してきた人物がいるはずだ。このような社内のイノベーターのリストを作成することも有効だろう。

□複数部門のマネジャーによるアイデア構築セッション：このようなセッションにより、複数のグループがイノベーションを効果的に議論できる。特定の課題やテーマがあったほうが議論しやすいだろう。一つの方法としては、事前にグループのメンバーに革新的な解決策が必要と思われる数件の領域を尋ねておくことがある。そして、セッションでは、原則についての研修と応用と議論のバランスを取るべきだ。「イノベーションはあなたにとって何を意味するか」「イノベーションの機会はどこにあるか」、「どのような能力があればイノベーションの機会を活用できるか」などの簡単な質問が議論をガイドする上で有効である。

本書の「序文」では、共通言語の確立がインテルのセレロン・プロセッサーという破壊的イノベーションの成功に結びついたことを述べた。同様に、イノベーションの優先順位づけとイノベーションの価値を実現するために必要なスキルを公式化するために、ゼネラル・エレクトリックは、イノベーターとしての資質に関する視点を自社の企業内ビジネス・スクールであるクロトンビル（ジョン・F・ウェルチ・リーダーシップ開発研究所）のカリキュラムに取り込んでいる。

共通言語確立の取り組みの効果は直ちに現れるわけではないが、企業がイノベーションを成功させるためには不可欠な要素である。

社外の広範な洞察力の追求

過去数年間において、ハース・スクール・オブ・ビジネスのヘンリー・チェスブロウ教授が「オープン・イノベーション」と呼ぶ概念の真の力が明らかになりつつある。[※7] オープン・イノベーションとは、積極的に社外とアイデアを取引することで価値を最大化するという考え方だ。ここでも、P＆Gが先駆的な事例になっている。過去において、同社は極めて閉鎖的であると考えられていた。しかし、数年前にCEOのA・G・ラフリーは大胆なチャレンジを設定した。二〇一〇年までに自社のイノベーションの少なくとも五〇パーセントにおいて社外との関係を持たせるというチャレンジである。同社は、自社の研究開発部門を「コネクト・アンド・デベロップ」というモットーに従って強化した。二〇〇六年のハーバード・ビジネス・レビュー誌の記事で述べられているように、同社は、「ここで発明されていない（NIH：Not Invented Here）」イノベーションを受け入れないという文化から、「誇りを持って他で見つけてきた（Proudly Found Elsewhere）」イノベーションを積極的に採用する文化への変革を遂げた。[※8]

一般に、企業はイノベーションのプロセスに外部的な観点を深く取り込むべきだ。主要顧客と定期的にやり取りをし、顧客以外の者からも学び、継続中の実験を監視し、先進テクノロジーを調査し、他の業界から学ぶための明確な方法を用意しておくべきだ。このような外部的刺激を引き出すための一定の方法（これには、今まで述べてきたメカニズムも含まれる）を用意しておくことで、過去には見えなかったイノベーションの機会が明らかになる。

イノベーションを支援する人事ポリシーの策定

最後のポイントとして、企業は、ポリシー、報奨金、人事開発をイノベーション指向に変えていく必要がある点を指摘しておきたい。第八章でも述べたように、企業は社外の人材を積極的に探さなければならない。イノベーションの報奨金を適切に設定するのは、既存の大企業にとって明らかに大きな課題である。スタートアップ企業は株式を支給することで、マネジャーが企業の業績向上に従った報酬を得られるようにできるが、既存の大企業で同じことをやるには何らかの独創性が必要だ。適切なリスク負担と給与体系、ボーナス、人事評価、昇進をリンクさせる必要がある。「社内起業家」が起業家と同等レベルの利点を得られることは少ないが、リスクも小さいためその差異は妥当といえるだろう。成功事例にばかり注目が集まっているが、実際には新規ベンチャー企業の大多数は破綻する。一方、もし、社内ベンチャーが失敗した場合でも、マネジャーはまったく別の仕事を探さなくても容易に他のポジションに異動することができる。

また、潜在力が高い従業員が有望な成長の取り組みに参画することが魅力的になるようなキャリアパスを検討するべきだ。リスクが高いベンチャー事業を担当することは、次世代のリーダーとしての力を実証する絶好の機会だ。ベンチャー事業で直面する課題の多くは一般的な経営課題でもあるからだ。

イノベーションの目標を達成するための人事システムを構築する際には、人事異動プログラムによるインセンティブや学習の価値を考慮すべきだ。高い潜在力や関連知識を持つ従業員にイノベーション活動に参画する機会を与えることで、問題解決や意思決定の新しい課題に対応させることができる。少なくとも、このような経験により、これらの従業員が学習したことを後に中核事業において生かせるようになる。また、次世代の新しい中核事業のリーダーを生み出す可能性もある。

■まとめ

□イノベーションの能力を構築しようとする企業は、成長の追求を反復可能にするための組織体制とシステムを作る必要がある。

□適切なイノベーションの組織体制を構築するためには、自社の状況により、イノベーションの活性化、イノベーションのアイデア考案の指導、新規成長事業の先導、イノベーション活動の強化を選択する必要がある。

□適切なツールを採用し、イノベーションの共通言語を確立し、社外的な視点を取り入れ、人事ポリシーとイノベーションの整合性を取るための努力が必要である。

■実地演習

□自社の業界における競合他社の組織面でのアプローチを分析してみよう。自社のアプローチと異なっているだろうか。どのような点で異なっているだろうか。

□同僚の五人に今まで社内の公募制度にアイデアを提案したことがあるかを尋ねてみよう。もし提案したことがあるならば、何が起こったかを聞いてみよう。提案したことがない場合はその理由を聞いてみよう。

□自社の業界における二名の投資家（ベンチャー・キャピタリスト、エンジェル投資家、未公開株式投資家）、二名の起業家、二名の主要サプライヤー、二名の主要顧客を訪問し、注目に価する動向を尋ねてみよう。これらの人々を諮問委員会に招聘することも検討してみよう。

■ヒント

□最初は小さく始めるべきだ。大規模で多様な組織において変革を行なうのは非常に難しい作業だ。特に、リスク管理を強化したり、成長のための新しい方法を追求したりしている場合には、それが当てはまる。また、広範なイノベーションの取り組みを効果的に管理できるイノベーション・チームの構築は困難な課題であり、時間も要する。

□イノベーションへのアプローチにもイノベーションが必要である。新規グループが順調に稼働するまでには何回かの試行錯誤が必要である。何が機能して、何が機能しないかを理解するにつれ、柔軟にアプローチを変更していくべきだ。

第十章　イノベーションの評価指標

二〇年以上前のことになるが、経営のカリスマ的専門家であるトム・ピーターズは、「測定できれば終わったも同然」（What Gets Measured Gets Done）という記事を執筆した。実際、ピーターズが一九八二年に著したビジネス書の古典的名著である『エクセレント・カンパニー』中の研究結果では、卓越した企業では、測定と評価指標を使用して社員が本当に重要なことに時間を費やせるようにしていることが示されている。[※1]

これは単純な理論だ。社員の行動に影響を与えようと考える経営者にとって、適切な指標の測定を行なう以上に有効な道具はない。中間管理職および現場管理職が資源配分における重要な意思決定を行なうためには、評価指標が具体的指針となる。そして、企業のイノベーション戦略には、上級役員の決断よりもこのような現場の意思決定が重要な役割を果たす。

イノベーションによる成長の能力を向上したいと考える企業にとっての課題は、多くの企業がイノベーションの測定のために使用している評価指標が、実際には企業を誤った方向に導く可能性が高いということだ。仮に適切な評価指標を選択できたとしても、重要な指標を昇進や報酬と結びつけることを怠ってしまうことも多い。そして、なぜ社員がイノベーションを優先事項として扱ってくれないのかと嘆く結果になるのだ。

これらの課題に対応するために、この章ではイノベーションの評価測定において陥りがちな罠について述べ、企業が利用できる一五種類の評価指標を紹介し、自社独自のイノベーションの評価指標を採用しようとする経営陣のためのヒントを提供する。※2

■測定における罠

イノベーションは複雑で広範囲な活動であるため、評価指標を適用することが困難な取り組みになるのは明らかだ。一見は意味があるかのようにみえる評価指標が、実際には、長期的な利益ある成長を阻害してしまう場合もある。

たとえば、イノベーションへの投資総額を指標として管理している企業を考えてみよう。このような指標には意味があるだろうか。もちろん、イノベーションのためには投資が必要だ。しかし、単に投資総額を測定するだけでは、企業はイノベーションの典型的な罠に陥ってしまう可能性がある。つまり、過剰な資金を投入することでプロジェクトを台無しにしてしまうのだ。イノベーションに対して資金を費やしすぎることが最悪のパターンになることもある。何かものすごいことを真剣にやろうとしていることを「証明」したい企業が、欠陥がある戦略に投資を継続し、手痛い目に遭って、回復できない地点まで追い込まれることもある。

より一般的に言えば、企業は測定における三つの罠に注意すべきだ。すなわち、評価指標の数が少なすぎること、低リスク（そして得られる効果も小さい）活動を重視してしまう評価指標を採用すること、そして、アウトプットよりもインプットを優先してしまうことだ。

測定における罠1：少なすぎる評価指標

多くの企業がただ一つのイノベーション評価指標に固執している。たとえば、イノベーション活動の総合的投資効果を算定しようとしている企業がある。この指標は極めて有用ではあるが、それ単独では、測定しやすい市場を優先し、測定しにくいが大きな可能性を持つ市場を過小評価してしまうという不合理な結果に結びつきかねない。

単独で、適切な目標を測定でき、社員報酬との整合性も確保できる魔法のような評価指標を筆者は知らない。その理由は、イノベーションを成功させるためには、多様なイノベーションを行なう術に長けていなければならないからだ。また、イノベーションから適切なアウトプットを得るためには、適切なインプットと適切なプロセスも管理しなければならない。一面的な評価指標では誤った優先順位が設定されてしまう可能性がある。

測定における罠2：持続的な行動を奨励してしまう

多くの評価指標は、暗黙的あるいは明示的に、確実に段階的な効果が得られる中核事業に近い持続的イノベーションに企業がフォーカスしすぎてしまうという結果をもたらす。これらの段階的改良型のイノベーションの追求は悪いことではないが、大きな成長を求める企業にとっては不十分だ。

たとえば、よく使用される評価指標の一つとして、新製品が生み出す収益の全収益に占める割合がある。これは意味がある指標に思える。結局のところ、イノベーションの目的は具体的な成果がある何か新しいものを作り出すことにあるからだ。そして、この指標は現実的な結果をもたらすイノベーションを奨励することになるだろう。

しかし、たとえば、歯磨き粉メーカーの製品マネジャーの例を考えてみよう。マネジャーは、この指標を高めれば自分のボーナスが高くなることを知っている。ラズベリー味の歯磨き粉を作って既存の歯磨き粉製品を置き換えるのと、成熟までに五年から七年を要するような新しい歯の強化製品のカテゴリーに対する投資との間で選択を行なわなければならないとしたら、このマネジャーはどちらを選択するだろうか。

新製品から得られる収益の割合にフォーカスしている企業は、気がつかないうちに極めて中核事業に近い低リスクのイノベーションを奨励する結果になっていないかを注意深く見守る必要がある。

測定における罠3：アウトプットではなくインプットにフォーカスしてしまう

いかなる企業においてもイノベーションへの取り組みの最終目標は、利益を上げながら成長することだ。インプット関連の評価指標だけを管理する企業は多くの人材（特に理系の人材）を面白くはあるが最終的な影響度は小さいようなプロジェクトに割り当ててしまうリスクを負っている。

インプット関連の評価指標にフォーカスすることの問題点を表す単純な例として、多額の研究開発予算を持つ企業に関する二〇〇六年度の調査を見てみよう。[※3] 米国において他社を引き離しているのはフォードである。フォードの広告戦略の積極性は認めるとしても、同社を革新的な企業と考える者はいないだろう。

同様な例として、テクノロジー指向の企業では、自社の科学研究者が取得した特許の数を管理している。ＩＢＭは、自社がどの企業よりも多くの特許を取得していることを広く喧伝している。この事実は誇りに思うべきことだ。特許は競合優位性の源泉となり得る。社内のテクノロジー・コミュニティが最高レベルにあることを示すことができる。しかし、特許のための特許が時間の無駄でしかないことがある。イノベーションとインベンション（発明）の間には大きな違いがある。もっと単純に言えば、重要なのはアウトプット（得られる結果）であるということだ。

■評価指標の例

イノベーションの評価指標について研究しているボストン・コンサルティング・グループなどの企業は、企業のイノベーション関連の活動を評価するために、バランスの取れた評価指標の組み合わせを使用することを推奨している。[※4] 筆者もこの意見に賛成だ。ここで説明する評価指標は三つのカテゴリーに分類できる。それは、インプットにフォーカスした指標、プロセスにフォーカスした指標、アウトプットにフォーカスした指標である。これらの評価指標は、本書で議論してきた概念の多くを前提にしている。たとえば、バランスの取れたイノベーション・ポートフォリオを推奨すること、繰り返しと学習を奨励すること、イノベーション専任の資源が存在することなどだ。

インプット関連の評価指標

□イノベーションに割り当てられた財務資源：この変数を単独で使用するのは危険だが、イノベーションのために財務的資源のコミットメントが必要なのは確かだ。ここで一つ注意しておきたいのは、イノベーションにフォーカスし始めたばかりの企業はイノベーションに大規模な予算を割り当てるべきではないということだ。大規模な予算を使う企業は「社運を賭ける」という罠にはまる可能性がある。イノベーションの旅を始める段階では多くの資金を使う必要はない。実際、資金を制限することが極めて適切であることもある。資源が不足しているときは、チームは、重要な仮説に迅速にフォーカスし、それらの仮説を検証するための安価な方法を探し、軽量型で柔軟な組織構造を構築するようになる。ゆえに、予算は最小限のレベルで始めて、後から加えていくべきだ。

□イノベーションにフォーカスした人的資源：この評価指標を使うことで、社員がイノベーション活動に専念する時間を提供してくれることが保証される。多くの企業において、最も貴重な資源は金銭ではなく時間である。中核事業の遂行のために他の活動向けに用意されていた人的資源が使い尽くされてしまうことはよくある。社員が自身の時間の大部分をイノベーションに向けて使ってくれることを保証することで、イノベーションの取り組みを推進することができる。

□中核事業外のイノベーション向けに独立して用意され、保護された資源：一般に、先に述べた二つの指標を使うことで、企業がイノベーションのために資源を割り当てることができるようになる。

しかし、これに加えて、これらの資源の一部が中核事業以外のイノベーションに明確に割り当てられており、経営環境が悪化した際にも強力に保護されることも重要である。イノベーションの全資源を一つの鍋に入れてしまうような企業では、低リスク（かつ低リターン）の中核事業の取り組みが、成長の可能性がより大きい高リスクの長期的プロジェクトを押しのけてしまう結果になることが多い。二四億ドル規模の金属加工工具メーカーであるケナメタルは、長期的イノベーションにのみフォーカスするために集中型組織であるブレークスルー・テクノロジー・グループを設立した。このグループは、新規テクノロジー、新規市場、そして、既存市場を根本的に変革するイノベーションを実現するための新しい方法について評価している。※5

□**新規成長の取り組みに上級役員が費やす時間**：もし、上級役員が新たな成長の創成について真剣なのであれば、自分の時間をイノベーションに割り当てることでその真剣さを示すべきだ。中核事業での取り組みと大きく異なるイノベーションには、上級役員による注意深い管理と支援が必要になる。

□**特許出願の件数**：この指標（およびテクノロジー系企業以外の企業における類似の指標）も単独で利用するとまったく意味のないものになる可能性がある。しかし、他の指標と組み合わせることで、新規テクノロジー開発の努力が常に行なわれていることを確認するための重要な中間的指標になり得る。

プロセス関連および管理関連の評価指標

□プロセスのスピード：理想的なプロセスは、アイデアを着想から重要な意思決定のポイントまで迅速に運んでくれる。ここで意思決定のポイントとは、必ずしも市場の立ち上げとは限らない。プロジェクトを中止するという決断であるかもしれないし、試行をしてみるという決断のこともある。明らかに、この評価指標の目標値は業界によって異なる。数週間でアイデアからテスト市場に持ち込める業界もあれば、研究からプロトタイプが生まれるまでに数年を要する業界もある。

□アイデア考案プロセスの幅広さ：良いアイデアを思いつくのは上級役員の特権ではない。実際には、セールス担当者などの市場に近い人々から最善のアイデアが生まれることもよくある。たとえば、スターバックスは、新製品や新サービスについての顧客のアイデアを本社に伝えることをバリスタに奨励している。優れたアイデア考案プロセスは、顧客、チャネル・パートナー、さらには、競合他社などの広範なソースにアイデアを求めるものだ。社外由来のアイデアの割合を測定してみることは、アイデア生成プロセスの幅広さを評価するための良い方法だ。たとえば、第九章でも述べたように、二〇〇四年にP&Gは、二〇一〇年までにアイデアの五〇パーセントを社外から調達すると述べている。[※6]

□イノベーション・ポートフォリオのバランス：適切なイノベーション・ポートフォリオはバランスが取れたものだ。バランスは複数の次元で考えることができる。たとえば、開発における段階、ターゲットとする領域、リスクの度合いなどだ。クロロックスは、製品ライン拡張から新しいカテゴリーの創出に至るまで、これらの多様な領域で投資のバランスを取ることを目指しており、社内プロジェクトを三つのカテゴリー（持続的、突発的、破壊的）に分類し、それに応じた投資を行なっている。

□**現時点の成長ギャップ**：第一章では、CEOが企業の戦略的目標とイノベーションの投資から期待される効果の間のギャップを計算することが重要であると述べた。この数値を定期的に更新することが有用であろう。分析の結果にはリスクを適切に折り込んでおくことが重要である。すべてのイノベーションのプロジェクトが楽観的な予測に合致することを成功と定義しているのであれば、より多くの、あるいは異なるプロジェクトを開始することを検討すべきである。

□**多様な市場機会に対する個別のプロセス、ツール、評価指標の存在**：異なるレンズを通してみるとアイデアも異なって見える。中核事業の取り組みのふるい分けと具体化には有効であったツールが、意図しないうちに素晴らしい（しかし、従来とは違う）アイデアを排除してしまう可能性がある。企業の中核事業における中間レビューにおいて、せっかくの斬新なアイデアが、今まで企業がやってきたことに似たアイデアに作り替えられてしまう可能性もある。この評価指標を使うことで、企業がイノベーションのタイプごとに異なるふるい分け、ツール、評価指標を使えるようになる。たとえばＩＢＭは、市場投入までの時間とリスクレベルに基づいて市場機会を分類し、タイプ別に異なるイノベーション・プロセスを適用している。

アウトプット関連の評価指標

□市場に参入された新しい製品やサービスの数：イノベーションのエンジンがうまく回っていれば、明白な出力が得られているはずである。出力の数をチェックすることで、エンジンが問題なく回っているかを確認できる。

□中核的カテゴリーにおける新製品が生み出す収益の割合：前述のとおり、この指標を単独で利用すると、不必要な製品ライン拡張を意図しないうちに奨励してしまうリスクがある。しかし、この指標を他の指標と組み合わせることで、企業が成長に不可欠である中核事業に近い市場機会を確実にとらえているかどうかを確認できる。

□新規顧客（あるいは製品の新たな利用形態）から得られる利益の割合：新たな成長のためのイノベーションは、当然ながら新たな成長を生み出すべきだ。この評価指標は、新規顧客あるいは新たな利用形態から生まれる利益の割合を管理する。なぜ利益に注目するのだろうか。イノベーションの重要な推進要素にビジネスモデルがある（第五章を参照）。利益にフォーカスすることで、イノベーターが、低価格製品を大量販売するか、高価格を設定して利益率を高めるかなど、利益を生み出す方法の選択肢について柔軟に検討できるようになるからだ。

□新規カテゴリーからの利益の割合：イノベーションを行なう企業は、新しい顧客や新しい利用形態に対応するだけではなく、数年前には存在しなかったまったく新しい市場を創出する（あるいは、そのような市場に参入する）べきだ。この指標を使うことで、イノベーターは現時点での事業の範囲を超えて、中核事業からある程度離れた領域におけるイノベーションの機会を追求するようになる。

□イノベーションの投資効果：投資効果という指標も単独で使用すると危険なことがある。イノベーターが、リスクは高いが可能性も大きい提案よりも、あまり見返りが期待できない安全策を優先してしまうからだ（NPV〔正味現在価値〕の手法を使えば、この規模評価の問題を回避できるが、この手法にも独自の課題がある）。とは言え、企業は効果が示されない活動に対してイノベーションの資源を無駄使いすべきではない。[※7]

■上級役員に対する助言

イノベーションの評価指標を活用することは容易な作業ではない。イノベーションの評価指標を作成し、使用していこうとする上級役員に対して以下のような助言がある。

□一　何よりもフォーカスが重要：古典的寓話『動物農場』においてジョージ・オーウェルは以下のように書いている。「すべての動物は平等だ。しかし、一部の動物は他の動物よりもっと平等だ」。同じことがイノベーションの評価指標についてもいえる。前述の評価指標はみな重要だ。しかし、一部の指標はより重要だ。さらに、何が真に重要であるかどうかは、企業の状況、能力、戦略的目標に大きく依存する。あらゆる経営陣のダッシュボード上に置くべき評価指標を決定するためには、企業は、自社のイノベーション戦略について意思統一を図り、イノベーションによる成長を妨げている企業特有の障害を識別する必要がある。成長ギャップを計算することは困難な作業だが、このプロセスへの極めて重要なインプットになり得る。

たとえば、あるテクノロジー企業は、五年間の戦略計画においてギャップを埋めるためにおよそ五億ドルの収益を生み出すことが必要であると推計した。この点を理解したことで、この企業はイノベーションの取り組みをどの程度強化すべきかを把握できるようになった。さらなる分析により、企業のイノベーション戦略の進捗状況を把握できる独自指標を選択するために、さまざまな事業部が協業し、新しいビジネスモデルを採用するよう奨励する必要性が明らかになった。

さらに、一人のマネジャーが十数個もの評価指標に対して責任を持つようなことがあるべきではない。各マネジャーに割り当てられた評価指標のリストは限定的であるべきであり、適切な行動との対応づけを可能にする必要がある。評価指標の数が多すぎると、マネジャーは、本当に重要なものではなく、自分が重要であると考えるものだけを推進する結果になってしまう。

□二 相対評価を重視する：

各評価指標の数字は素晴らしい企業が、競合他社の後塵を拝する場合がある。指標を使うときには、社内的な進捗を分析するだけではなく、社外のベンチマークと比較した状況も分析することが重要である。この章で紹介した評価指標の多くは内部的な知識を必要とするため、社外から知ることが困難なのは確かだが、努力してみる価値はあるだろう。

社外の調査を行なう場合には、自明な競合他社以外についても評価する必要がある。たとえば、他業種における同様規模あるいは同様の成長目標を持つ企業や、イノベーションに定評がある企業についても評価すべきだ。企業のカテゴリー分けを行なう際には、一般的な標準産業分類が常に最適であるとは限らない。

□三　評価指標の選択を定期的にレビューする：複数の評価指標を採用した企業は定期的にそれらの指標のリストを更新していかなければならない。適切な評価指標が後になってわかることもよくある。ゆえに、上級役員は採用した評価指標の追加、削除、変更を常に行なえるようにしておくべきである。変更は思いつきで行なうべきではなく、評価プロセスを備えた定型的プロセスとして行なうべきだ。

□四　企業の組織構造における整合性を確保する：大規模企業内の一事業部が、本社CFO（最高財務責任者）の頭の中にある評価指標と大きく異なる指標を採用することはリスクが高い。この事業部が新しい方向性に向かって努力しても、結局は企業が定めた方向性に逆戻りさせられてしまうことになる。企業の組織の連鎖を通じた整合性を確保するために、評価のためのセッションを開催することができる。

□五　評価指標と人事考課システムの整合性を取る：先の「測定できたものは終わったも同然」という格言を思い出してほしい。評価指標は、人事考課システムの結びつきがなければ直ちに無視されてしまうだろう。企業の戦略的優先順位は、人事考課システムに組み込まれるべきだ。イノベーションが評価されず、報酬にも結びつかないのであれば、それが戦略的優先順位となることはない。

万能の評価指標というものはまず存在しない。最適な評価指標は、その対象となる企業、価値、あるいは目標によって大きく異なる。

■応用事例：「ニュースペーパー・ネクスト（Newspaper Next）」

二〇〇五年から二〇〇六年にかけて、イノサイトと米国新聞協会は、急速に変化する環境に新聞業界が追随していけるよう支援するために一三カ月にわたるプロジェクトを実施した。プロジェクト・チームは、多数の報告書をレビューし、数十件のインタビューを行ない、業界の上級役員と中間管理職を調査し、米国の新聞社数社においてデモンストレーション・プロジェクトを実施した。

最終報告書においてチームは新聞社がイノベーションにより成長を達成する能力を向上するための「作戦」を推奨した。[※8] この「作戦」の実行における進捗状況を測定するために、チームは一六種類のイノベーション評価指標から成るダッシュボードを作成した。評価指標は、インプット関連、アウトプット関連、プロセス関連の組み合わせである。これらの評価指標は、新聞社のマネジャーが報告書の推奨事項における進捗を示していることを確認するためのものである。評価指標には以下のものがある。

□ニュースペーパー・ネクストの重要概念について公式に研修を受けた社員の割合：報告書では、新聞社がイノベーションについてまったく異なる考え方を採用することを推奨している。このインプット関連の評価指標は、組織中の何人がイノベーションについての新しい考え方に触れているかを測定しようとするものであり、企業が前進するための共通言語の確立状況を示すものである。

□「片づけるべき用事」について知るために、インタビュー、サーベイ、調査の対象になった中核製品ユーザーの数：重要な推奨事項の一つに、新聞社はより顧客中心型になるべきであるというものがあった。具体的には、チームは、まだ満足されていない重要な「片づけるべき用事」を新聞社が探すことで、機会を探ることを推奨していた。このプロセス関連の評価指標は、イノベーション・プロセスが適切に顧客を関与させているかどうかを管理する（関連した評価指標として「コンタクトした非消費者の数」がある）。

□従来型でない収益モデルからの収益の割合：多くの新聞社が華やかなウェブサイトを構築しているが、ネットの世界の競合他社の多くに見られる新たな収益モデルを確立しているところは少ない。二〇〇六年時点では、新聞社のオンライン収益の大部分がバナー広告の表示と三行広告からの収益である。ここでは、広告付きサーチ、リード生成、オークションなどの要素が欠けている。このアウトプット関連の評価指標は、これらの新しい収益モデルの成長の度合いを示すものだ。

報告書では「N^2（ニュースペーパー・ネクスト）ダッシュボード」を使用したいと考えるマネジャーに対して以下の指針を示している。

マネジャーは、自社の状況と目標を正確に反映するために、任意の評価指標の変更・追加・削除を検討すべきである。たとえば、社内におけるイノベーションのアイデアの流れを向上したいと考えている組織は「従業員が提案したアイデアの数」を測定することになるだろう。

評価指標の中には、正確なデータを得ることが困難であるため、経験値からの推定を行なわなければならないものもある。重要な点は、N^2ダッシュボードの更新のたびに同じ手法を使うことである。すべての分野を一度に同じペースで進められることを期待してはいけない。N^2ダッシュボードでは、各領域において目標を適切に設定することで、「必須」の領域と「可能な限り」の領域を示すことができる。

（中略）企業は多様化したポートフォリオ・モデルへの移行を計画しているため、上級役員が会合の機会をもち、現時点の指標、そして一年後および三年後の目標値について合意を得るべきである。財務的な目標だけではなく、中核事業での成長と新規事業での成長のバランスが取れ、野心的にして現実的な新規顧客獲得の目標を定めたダッシュボードを目指し、新規ビジネスモデルと広告ソリューションを追加していくべきである。

マネジャーは、定期的に（ほとんどの企業では四半期ごとで十分であろう）進捗状況をレビューすべきである。毎年、新しくダッシュボードに記入を行ない、進捗状況、そして将来にどのような進捗が期待できるかの知識の増大を反映すべきである。

図10-1にこの報告書中で述べたダッシュボードの例について示した。

中核事業の最大活用	現在	1年後	3年後
中核製品からリーチできる購読者数			
「片づけるべき用事」についてのインプットを行なってくれた購読者数			
ターゲットとする製品の数			

イノベーションの推進要素	現在	1年後	3年後
上級役員がイノベーションに費やす時間の割合			
「ニュースペーパー・ネクスト」の概念について研修を受けた社員の割合			
イノベーションに対する総投資額			

広告主の要件への対応	現在	1年後	3年後
従来型でない収益モデルからの収益の割合			
過去2年間に追加された広告主からの収益の割合			
広告主の総数の増加率			

購読層の構築	現在	1年後	3年後
非中核製品からの購読者へのリーチ合計			
「片づけるべき用事」についてのインプットを行なってくれた「非消費者」の数			
ポートフォリオ中でニュース中心でない製品の数			

一般	現在	1年後	3年後
オンライン事業からのEBITA（利払い前・税引き前・減価償却前利益）の割合			
過去3年間に市場に投入された製品からの収益の割合			
新聞業界外での経験を有する従業員の割合			
全製品からのリーチ合計			

※ 従来型収益モデルとは、広告表示、三行広告、CPM（掲載回数当たりの料金）などである。
従来型でない収益モデルとは、クリック数課金、リード数課金、データベースアクセス料金、コンサルティング料金などである。

図10-1　ニュースペーパー・ネクスト・ダッシュボード

■まとめ

□本章で述べてきたステップは、自社のイノベーションの取り組みを明確に把握するために必要な一連のイノベーション評価指標を導入する援助となるものだ。適切な評価指標を使用することで、マネジャー間の意思統一を図り、企業が堅牢なイノベーション・ポートフォリオを構築できる可能性を増すことができる。

□企業は、評価指標における罠に注意する必要がある。このような罠としては、フォーカスする指標が少なすぎる、ローリスク・ローリターンの活動を奨励してしまう、アウトプットよりもインプットを優先してしまう、などがある。

□万能の評価指標は存在しない。企業は、インプット、アウトプット、イノベーションのプロセスに関する評価指標を組み合わせて使用する必要がある。

□独自の評価指標を使用したいと考えているマネジャーは、自身のビジネスに最も重要な少数の指標を選択し、その指標の向上の状況を他の同等のグループと比較し、評価指標の選択を継続的にアップデートし、選択した評価指標に基づいた意思統一を図るべきである。

■実地演習

□同僚とともに、現在、自社でイノベーションを管理するために使用されている評価指標を列挙してみよう。本章で述べてきたような評価指標における罠にはまっている兆候が見られるだろうか。

□自社におけるイノベーションの主要な阻害要因を識別するためのブレーンストーミング・セッションを開催してみよう。阻害要因の排除に集中できるような評価指標を検討してみよう。
□異なる業界において同等の収益と成長目標を持つ企業を列挙してみよう。これらの企業がどのようにイノベーションを測定しているかをウェブ検索で調べてみよう。
□イノベーションの評価指標と自社の人事考課システムの整合性について評価してみよう。整合性が取れているのはどの部分か。取れていないのはどの部分か。

■ヒント

□イノベーションに関して常に総合的に考えることが重要だ。多面的な問題には多面的な解決策が必要だ。
□定性的な評価指標も積極的に使用すべきだ。
□評価指標には算定が困難なものもある。単純な手法を見つけ出し、指標の絶対値ではなく、その変化にフォーカスしよう。

第十一章　結論

破壊的イノベーターを目指す者にとってトーマス・エジソンに学ぶべき点は多い。「メンロパークの魔術師」とも呼ばれたエジソンは、世界を変革した数々の発明を自らの名において行なっている。株価ティッカー、電報システム、ろう紙、レコード、白熱灯、フルオロスコープ（X線透視装置）、ニッケル鉄アルカリ蓄電池、映画カメラ、硫化ゴムなどが、エジソンの独創的アイデアの中で商業的に成功したものの一部である。これらのすべての発明は、エジソンとおよそ六〇名の同僚たちが電気機器を考案し、拡張し、改良し、いじくり回している「発明工場」と呼ばれる場所で生まれ、育てられてきた。

エジソンは自身を独創的な天才とは考えていなかった。「天才とは一パーセントのひらめきと九九パーセントの汗である」と言ったのは有名である。また、何かを達成するまでは試行錯誤を根気よく繰り返すタイプだった。そして、顧客をイノベーションの数式の中心に置き「他者に提供できるサービスという視点で考えられない発明は完成したとは言えない。(中略)世界が必要とするものを見つけ、発明するのだ」と述べている。また、エジソンは失敗も受容した。「うまくいかない方法を一万回発見しても、失敗したわけではない。放棄された試みのすべてが前進なのであるから、失望することはない」と述べている。

本書では、自分の内なるエジソンを呼び出せるようにするための現実的なヒントと手法について紹介してきた。イノベーションは霧に包まれているわけではないし、イノベーションのために独創的なひらめきが要求されるわけでもない。これは、イノベーションにリスクがないといっているわけではないし、独創性が重要ではないといっているわけでもない。リスクは存在するし、独創性は重要である。しかし、一貫したアプローチに従うことで、一貫した結果に結びつけることが可能だ。

この最終章では今までの内容を振り返り、イノベーションにおける主な罠について再度強調し、最後の助言を述べることとしよう。

■本書の内容を振り返る

本書の基本的メッセージは、適切なプロセスと原則を使うことで、企業がイノベーションによって成長できる可能性を大幅に向上できるというものだ。成長事業を作り出す最も確実な方法は、破壊的イノベーションを行なうことであると主張した。破壊的イノベーションとは、頻繁に市場を創出し、業界を変革してきた単純で安価で、カスタマイズ可能なアイデアのことだ。破壊的イノベーションの原則とパターンは、既存の市場で競合したり、社内のプロセスを改善したりしようとしているイノベーターの指針にもなる。

第一章では、成長のために重要な三つの前提条件について述べた。

□一　安定した中核事業

□二　成長のための「作戦」：これには、全体的目標、目標とするイノベーションのポートフォリオ、イノベーションの「時刻表」、目標、境界条件、そして、イノベーションの取り組みのターゲットとなる事業領域などがある。

□三　イノベーションのために割り当てられ（そして、保護された）財務資源と人的資源

そして、以降の七つの章では、新しい成長事業を作り出すための、以下の三つのステップから成るプロセスについて紹介してきた。

□ステップ1　市場機会の識別：イノベーションの機会、消費の阻害要因、既存の製品やサービスが過剰満足状態になっている顧客を識別する。そして特に重要なのが、今日のソリューションでは適切に対応されていない重要な「片づけるべき用事」を識別することである。

□ステップ2　革新的アイデアの構築と具体化：破壊的イノベーションの原則を使い、識別された市場で勝利するためのアイデアを考案する。自身のアイデアを成功のパターンと照らし合わせて評価し、改良し、次に何をする必要があるかを理解する。

□ステップ3　アイデアを先に進める：「学習計画」を作成し、実行することで重要な仮説についてさらに学習する。適切な経験を有するマネジャーから成る小規模なチームを任命し、初期段階の実務を開始する。

図11－1に本書のこの部分の主要な結論について図示した。しかし、多くの大規模企業にとっては一度限りの成功では不十分だ。成長ギャップを埋め、証券アナリストが予測していなかった「アップサイド・サプライズ」を実現するためには、新たな成長を継続的に生み出していく必要がある。第九章と第十章では、イノベーションをシステム化するための組織構造、システム、評価指標についてまとめた。図11－2に、本書のこの部分の重要な原則についてまとめた。

■イノベーションにおいて陥りがちな罠

良いアイデアが浮かんでから最終的な成功に至るまでには紆余曲折がある。本書では、企業が意図しないままに目標達成に失敗してしまう場合の特定の要因について述べた。以下ではプロジェクト関連の六つの罠と企業関連の四つの罠について述べる。

プロジェクト関連の罠

□一　早期に過大な投資を行なってしまう：投資額が大きすぎることが害を及ぼすことがある。致命

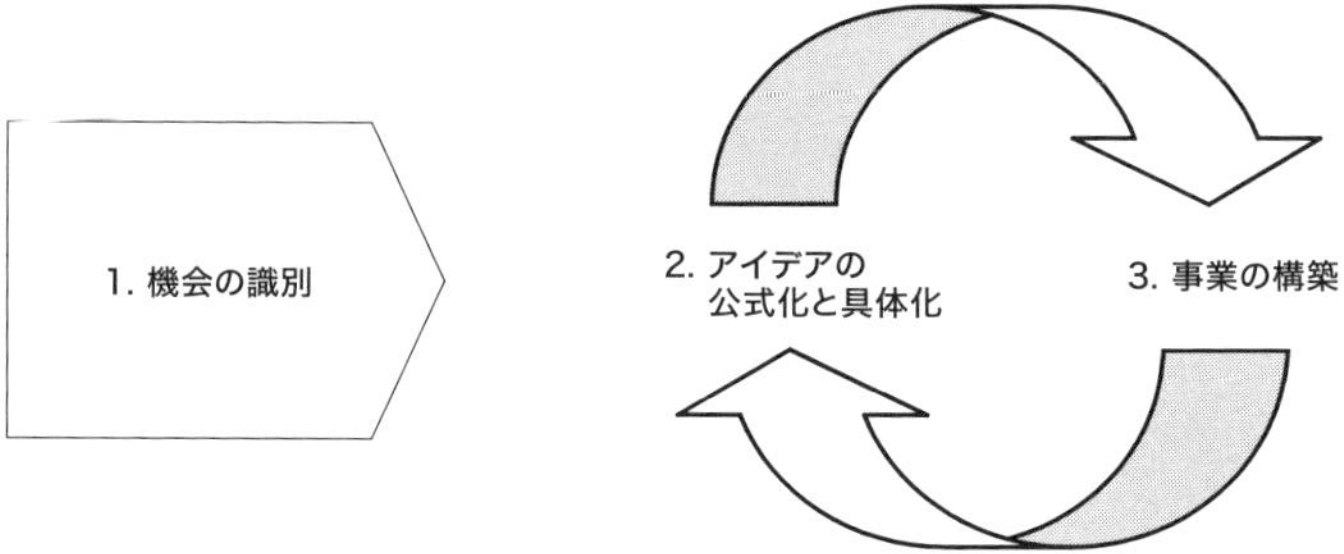

	1. 機会の識別	2. アイデアの公式化と具体化	3. 事業の構築
重要概念	• スキル、資力、アクセス、時間が消費を阻害していないかどうか識別 • 過剰満足の兆候の調査 • 重要かつ満足されていない「用事」の発見	• 破壊的イノベーションの原則を使い、可能性が大きいアイデアを考案 • 複数のイノベーションのレベルを考慮 • カスタム化されたチェックリストによりアイデアを評価	• テスト、学習、適合にフォーカス • 適切なタイプの経験を有する要員でチームを構成 • 組織のインターフェースに習熟する
ありがちな罠	• 既存の市場だけを考慮してしまう • すぐに解決策を得ようとする • 最善の顧客だけにフォーカスしてしまう	• 機能面でのイノベーションだけを考慮してしまう • 数字に早期にフォーカスしてしまう • 戦略をあまりに狭く評価してしまう	• 重要な仮説を欠く • 中核事業における「最善」が新規成長の取り組みでも適切であると仮定してしまう • 中核事業に資源を吸い取られてしまう

図11-1　イノベーション・プロセスの概念とその罠

的な欠陥がある戦略にチームが貼りつけられてしまう可能性があるからだ。戦略が最初から正しいことは滅多にない。このため初期段階での投資は、最も重要な仮説とリスクの対応に限定すべきだ。

□二 「何をなすべきか」よりも「何ができるか」を優先してしまう：テクノロジー主導型の企業では、マネジャーは技術的な問題の解決を中心にしてイノベーションを考えてしまいがちだ。事業の成功には利益を生み出すことが必要だ。利益のためには、対価を払ってくれる顧客が必要だ。いかに素晴らしく見えるソリューションであっても、市場のニーズが存在することを確認することが必要だ。

□三 実現不可能な完全性を追求する：企業は、完璧な製品を作ることを追求してしまいがちだ。数十年にわたるイノベーションについての研究により「ビッグバン」アプローチが失敗する可能性が高いことが判明している。ここでのポイントは、完璧な製品というものは後になってみなければ判断できないということだ。ゆえに、完全性を追求する企業は市場からのフィードバックを得る機会を失ってしまう。また、単純性、使いやすさ、アクセス容易性よりもテクノロジー的な性能を優先する傾向も問題だ。テクノロジー的な視点から離れることで、見逃されていたイノベーションの可能性が明らかになることもある。

□四 分析過剰症候群：インテュイットの創業者であるスコット・クックは、破壊的イノベーションのチームがフォーカスすべき重要な質問は最大でも二件に抑えるべきであると考えている。未知の事項が多すぎると、組織的な進捗方法に慣れた既存企業のプロジェクト・チームは、一度に多くの

イノベーションのための組織作り

1. イノベーションのために適切な組織構造を構築

		採用できる構造	
戦略的意思	刺激する	研修部門	諮問委員会
	指導する	成長委員会	社内起業ファンド
	先導する	インキュベーター	成長グループ
	強化する	企業ベンチャー投資事業部	事業開発グループ

2. 他の支援システム/組織構造の実現

	追求すべき	避けるべき
外部からのインプット	定期的なインプット	集団思考
適切なツール	課題ごとの独自ツール	汎用ツール
共通言語	一貫した明確な視点	時間の浪費に結びつく混乱
人事ポリシーの支援	人事と報酬との整合性	「イノベーションはキャリアの邪魔」

評価指標

インプット指標

- 割り当てられた財務資源
- 割り当てられた人的資源
- 中核事業以外のイノベーションのために守られた資源
- 上級役員の時間
- 取得特許の数

プロセス指標

- プロセスのスピード
- アイデア考案プロセスの幅広さ
- ポートフォリオのバランス
- 成長ギャップ
- 機会別の個別のプロセス/ツール

アウトプット指標

- イノベーション立ち上げの数
- 新規製品・サービスからの収益の割合
- 新規製品・サービスからの利益の割合
- イノベーションへの投資効果

実践への助言

1. 上記リストに基づいた自社独自の評価指標の組み合わせを作成する
2. パフォーマンスを長期的に監視し、業界および一般的なベスト・プラクティスと比較する
3. イノベーションの評価指標リストを継続的に改訂する
4. 企業の組織構造との整合性を確保する
5. 人事考課システムと評価指標の整合性を確保する

図11-2　イノベーションの組織構造とシステム：重要原則

ことをやりすぎようとして膠着状態になる傾向がある。成功を阻む重要課題に対してフォーカスを厳密に絞ることが必要だ。

□五　従来型の市場予測ツールの使用：運営能力に優れた企業は、市場の可能性と自社のイノベーションの取り組みの市場における可能性を評価する詳細な手法を採用している。企業が適切なプロジェクトを進行し、サプライ・チェーンを適切に管理し、社内の資源を適切な割合で配分するためには、正確な目標設定が重要である。しかし、既知の測定可能な市場においてうまく機能するツールや手法が、新たな成長の取り組みの可能性を評価するためには信頼できないことも多い。選択したツールが状況に合致しているかを確認すべきだ。

□六　コア・コンピタンスへの固執：コア・コンピタンスが組織の硬直化に結びつくことがある。企業は自社のコア・コンピタンスを広く定義し、それを足かせではなく手段として使う必要がある。「このスキルを伸ばすためには何をすればよいか」と言うのではなく「これは当社のコア・コンピタンスではない」と言ってしまう問題がしばしば見られる。

企業関連の罠

□一　バランスを欠くポートフォリオ：検証しないままでいると、企業のイノベーション・ポートフォリオは、低リスクの中核事業に近いプロジェクトだけ、あるいは同じようなリスク特性の成長事業の取り組みだけで占められてしまう。何らかの規範を採用することにより、イノベーションのポートフォリオをバランスの取れたものにすることができる。

□二　**長期化したプロジェクトが多くなりすぎる**：プロジェクトを開始するのは簡単だが、それを中止するのはつらいことだ。しかし、プロジェクトを殺すことは人を殺すことは違う。プロジェクトを中止することで良い結果が生まれる場合もある。これは特に他の取り組みに役立つ重要な教訓が得られたときに当てはまる。

□三　**中核事業によるフォーカスの拡散**：中核事業は多くの面で新規成長の取り組みに影響を及ぼす。極めて独自性が高かったアプローチが見えない力によって、いつの間にか過去に行なったものと似たものにされてしまうこともある。このような力を回避するには、積極的な管理が必要だ。

□四　**誤った意思決定基準の使用**：多くの企業が、機会の正味現在価値（NPV）やプロジェクトの総収益などの厳密な定量的基準を用いて意思決定を行なってしまう。まだ存在していない市場を評価したり分析したりするのは困難だ。数字だけにこだわった意思決定を行なってしまうと、最初は小さく始まる爆発的な成長機会を見失ってしまうことはほぼ確実だ。

イノベーターがこれらの罠にはまらないようにするために、本書が貢献できることを期待している。未知の市場の可能性の評価、学習の財務価値の評価、個別の報酬・奨励システムの開発などの未解決の課題に対応することを目的とした、研究者や実務家のさらなる活動により、企業はさらに確信を持って前進することができるようになるだろう。

■P&Gの事例からの教訓

本書の導入部では、破壊的イノベーションのシステム的な能力を得るためにP&Gが行なってきた取り組みを紹介した。二〇〇七年の中盤に、イノサイトとP&Gは電話会議を行ない、両者の三年間にわたる協業から得られた以下の四つの教訓について紹介した。

教訓1：破壊的イノベーションは意識的な選択でなければならない

破壊的イノベーションを通じて成長したいと望む企業は、破壊することを意識的に選択しなければならない。企業の最も上位の役員が適切な組織を設け、十分な資源を提供し、個人的に関与しなければ、破壊的イノベーションは成功できない。企業内には極めて多くの抵抗勢力が存在し、破壊的イノベーションのアイデアをつぶしにかかる。

破壊的イノベーションによる可能性を最大化したい企業は資源配分のプロセスをマスターしなければならない。何もしなければ、組織における暗黙の優先順位が破壊的イノベーションのプロジェクトから時間と予算を気づかれないうちに継続的に吸い上げてしまう。プロジェクトは予算不足になるか、変革の度合いを下げて、企業の今までのやり方と同じに見えるように方向性を変えざるを得なくなる。企業の最上位に位置する役員だけが、資源配分プロセスをコントロールすることができる。

上級役員は、破壊的イノベーションが企業のあらゆる部門に適用できるとは限らないことも認識しておかなければならない。業績が健全でない事業部は、破壊的イノベーションに取りかかるだけの自由度を持ち合わせていないことが多い。また成功のためには、ポートフォリオのアプローチを取ることも重要だ。いかなる企業においても、資源の大半が既存の事業ラインを維持するという重要な取り組みに割り当てられている。

教訓2：既存のツールを変えるか、別のやり方で利用する必要がある

企業が中核事業でイノベーションを行なう際には有効だったツールやアプローチも、「新世界」における破壊的イノベーションのプロジェクトではあまり有効な結果をもたらさないことが多い。第九章でも述べたように、この状況にある企業は使用しているツールを変更するか、既存のツールを新しいやり方で使用する必要がある。

教訓3：チームの組織構造と管理者が破壊的イノベーションの隠れた阻害要因である

プロジェクト・チームの結成と管理は、多くの企業において極めて厳格なプロセスである。従来型のプロセスは以下の四つの問題に結びつく。

□一　**必要以上に大規模なチーム**：企業によって製品やサービスの立ち上げに必要なすべての機能を備えたチームが構成されてしまうことがよくある。しかし、破壊的イノベーションの初期段階では、特定の分野における仮定とリスクの検証のための実験と学習にフォーカスすべきだ。チーム・メンバーが多すぎると、専門家がチームの重要課題に対応するのではなく、自身の専門分野にこだわってしまい、取り組みが拡散する結果になりかねない。

□二　**チーム・メンバーの経験の種類が不適切**：破壊的イノベーションのチームを最高レベルの精鋭で固めようとする企業は数多い。しかし、中核事業の運営に優れた人材が、新たなベンチャー事業の運営を苦手とすることもある。破壊的イノベーションのチーム・メンバーが適切な種類の経験を有している場合にこそ、成功の可能性が最も高くなる。

□三　**チームがやらなくてもよいことを追求し、やるべきことを無視してしまう**：破壊的イノベーションのプロジェクトでは、異なる流通チャネルを使用し、異なるブランドを創成し、異なるマーケティング手法を使用し、場合によっては異なる収益モデルを作ることが必要になる。これらの中には企業にとって好ましいものもあれば、そうでないものもある。ゼロから始めるチームは、放任されたままであると、やらなくてもよい可能性を野放図に追求して、本来やるべき境界条件への対応を怠ってしまい硬直状態に陥ってしまう。プロジェクトの初期段階では、チームと経営陣が何を検討の対象にして何を対象にしないかを明確に決定しておく必要がある。

□四　**チームにおける専任の人材の欠如**：破壊的イノベーションでは、今までと違ったやり方で物事を行なうことが必要になる。自分の時間の一部しか破壊的イノベーションの取り組みに費やさないプロジェクト・メンバーは、中核事業のプロジェクトには適切だが、破壊的イノベーションの取り組みには不適切であるようなやり方を踏襲してしまう可能性が極めて高い。

これらの問題は対応可能だが、そのためには、チームの要員選択と管理において従来と異なるアプローチを取ることが必要になる。成功の可能性を最大化するには、チームの構成に十分注意する必要がある。

教訓4：発想の転換が必要である

破壊的イノベーションにおいて成功するには、行動を変えるだけではなく、思考形態を変えることが必要である。プロジェクトのスポンサーや推進者の役を担う経営陣は、自身を起業家とみなすべきであり、管理者や「チアリーダー」であるとみなすべきではない。これは、経営陣が人任せにせず自分で実行し、社内の抵抗勢力に対抗し、社内環境を統制し、プロジェクトの「回転資金」に常に注意し、現実のデータを経験し、チームに適切な人材を参加させるよう努力し、不適切な人材をチームからはずし、そして、組織にこだわらず専門知識を追求することが必要ということだ。プロジェクトを指揮するマネジャーは、単に標準的な手続きに従うのではなく、次にプロジェクトに必要なステップについて理解している必要がある。

思考形態は一夜にして変わるものではない。変革を成し遂げようとする企業は、成功に向かう変化を成し遂げる共通言語の確立のために、研修、パンフレット、オンライン・コミュニティなどの広報資料などへの多大な投資を行なう必要がある。

■最後の助言

本書の元になった研究と現場での調査活動により、筆者らは以下の八つの原則が存在すると信じるに至った。この八つの原則は、今まで議論してきた多くの概念のまとめとなるだろう。

□一　会議室の壁がさえぎっているものは太陽の光だけではない：会議室の壁は素晴らしいアイデアをもさえぎってしまう。市場機会を本当に理解したいのであれば、オフィスから出て顧客や「非消費者」との対話を行なうべきだ。そこでは驚くべきことを学べるだろう。

□二　「これは良い製品（ソリューション、プロセス、アイデア）か？」という質問に対する答は常に同じであるべきだ：すなわち、「場合による」という答であるべきだ。品質とは相対的な言葉である。あるものが良いか悪いかは、顧客の目を通じて世界をみることによってのみ判断することができる。

□三　最悪の仮説とは自分は正しいと思い込んでしまうことだ：常に自分は間違っていると仮定しよう。やり方を知らないだけだ。

□四　スプレッドシートは仮説を表現するものであって答を表現するものではない：イノベーションを行なっているときにはスプレッドシートだけに頼ることがあってはならない。紙の上で事業規模を大きく見せることは簡単だが、現実世界で大きく見せることは容易ではない。スコット・クックによる次の至言を思い出してほしい。「我々が犯してきた失敗の背後にはいつも一見素晴らしく見えるスプレッドシートがある」。

□五　資源不足は起業家の強みである：大企業の社員が筆者に以下のように聞いてくることがある。

「起業家のDNAを少し取って私のDNAに移植すれば、私はもう少し革新的になれるでしょうか」。筆者は、起業家と大企業内のマネジャーには大きな違いはないと考えている。起業家は必要に迫られて独創的になっているだけだ。企業がイノベーションに資金を投入しすぎて台無しにしてしまうこともある。創造性が必要ならば、制約条件を課してみることだ。

□六　**十の一〇〇パーセントは、千の一〇パーセントに勝る**：計算が間違っているように見えるかもしれないが、そうではない。ほとんどの場合、小規模なグループがイノベーションに専念したほうが良い結果が得られる。多数の人々のそれぞれに対してイノベーションに少しの時間を使ってもらうように頼んでも、たいていの場合、中核事業に時間を取られて望んだ結果が得られなくなるものだ。

□七　**時間の使い方が優先順位を反映する**：多くの企業が、イノベーションが自社の戦略的優先事項であると述べている。しかし、上級役員の日程をチェックしてみると、ほとんどの役員が月に三〇分しかイノベーションのために費やしていないこともあるだろう。イノベーションに対して真剣なのであれば、時間を割り当てなければならない。

□八　**評論家は多数存在するが、問題解決者は希少である**：デザイン会社のIDEOのトム・ケリーは、皮肉な評論家指向がイノベーションにおける最大の障害であると雄弁に語っている。筆者らもこの意見に賛成だ。皮肉屋になるのは難しくない。誰でもなれる。そして、評論家は有用とは言えない。一方、問題解決者になるのは難しく、誰でもなれるわけではないが、もし問題解決者になるのなら実に素晴らしいことだ。

■パターン認識の時代

地位を確立した企業でイノベーションへの旅を始めたばかりのマネジャーは、イノベーションを完全に制度化するためには少なくとも三年は努力を継続することが必要であることを認識しておくべきだ。そして、そのようなコミットメントには十分な価値があると考える。本書で述べたアプローチは、イノベーションによる成長を作り出そうとする企業が直面する共通の課題の克服に役立つだろう。スピード、品質、必要な投資のトレードオフが必須だった予測不可能なイノベーション・プロセスをより良く、より迅速に、より安価にできる。資源をより効率的に配分でき、致命的な欠陥があるアプローチを早期に中止できるようになる。重要なリスクに早期に対応することで、最も可能性が大きいイノベーションを加速することができる。成功するイノベーションを連続させることができるようになる。こうして成功のリズムを獲得できれば、競合他社は常に一歩遅れることになりバランスを崩されてしまうだろう。

現在の世界は、イノベーションによって競合優位性を得ようとする企業にとって大きな機会を提供している。いかなる領域においても、人の問題解決の方法は同じだ。新しいタイプの課題に直面したときには構造化されていない試行錯誤型のアプローチで解決せざるを得ない。しかし、時とともに課題に対する理解が深まってくると、問題解決の指針となるルールが明らかになってくる。

イノベーションという概念は、試行錯誤の世界から完璧に予測可能な手順どおりの世界への遷移であると筆者らは確信している。筆者らはこの移行期が「パターン認識の時代」であるとみなしている。本書では、機会を見つけ、アイデアを展開し、事業を構築し、能力を身につけるためのパターンについて述べてきた。本書のツールを活用することで、他者には見えないものが見えてくるだろう、他者がカオスとしか思わないものに秩序を見出すことができるだろう、そして、新しい成長事業を繰り返し創出していくことが可能になるだろう。

補遺　よく聞かれる質問（FAQ）

本書で述べてきた概念の多くは単純であり、理解しやすい。しかし、現実世界は複雑な場所だ。この補遺では、筆者らが質問されることが多い破壊的イノベーションに関する難しい質問に対する回答の一部を紹介する。

1　破壊的イノベーションとは単なる流行語ではないのか？　数年で消え去ってしまうのではないか？

破壊的イノベーションの概念は一五年以上も前に行なわれた学術研究から生まれたものである。決して一時の流行ではない。また、本書で述べた概念は、成長とイノベーションという企業の永遠の課題への対応を援助することを目的としており、破壊的イノベーションの中核的概念以上の内容が含まれている。

2　自分は独創的ではないが、イノベーションを行なうにはどうすればよいだろうか？

イノベーション関連の業務に配属されたマネジャーが疎外感を感じることがよくあるようだ。「自分はそれほど優秀ではない」あるいは、「アップルCEOのスティーブ・ジョブズのような独創性を備えていない」などと言ったりする。我々の回答は以下のようになる。

□イノベーションは、実際には多くの人が考えているよりも定型的なものだ。一定のプロセスに従い、パターンを活用することで、誰でも自分の内にあるイノベーターの力を解放することができる。

□独創性は重要だが、独創性を発揮するために「独創的なタイプ」の人物である必要はない。適切なプロセスに従えば、誰でも独創性を発揮できる。

□ほとんどの場合、イノベーションは境界領域で起こる。個別には独創的でない二人の人物が互いに異なった視点を提供することで、集合的に独創性を発揮することがある。

3　我が社の事例は破壊的イノベーションに相当するか？

本書では、破壊的イノベーションの多様な例を紹介してきたが、本書で紹介していない例について質問してくる人も多い。通常、我々がよく知らない事例について質問を受けたときには、第六章のチェックリストの質問を行なってみるようお願いしている。常にこのパターンに照らしてチェックすることが重要であり、「今までと違っているから」あるいは「性能が大幅に向上しているから」破壊的イノベーションであるというよくある誤解にとらわれないようにすべきだ。

4 自分の仕事が顧客を直接の対象としたものでない場合、「片づけるべき用事」の概念はどのような意味があるのか？

第四章では、「片づけるべき用事」の概念が、消費者相手だけではなく、企業間のビジネスにおいても活用できることを示した。しかし、自分の仕事が顧客と直接やり取りするものでない場合に、この概念が関係するのかを尋ねてくる人は依然として多い。我々の回答は「どんな人にも顧客がいる」というものだ。社内向け機能のスタッフの場合には、顧客は上司かもしれないし、アシスタントかもしれないし、プロジェクト・チームのメンバーであるかもしれない。このような場合でも、「片づけるべき用事」の概念は自分の業務を改善する上で有効だろう。

5 どうすれば、マネジャーのところに行って「私は答を知らない。アイデアを裏づける定量的データもない」と言うことができるのか？

本書では、最初の戦略は必ず間違っていること、また、最終的な成功のためには、数字ではなくパターンを頼りにイノベーションを進めていくべきであることを述べた。マネジャーが、このような考え方の実践を躊躇することがある。「自信がない」とか「定量的指標に従わない」と言うと、経営陣にペナルティを受けるのでないかと心配しているのだ。我々の回答は以下のようなものだ。

□自分が何を知らないかを認めることで、過信して問題が起きたときに立ちゆかなくなるより場合よりも地位を強化できることがある。自分が何を知らないかを認めることは、問題となる可能性がある場所を注意深く検証してきたことを意味する。重要なポイントは「知識がない」と言った後に「適度な資源があれば、もう少し調べることができる」と言うことだ。

□上級役員の承認や多大な予算なしにデータを作ることができないかを考えてみよう。たとえば、家族や友人を使って非公式のフォーカス・グループを実施するなどだ。

6　既存の製品の機能を削減することで「必要にして十分」にできるか。破壊的イノベーションを行なうことは、劣った製品を作ることを意味するのか。それにより、企業が目標を達成できなくなることがないのか？

破壊的イノベーションの成功のために質の悪い製品を作らなければならないというようなことはまったくない。実際、顧客は破壊的イノベーションが生んだ製品を素晴らしい製品と考えているはずだ。そうでなければ、顧客はその製品を選ぶことはない。以下の点を心に留めておいてほしい。

□品質とは相対的なものである。顧客は単純性を求めることも、低価格性を求めることも、カスタマイズ性を求めることもある。この場合には、顧客は絶対的な性能よりもこれらの要素を優先した製品を高く評価することになる。

□「必要にして十分」が意味するところは文脈によって異なる。破壊的イノベーションの概念は、既存市場における最も要求が厳しい顧客に対して品質が劣った製品を提供することを意味するものではない。このような顧客は技術的に完璧な製品を要求するだろう。

□あらゆるものは変化する。あまり優れていない製品も次第に改良されていく。最初の段階では改良がどのように進んでいくかがわからないだけだ。
□あるものを「必要にして十分」にすれば何ができるかを考えてみよう。すなわち、ある面での性能を「必要にして十分」レベルに抑えることで何が可能になるかということだ。こうすることで、どのようなイノベーションの手段が活用可能になるか考えてみよう。

7　顧客の要求を高めることで過剰満足状態から脱却することはできないのか？

破壊的イノベーションのモデルでは、人々の生活が変化するよりも速く企業がイノベーションを行なってしまうために、過剰満足が生じる。破壊的イノベーションの図では、顧客が要求する性能のレベルがほぼ横ばいの線として示されている。この線を右肩上がりにする、つまり、顧客の要求を高めることで、「イノベーションのジレンマ」から抜け出せるのではないかと言う人も多い。このような意見に対する我々の答は以下のようなものだ。

□需要が次第に増大するケースもあるが、顧客が「いらない」と言ったものを説得して買わせようとするのは極めて高価につくことが多い。これと比較してはるかに効率的なアプローチは、顧客のニーズに合致するためにイノベーションを行なうことである。
□発明によって、既存のソリューションが現実の「片づけるべき用事」を適切に片づけていないことが明らかになることがある。たとえば電子メールは、電話やメモよりも適切に多くの業務上の課題を解決してくれる。しかし、電子メールが使いやすくなるまでは、既存のソリューションの制限は明らかではなかった。

□第四章で述べたように、「片づけるべき用事」の概念は、ソリューションが「必要にして十分」ではない場所を理解するための重要な方法だ。「片づけるべき用事」を深く理解することで、一見コモディティ化した市場カテゴリーを再活性化することができる。

8　ある企業にとって破壊的イノベーションであるものが、他の企業にとっては持続的イノベーションであるように思えることがある。その理由は何だろうか？

「破壊的」とは相対的な言葉だ。破壊的イノベーションの概念を正しく理解していれば、実際の破壊は、企業が新しいパフォーマンス曲線を開始するときに生じることがわかるだろう。いったん、破壊の足場が築かれたならば、その後の改良はその企業にとっては持続的イノベーションだ。そこでは、継続的な成長と成功の反復のために、日常的課題に対応することが求められる。

9　破壊的イノベーションに会社のすべての資源を投入すべきだろうか？

そのようなことはまったくない。第一章で論じたように、成功の鍵はポートフォリオのアプローチを取ることだ。一般に、地位を確立している企業であれば、イノベーション資源の少なくとも八〇パーセントを持続的な改良に配分することを推奨する。これは二者択一の問題ではない。

10　破壊的イノベーションによってブランドが損なわれないだろうか？

地位を確立した企業のマネジャーが、ブランド力に悪影響があることを恐れて破壊的イノベーションに消極的になることがある。このような姿勢に対する我々の答は以下のようなものだ。

□顧客から見たブランドの意味を変更し、顧客を混乱させることは何としても避けなければならない。

□破壊的イノベーションが生み出した製品のブランド戦略では、サブブランドの適切な使用が有効である。親ブランドや企業名が、その製品が優れているということを表し、サブブランドが、製品が特定の問題をターゲットとしていることを表す。適切なサブブランドの使用（たとえば、コダックのファンセイバー〔使い捨てカメラ〕、任天堂Ｗｉｉ、タイド・ツー・ゴーのスティンペン〔染み抜きペン〕など）により、企業は破壊的イノベーションによる新製品を成功裏に市場に投入できる。

□破壊的イノベーションを適切に実行すればブランドは強化され得るという点は実に重要だ。顧客が生活において直面する重要な悩みに対応できるからである。逆に、不必要な過剰満足を提供することで、ブランドにより大きなダメージを与えてしまう可能性もある。

□「非消費者」をターゲットとする場合は、元々のブランドがそもそも付加価値を提供していたのかを考慮する必要がある。たとえば、ティーンエージャーは新聞社のブランドが表示されたエンターテイメント情報のウェブサイトを高く評価しないかもしれない。自分の両親が見るようなサイトだと感じてしまうかもしれないからだ。

11　破壊的イノベーションを行なうということは、文字どおり自己のビジネスの破壊につながらないか？

地位を確立した企業が破壊的イノベーションに消極的になる理由の一つに、高利益率の事業を低利益率の事業で置き換えることになるのではないかという不安がある。この不安に対する我々の答は以下のようなものだ。

□市場の食い合いを避けることこそが、我々が「非消費者」をターゲットにすることを推奨する理由の一つだ。自社の既存事業をどう犠牲にするかではなく、今までリーチできていなかったすべての市場にリーチすることを考えるべきだ。破壊的イノベーションを適切に管理できれば、食い合いを最小化して、望ましい結果を得ることができる。

□市場の食い合いやコモディティ化の力を食い止めることは困難だ。もし、自社が破壊的イノベーションを行なわなければ、誰か別の者が行なうだけのことだ。高い利益率のビジネスと低い利益率のビジネスの間の選択ではなく、高い利益率のビジネスと利益がまったくないビジネスの選択が必要になることも多い。

□破壊的イノベーションを行ないそうな競合他社がいない場合には、非常ボタン型の破壊的イノベーションの計画を行なうことができる。市場の攻撃者が登場しそうな兆候があった際に初めて破壊的イノベーションの製品を市場に投入するのである。このようなやり方を採用することで、競合他社の動きを迅速に食い止めることができる。

12　破壊的イノベーションを行なうと株主が反対しないだろうか?

上級役員にとって、投資家の期待を管理することは極めて重要な課題だ。第一章で述べたように、上級役員は自社の計画を明確に投資家に伝えなければならない。小さく始めて、組織的な自由度を提供することも、この極めて現実的な課題に対応する上で重要だ。

13　破壊的イノベーションによって利益を上げることができるか？

自社の業界における破壊的イノベーションをモニターしている企業が、破壊的イノベーションは損失を出すだけと結論づけていることがある。もし、企業がビジネスモデルに対しても破壊的変化を適用しようとすればそのようなことも実際にあり得る。破壊的イノベーションを追求する場合には、自社のビジネスモデルが市場機会に合致していることを確認すべきだ。

14　自らイノベーションを行なうよりも、他社の動きに迅速に追随するという手法のほうが有効ではないか？

まず、どの破壊的イノベーターが最も成功率が高いかを市場に選別させて、それに追随するという考え方が魅力的に思えることがある。実際、第五章で述べたように、小規模な破壊的イノベーションの種（シード）を持つ企業を買収することで大きなメリットを得られることもある。しかし、このような「迅速に追随する」アプローチには以下の三つの問題点がある。

□正しい相手に追随していることをどう確認するのか。あらゆる機会に追随していては、取り組みが希釈化されるだけだ。適切な思考モデルの使用により、何に追随するかをより確実に発見できるようになる。

□他者に迅速に追随しても破壊的イノベーションがもたらす成長を享受できる可能性は低い。正しいアイデアを知っているとは限らないからだ。迅速な追随戦略を取る者は、後になってみれば当たり前のアイデアの獲得のために、高額な企業買収を行なわなければならないこともある。

□もし、最初の戦略が常に間違っており、そこから学ぶことに価値があると考えているのならば、追随戦略は有効ではない。独自で戦略を推進することから得られる重要な学習を行なうことができないからだ。

そうは言っても、他社に迅速に追随する戦略が意味を持つ市場の階層やセグメントが存在するのは確かだ。ただし、その戦略を意図的に実行し、結果に対する期待値を調整しておく必要がある。

15　「投資を控えて多くを学ぶ」とは小規模な事業を目指しているということか？

まったくそのようなことはない。イノベーションの本質的リスクを考えれば、企業が大規模な成長事業を作り出すことは実に重要だ。我々や、多くの起業家の経験によれば、大規模な成長事業を作り出すための最善の方法は小さく始めることだ。結局のところ、一〇億ドルの事業機会がそれほど簡単に見つかるわけではない。

16　破壊的イノベーションのモデルは過去を分析するには優れたツールだが、将来を予測するためにも使えるだろうか？

我々は、破壊的イノベーションの概念が将来を見通すための有効なツールであると考えている。『イノベーションのジレンマ』の増補改訂版では、まさに始まりつつある多くの破壊的イノベーションの動向を紹介した。すべての予測が的中したわけではないが、そのリストにはその後に重要な影響をもたらした多くのイノベーションが含まれていた。『明日は誰のものか』では、いくつかの業界における未来を予測するために何章かを費やしている。やはり、一部のアイデアは実現されなかったが、多くは現実のものとなった。イノサイトは自社の出版物において定期的に予測を行なっているが、間違った予測よりも正しい予測のほうがはるかに多い。完璧な予測を行なうことはできないが、原則に従ったアプローチを取り、適切な質問をすることで予測の確実性を大きく向上できる。

17　自分は破壊的イノベーションを担当する職務にないが、本書で示した概念は有効か？

もちろんだ。本書で紹介したツールや概念の多くは、あらゆるイノベーションの取り組みにおいて有効である。一般的に、自分のクライアント、顧客、消費者の「片づけるべき用事」を理解することは推奨できる。「必要にして十分」が意味することを考えることで、イノベーションへの道が開かれる。重要な仮説に早期に注目することで、プロジェクトのリスクを低減できる。これらの考え方は破壊的イノベーションに基づいてはいるが、あらゆる種類のイノベーションで有効なツールである。

18　当社は業界のリーダーなので、破壊的イノベーションについては当面心配する必要はないと思うが、このような考え方は正しいだろうか？

過去の経験から言わせてもらえれば、新規成長事業の創出に乗り出す絶好のタイミングは、まだそれが必要でないときだ。いったん中核事業が衰退し始めると、やり方を変えるのは非常に困難になる。成長するのに最適なときは、成長する必要がないときであるという点を心に留めておいてもらいたい。

訳者あとがき

株式会社テックバイザージェイピー　代表　栗原　潔

本書の原点であるクレイトン・クリステンセンの『イノベーションのジレンマ』が最初に出版されてからすでに一〇年以上が経っているという事実は、考えてみれば驚くべきことだ。変化のスピードが著しく速いテクノロジー業界においても、クリステンセンがそこで最初に提唱した概念である破壊的イノベーションの重要性がますます大きくなっていると思われるからだ。実際、本書でも事例として挙げられているとおり、セールスフォース・ドットコム、ユーチューブ、任天堂Wii、アイポッドなど、最近においても破壊的イノベーションのパターンに的確に当てはまっているケースは多い。成功事例は、過去と比較してますます増加していると言ってもよいほどだ。その一方で、過去の性能向上を持続していけば成長が得られるはずだという前提に基づいた持続的イノベーションでは十分な差別化を提供できなくなり、まさに、「イノベーションのジレンマ」の状態に陥っている企業も数多いように思える。

その意味で、『イノベーションのジレンマ』は長期的な動向を見抜いた経営書のマスターピースの一つと言えるだろう。本書は、このマスターピース、および、クリステンセンのその後の著作である『イノベーションへの解』そして『明日は誰のものか』の内容に、経営コンサルタントあるいはエグゼクティブである著者、スコット・アンソニー、マーク・ジョンソン、ジョセフ・シンフィールド、エリザベス・アルトマンの知見を加えて、より実務的な観点から再構築したものである。著者は、クレイトン・クリステンセンが共同創立した経営コンサルティング会社であるイノサイトの責任者、あるいは、イノサイトと密接な関係を築いてきたエグゼクティブであり、この再構築作業を行なう上で最適と言える人々だ。

もちろん、破壊的イノベーションに関するクレイトン・クリステンセンの元々の研究もハードディスク・ドライブという相当に「生々しい」市場の観測に端を発したものであり、決して、机上の空論というわけではない。しかし、多くの企業の経営現場に直接的に関与してきた著者の視点を加えたことで、本書の価値は極めて大きくなった。また、本書における数々の事例は、クリステンセンの洞察が極めて優れていたことの証明にもなるだろう。

イノベーションを抽象的な学術的概念としてのみ論じるのではなく、また、独創性という個人的資質の問題と片づけてしまうのでもなく、できるだけパターン化し、システム化することでイノベーションの成功の可能性を高めていくという、本書のアプローチはユニークなものだ。クリステンセンの過去の著作に親しんできた方には、その概念の応用の一つとして是非本書を読んでいただきたいと思うし、逆に、本書を読んでから、クリステンセンの過去の著作を再度読むことで破壊的イノベーションを中心としたさまざまな概念をより深く理解できるのではないかとも考える。

なお、翻訳文中の用語については、日本語としてできるだけ自然にするとともに、読者の無用な混乱を避けるために、『イノベーションのジレンマ』、『イノベーションへの解』、『明日は誰のものか』を可能な限り継承するよう心がけた。

ここで、妥協や悩みがなかったわけではない。たとえば、“disruptive”を「破壊的」と訳すことに多少の躊躇がなかったわけではない。破壊的という言葉には既存のものをすべて壊すというアナーキーなニュアンスがあると思われたからだ。しかし、「破壊的」イノベーションが何か既存のものを壊すとは限らない。「破壊的」イノベーションが真に意味することは、今まで市場が追求してきた性能を再定義し、一部の特性を「必要にして十分」にすることで、これまで軽視されてきた特性で新たな勝負を行なうというものだ。

先に挙げたセールスフォース・ドットコム、ユーチューブ、任天堂Ｗｉｉの例について考えてみても、これらの「破壊的」イノベーションは既存の市場を「破壊」しているわけではない（極めて長い目で見れば最終的には破壊することにつながる可能性はあるが）。今までとは違ったやり方で顧客に価値を提供し、新しい市場を作っただけのことだ。こう考えてみると、“disruptive innovation”の訳語としては「不連続なイノベーション」のほうが適切ではとの感もあった。しかし、「破壊的イノベーション」という言葉は術語としてすでに相当に定着していると思われることからそれを尊重した。それ以外の「用事（job）」、「非消費（nonconsumption）」、「過剰満足（overshooting）」等のクリステンセンならではの概念もいっそのことカタカナ書きにしたほうが適切ではとも思えたが、やはり、既存の訳語との連続性および日本語としての読みやすさを重視することとした。

訳者にとって、本書の翻訳は実にエキサイティングな仕事であった。正直、スケジュール的には厳しいところもあったのだが、内容そのものも面白さ、そして、この本をできるだけ多くの人に知ってもらいたいという使命感から翻訳作業を楽しく進めることができた。最後に、この希有な機会を与えていただき、また、編集作業でもいろいろとご苦労をおかけした翔泳社の外山圭子さんにお礼を申し上げたい。

二〇〇八年八月

特性は破壊的なものから、革新的かつ持続的なものへ、そして、より持続的なものへと変化していく。新しい破壊的イノベーションの機会が生まれるということもできる。

7. Henry Chesbrough, Open Innovation: *The New Imperative for Creating and Profiting from Technology* (Boston: Harvard Business School Press, 2003).（『Open Innovation：ハーバード流イノベーション戦略のすべて』大前恵一朗訳、産業能率大学出版部、2004年）

8. Larry Huston and Nabil Sakkab, "Connect and Develop: Inside Procter & Gamble's New Model for Innovation," *Harvard Business Review*, March 2006.（P&G：コネクト・アンド・ディベロップ戦略、DIAMONDハーバード・ビジネス・レビュー 2006年8月号）

第十章

1. Thomas J. Peters and Robert H. Waterman Jr., *In Search of Excellence: Lessons from America's Best-Run Companies* (New York: HarperCollins, 1982).（『エクセレント・カンパニー』大前研一訳、講談社、1983年）

2. 追加情報は、Scott D. Anthony, Steve Wunker, and Steven Fransblow, "Measuring the Black Box," *Chief Executive*, December 2007.

3. Barry Jaruzeski, Kevin Dehoff, and Rakesh Bordia, "Smart Spenders: The Global Innovation 1000"（http://www.boozallen.com/media/file/Global_Innovation_1000_2006.pdf）を参照。

4. Boston Consulting Group, "Measuring Innovation 2006,"（http: //www.bcg.com/publications/files/2006_Innovation_Metrics_Survey.pdf）

5. ケナメタルは、APQC（米国生産性品質センター）のイノベーションに関するレポート"Innovation: Putting Ideas into Action" (APQC, 2006)（http://www.apqc.orgより参照可能）でフォーカスされている企業の一つである。

6. Larry Huston and Nabil Sakkab, "Connect and Develop: Inside Procter & Gamble's New Model for Innovation," *Harvard Business Review*, March 2006.（P&G：コネクト・アンド・ディベロップ戦略、DIAMONDハーバード・ビジネス・レビュー 2006年8月号）

7. 興味深いことに、チームに投資効果の算定を要求する多くの企業が、実際に予測を達成できたかどうかをチェックしていない。チェックしている企業でも、多くの場合、チームの予測は楽観的すぎて、有効な意思決定ツールではないことが判明することが多い。

8. ニュースペーパー・ネクストのレポートは http://www.americanpressinstitute.org/newspapernext を参照。

3. Thomas Kelley and Jonathan Littman, *The Ten Faces of Innovation: IDEO's Strategies for Defeating the Devil's Advocate and Driving Creativity Throughout Your Organization* (New York: Currency, 2005). 邦訳『イノベーションの達人!』(前掲)。

4. Christensen and Raynor, *The Innovator's Solution*; Clayton M. Christensen, Scott D. Anthony, and Erik A. Roth, *Seeing What's Next* (Boston: Harvard Business School Press, 2004). 邦訳『イノベーションへの解』(前掲)と『明日は誰のものか』(前掲)の特に第二章を参照。

5. 学術研究者には、この問題を解決するキーが異なることを同時に実行できる「両手利き」の組織を作ることであり、成功のキーが異なるプロセスを管理し調停できる能力にあると主張する者もいる。Charles A. O'Reilly III and Michael L. Tushman, "The Ambidextrous Organization," *Harvard Business Review*, April 2004.(「双面型」組織の構築:既存事業と新規事業の並立を目指す、DIAMONDハーバード・ビジネス・レビュー 2004年12月号)を参照。

6. Vijay Govindarajan and Chris Trimble, 10 Rules for Strategic Innovators (Boston: Harvard Business School Press, 2005). 邦訳『戦略的イノベーション:新事業成功への条件』(前掲)。

7. この節の内容についての詳細は、Scott D. Anthony, Matthew Eyring, and Lib Gibson, "Mapping Your Innovation Strategy," *Harvard Business Review*, May 2006.(R&Dに「破壊的イノベーション」理論を応用する、DIAMONDハーバード・ビジネス・レビュー 2006年8月号); Scott D. Anthony, "The Arms Length Acquisition," *Strategy & Innovation* 2, no. 1 (2004); Scott D. Anthony, "Making the Most of a Slim Chance," *Strategy & Innovation* 3, no. 4 (2005) を参照。

8. Kim B. Clark and Steven C. Wheelwright, "Organizing and Leading Heavyweight Development Teams," *California Management Review* 34 (1992): 9-28.

第九章

1. Bob Benz, "Voices of Disruption," *Strategy & Innovation* 4, no. 4 (2006).

2. Shell Chemicals, "Delivering on Our Commitment to Sustainable Development," corporate brochure, May 2003.

3. Chris Carter, "Can Venture Capital Help Companies Innovate?" *Strategy & Innovation* 4, no. 2, (2006).

4. http://www.intel.com/capital/about.htmを参照。

5. 同上。

6. Anita M. McGahan and Brian S. Silverman, "How Does Innovative Activity Change as Industries Mature?" *International Journal of Industrial Organization* 19 (2001): 1141–1160. McGahan とSilvermanにより、イノベーションの速度とイノベーションの強度(年間に登録された特許の数で測定)は、(従来の意味における)成熟した業界では、新興の業界と比較して変化が少ないことが示されている。筆者は、成熟した業界における企業運営とイノベーションのスキルと組織構造は変化しなければならないと考える。さらに、時間とともに、イノベーションの

4. もちろん、いかなる場合でも、機会追求における企業の能力を評価する場合には微妙なバランスが必要である。中核事業の近くだけを見ていると有効な機会を逸してしまう。さらに、今はコア・コンピタンスでなくても将来的にコア・コンピタンスになる能力もある。その一方で、コア・コンピタンスから遠く離れすぎることも成功の阻害要因となることを研究結果が示している。

第七章

1. これらのイノベーターの多くは正しいアイデアを持っていたが、機器のテクノロジーが主流の使用目的に合致するほど成熟していなかったといえることもできるだろう。
2. Jena McGregor, "How Failure Breeds Success," *BusinessWeek*, July 10, 2006, http://www.businessweek.com/magazine/content/06_28/b3992001.htm.
3. ユーロ・ディズニーの事例に関するより詳細な議論は、Rita McGrath and Ian MacMillan, "Discovery-Driven Planning," (*Harvard Business Review*, July.August 1995) を参照。この記事は、創発的戦略を現実に応用する手法についての非常に優れた概論だ。
4. もちろん、市場調査レポートはすでに起きたことを報告するものであり、専門家はすでに起きたことの分析の専門であって、必ずしも将来予測を得意としないこともある。実際、真に革新的な動向については、専門家の予測が大きくはずれることもある。
5. Michael J. Roberts and Nicole Tempest, "ONSET Ventures," Case 9-898-154 (Boston: Harvard Business School, 1998).
6. Pat Dillon, "The Next Small Thing," *Fast Company*, May 1998, http://www.fastcompany.com/magazine/15/smallthing.html.
7. Clayton M. Christensen and Michael E. Raynor, *The Innovator's Solution* (Boston: Harvard Business School Press, 2003). 邦訳『イノベーションへの解』(前掲)。プロディジーのケーススタディは第八章で論じられている。この部分は271ページ(邦訳書)からの引用である。

第八章

1. ブリガムヤング大学マリオット・スクール経営大学院のジェフリー・ダイヤー教授と INSEAD のハル・グレガーセン客員教授は、成功するイノベーターに共通する特性を明らかにするという興味深い研究を行なっている。本書の執筆時点では、両教授は、クレイトン・クリステンセンとともに「The Innovator's DNA」という記事を執筆中である。この研究および関連する診断ツールは、破壊的イノベーションを推進するチームの要員選定を行なっているマネジャーにとって有用だろう。詳細情報についてはjeff.dyer@byu.eduあるいは hal.gregersen@insead.eduに電子メールをいただきたい。
2. Clayton M. Christensen and Michael E. Raynor, *The Innovator's Solution* (Boston: Harvard Business School Press, 2003). 邦訳『イノベーションへの解』(前掲)。パンデシックのケーススタディは第七章で紹介している。

2. Clark G. Gilbert, "Dilemma in Response: Examining the Newspaper Industry's Response to the Internet" (unpublished PhD diss., Harvard Business School) を参照。このトピックはイノサイトと米国新聞協会が共同で発行した「ニュースペーパー・ネクスト」のレポートでも議論されている。詳細は、http://www.newspapernext.org を参照。

3. たとえば、以下の文献を参照。George Stalk, Rob Lachenauer, and John Butman, *Hardball: Are You Playing to Play or Playing to Win?* (Boston: Harvard Business School Press, 2004).(『「徹底力」を呼び覚ませ!』ボストンコンサルティンググループ監訳、ランダムハウス講談社、2005年)

4. W. Chan Kim and Renee Mauborgne, *Blue Ocean Strategy* (Boston: Harvard Business School Press, 2005).(『ブルー・オーシャン戦略』有賀裕子訳、ランダムハウス講談社、2005年)

5. 70%という数字はコンサルティング会社のKPMGのレポートによる。同社は、3年間における大規模な企業合併の調査を2回行ない、マネジャーの買収に関する意見をサーベイしている。1999年度のサーベイでは、合併の17%が価値を生み出し、30%がほとんど影響を生み出せておらず、53%が企業価値を損なったことが判明している。2001年度のサーベイでは、この数字は、それぞれ30%、39%、31%であった。これらの数字にもかかわらず、サーベイされたマネジャーの4分の3が、合併により戦略的目標が達成されたと述べている。"World Class Transactions: Insights into Creating Shareholder Value Through Mergers and Acquisitions" (KPMG, 2001) を参照。他の多くの研究も企業買収により価値が損なわれ得るという結論を裏づけている。たとえばマッキンゼーは、1995年と1996年に160件の企業合併を調査し、合併後3年間に成長を加速できた企業が12%に過ぎないことを発見した。Matthias M. Bekier, Anna J. Bogardus, and Tim Oldham, "Why Mergers Fail," *McKinsey Quarterly* 4 (2001) を参照。学術研究者のグループは、1万2,023件の企業買収を調査し、企業は買収を発表したときに平均2,520万ドルの企業価値を失うことを発見した。Sara B. Moeller, Frederik P. Schlingemann, and Rene M. Stulzc, "Firm Size and the Gains from Acquisitions," *Journal of Financial Economics* 73, no. 2 (2004): 201–228 を参照。ビジネスウィーク誌による1995年から2001年にかけての企業の買収合併の調査では、買収側の企業の61%が大幅に高すぎる価格を支払い、業務やシステムを迅速に統合することができず、合併によるコスト削減とシナジー効果を過大評価したことで、株主価値を損なったことが判明している。"There's No Magic in Mergers," *BusinessWeek*, October 14, 2002, http://www.businessweek.com/magazine/content/02_41/b3803160.htm を参照。

6. Katie Hafner, "Netflix Prize Still Awaits a Movie Seer," *New York Times*, June 4, 2007.

第六章

1. Scott D. Anthony, Matthew Eyring, and Lib Gibson, "Mapping Your Innovation Strategy," *Harvard Business Review*, May 2006.(R&Dに「破壊的イノベーション」理論を応用する、DIAMONDハーバード・ビジネス・レビュー 2006年8月号)

2. このツールを始めとするツール類はwww.innosight.com/resourcesより参照可能である。

3. *Strategy & Innovation* 3, no. 5 (September-October 2005) を参照。

8. Clayton M. Christensen, "Eli Lilly and Co.: Innovation in Diabetes Care," Case 696-077 (Boston: Harvard Business School, 1996).

9. Scott D. Anthony, "Can You Spot the Early Warnings?" *Strategy & Innovation* 3, no. 2 (2005).

第四章

1. Clayton M. Christensen and Michael E. Raynor, *The Innovator's Solution* (Boston: Harvard Business School Press, 2003). 邦訳『イノベーションへの解』(前掲)。「片づけるべき用事」の概念は第三章において解説している。

2. Frans Johansson, *The Medici Effect: What Elephants and Epidemics Can Teach Us About Innovation* (Boston: Harvard Business School Press, 2006)(『メディチ・インパクト』幾島幸子訳、ランダムハウス講談社、2005年); Thomas Kelley and Jonathan Littman, *The Ten Faces of Innovation: IDEO's Strategies for Defeating the Devil's Advocate and Driving Creativity Throughout Your Organization* (New York: Currency, 2005)(『イノベーションの達人!』鈴木主税訳、早川書房、2006年); Chip Heath and Dan Heath, *Made to Stick: Why Some Ideas Survive and Others Die* (New York: Random House, 2007).

3. Johansson, *The Medici Effect*. 邦訳『メディチ・インパクト』(前掲)。

4. Innovators' Insights #39: "Snaring the Sour Grapes," June 14, 2005. http://www.strategyandinnovation.com/insights/insight39.pdfより参照可能。

5. Ian Wylie, "Talk to Our Customers? Are You Crazy?" *Fast Company*, July 2006, 70.

6. Denise Nitterhouse and Gerald Berstell, "Let the Customer Make the Case," *Strategy & Innovation* 3, no 2 (2005).

7. この節は米国マーケティング協会の許諾により、Scott D. Anthony and Joe Sinfield, "Product for Hire," *Marketing Management* 16, no. 2 (2007)から引用した。

8. このアプローチについての詳細は、Joe Sinfield, "A Structured Approach to Technology Assessment," *Strategy & Innovation* 3, no. 5 (2005)を参照。

9. "From the Woodshop to the Kitchen to the Salon..."; マイクロプレーンの企業情報はhttp://us.microplane.com/index.asp?PageAction=COMPANYを参照。

10. Erick Schonfeld, "GE Sees the Light," *Business 2.0*, July 2004, http://money.cnn.com/magazines/business2/business2_archive/2004/07/01/374824/index.htm.

第五章

1. Clayton M. Christensen, Scott D. Anthony, and Erik A. Roth, Seeing What's Next: Using the Theories of Innovation to Predict Industry Change (Boston: Harvard Business School Press, 2004),邦訳『明日は誰のものか』(前掲)。第三章を参照。

9. Chris Anderson, *The Long Tail: Why the Future of Business Is Selling More of Less* (New York: Hyperion, 2006)（『ロングテール』篠森ゆりこ訳、早川書房、2006年）; Don Tapscott and Anthony D. Williams, *Wikinomics: How Mass Collaboration Changes Everything* (New York: Penguin Group, 2006).（『ウィキノミクス』井口耕二訳、日経BP社、2007年）

10. Innovators' Insights #10: "Growing in New Contexts," April 19, 2004. http://www.strategyandinnovation.com/insights/insight10.pdfより参照可能。

11. John Maeda, *The Laws of Simplicity* (Cambridge, MA: MIT Press, 2006).（『シンプリシティの法則』鬼澤忍訳、東洋経済新報社、2008年）http://www.lawsofsimplicity.comも参照。

12. Innovators' Insights #35: "The Heart of Disruption," April 18, 2005. http://www.strategyandinnovation.com/insights/insight35.pdfより参照可能。

第三章

1. Clayton M. Christensen, Scott D. Anthony and Erik A. Roth, *Seeing What's Next* (Boston: Harvard Business School Press, 2004). 邦訳『明日は誰のものか』（前掲）。

2. もちろん、本書執筆の時点でも、クレイ、IBM、ヒューレット・パッカードなどのベンダーがスーパーコンピュータの性能を競って向上させている。これは、高度なシミュレーション（例：津波の予測）や仮想現実感のモデル構築などを行なっているユーザーの中には、最高レベルの製品の性能でも満足できない者が存在するからである。本章で述べたように、過剰満足は顧客の特定グループの中で生じる傾向があり、市場全体が過剰満足になっていることはまれである。

3. テクノロジーのライフサイクルの終盤において、段階的改良が高価につくことの合理的理由は、Richard Foster in Innovation: *The Attacker's Advantage* (New York: Summit Books, 1986)（『イノベーション：限界突破の経営戦略』大前研一訳、TBSブリタニカ、1987年）において明快に述べられている。

4. この例から学ぶべき教訓は、常に市場のローエンドを守ることに意味があるというものではない。企業が他の機会にフォーカスすることに意味があるような状況もある。ローエンドへは機械的対応ではなく、入念な戦略の元に対応すべきであり、チームにローエンドの市場を継続的にモニターさせる、潜在的破壊的イノベーターに投資するなどの行動を事前に取っておくべきである。

5. この概念は、Clayton M. Christensen, *The Innovator's Dilemma* (New York: HarperCollins, 2000)のペーパーバック版で解説されている。邦訳『イノベーションのジレンマ 増補改訂版』（前掲）。

6. この計算をエクセルやパワーポイントで行なうのは簡単だ。軸をクリックし、「目盛」のタブで、「対数目盛を表示する」にチェックをすればよい。ここでやっていることは、製品の普及において典型的に見られるS字曲線を直線に見えるようにするということである。

7. Jeremy B. Dann, "Treating Diabetes: Improving Efficacy Through Convenience," *Strategy & Innovation* 4, no. 3 (2006).

ケティング近視眼、DIAMONDハーバード・ビジネス・レビュー 2001年11月号）

10. Joseph L. Bower and Clark G. Gilbert, *From Resource Allocation to Strategy* (New York: Oxford University Press, 2005). この本は、資源配分プロセスに関する傑出した概説書だ。

11. デザート・サンは、イノサイトと米国新聞協会のジョイント・プロジェクトであるニュースペーパー・ネクストにおける7つのデモンストレーション・プロジェクトの中の一つである。レポートは、http://www.newspapernext.orgからダウンロード可能。

12. 100人の10%は、5人の100%より小さいと考える。その理由は以下のとおりだ。100人に自分の時間の10%を割り当ててくださいと依頼したとする。20人は依頼どおりに10%の時間を使ってくれるだろう。40人は何もしてくれない。そして、40人は5%しか使ってくれないだろう。10パーセント・ルールではイノベーションに十分な時間が配分されないばかりか、本心は乗り気でない従業員がまったくイノベーションに貢献してくれない可能性が増すだけだ。

13. Christensen and Raynor, *The Innovator's Solution*の第九章を参照。邦訳『イノベーションへの解』（前掲）。

第二章

1. Clayton M. Christensen, Scott D. Anthony and Erik A. Roth, *Seeing What's Next* (Boston: Harvard Business School Press, 2004). 邦訳『明日は誰のものか』（前掲）。

2. Clayton M. Christensen and Michael E. Raynor, *The Innovator's Solution* (Boston: Harvard Business School Press, 2003). 邦訳『イノベーションへの解』（前掲）。この例は、第四章で議論されている。

3. Clayton M. Christensen and Scott D. Anthony, "New Avenues to Growth," *Strategy & Innovation* 2, no. 6 (2004).

4. Anne Buckingham, "Voices of Disruption," *Strategy & Innovation* 3, no. 5 (2005).

5. C. K. Prahalad, *The Fortune at the Bottom of the Pyramid: Eradicating Poverty Through Profits* (Upper Saddle River, NJ: Wharton School Publishing, 2006).（『ネクスト・マーケット』スカイライトコンサルティング訳、英治出版、2005年）

6. Brian Hindo, "Generating Power for Cummins," *BusinessWeek*, September 24, 2007, http://www.businessweek.com/magazine/content/07_39/b4051064.htm.

7. Stephen Wunker, "Innovating in Emerging Markets," *Strategy & Innovation* 4, no. 4, 2006).

8. この変化は他の影響ももたらしている。情報の集中型ライブラリを保有することで競合してきた企業は、情報の質ではなく、洞察力の質で競合しなければならなくなっている。ここで新たな問題が生じてくる。個人は、自分が吸収した情報のふるい分けと解釈を必要としている。タグ・サーチなどのソリューションがこれらの問題に対応している。John Battelle, *The Search: How Google and Its Rivals Rewrote the Rules of Business and Transformed Our Culture* (New York: Penguin Books, 2005)（『ザ・サーチ』中谷和男訳、日経BP社、2005年）を参照。

章では、イノベーションの課題を表す驚くべき統計情報が紹介されている。ドブリン・グループ、ボストン・コンサルティング・グループなどの多くの調査が、イノベーションの失敗率が高いことを示している。

2. Michael Mauboussin and Alfred Rappaport, *Expectations Investing* (Boston: Harvard Business School Press, 2001).（『エクスペクテーション投資入門』新井富雄、芹田敏夫、高橋文郎訳、日本経済新聞社、2003年）

3. Clayton M. Christensen, *The Innovator's Dilemma: When New Technologies Cause Great Firms to Fail* (Boston: Harvard Business School Press, 1997). 邦訳『イノベーションのジレンマ 増補改訂版』（前掲）。

4. David G. Thompson, *Blueprint to a Billion* (Hoboken, NJ: Wiley, 2006).

5. Richard N. Foster and Sarah Kaplan, *Creative Destruction* (New York: Double-day, 2001).（『創造的破壊』柏木亮二訳、翔泳社、2002年）

6. Christensen, *The Innovator's Dilemma*; Christensen and Raynor, *The Innovator's Solution*; 邦訳『イノベーションのジレンマ 増補改訂版』（前掲）。Clayton M. Christensen, Scott D. Anthony and Erik A. Roth, *Seeing What's Next* (Boston: Harvard Business School Press, 2004).（『明日は誰のものか』宮本喜一訳、ランダムハウス講談社、2005年）

7. イノサイトとのインタビュー（2007年5月17日）

第一章

1. Richard N. Foster and Sarah Kaplan, *Creative Destruction* (New York: Currency, 2001). 邦訳『創造的破壊』（前掲）。Clayton M. Christensen and Michael E. Raynor, *The Innovator's Solution* (Boston: Harvard Business School Press, 2003). 邦訳『イノベーションへの解』（前掲）。

2. この結果は、ベイン・アンド・カンパニーのクリス・ズックの研究と一致している。Chris Zook and James Allen, *Profit from the Core* (Boston: Harvard Business School Press, 2001).『本業再強化の戦略』（須藤実和監訳、日経BP社、2002年）を参照。

3. Foster and Kaplan, *Creative Destruction*. 邦訳『創造的破壊』（前掲）。

4. インテルのケーススタディは、『イノベーションへの解』と『創造的破壊』の両方において述べられている。

5. Foster and Kaplan, *Creative Destruction*. 邦訳『創造的破壊』（前掲）。

6. Clayton M. Christensen, "We've Got Rhythm! Medtronic Corp.'s Cardiac Pacemaker Business," Case 698-004 (Boston: Harvard Business School, 1997).

7. Zook and Allen, *Profit from the Core*. 邦訳『本業再強化の戦略』（前掲）。

8. Foster and Kaplan, *Creative Destruction*. 邦訳『創造的破壊』（前掲）。

9. Theodore Levitt, "Marketing Myopia," *Harvard Business Review*, July–August 1960.（[新訳] マー

■注

序文

1. Richard N. Foster, Innovation: *The Attacker's Advantage* (New York: Summit Books, 1986); Vijay Govindarajan and Chris Trimble, *10 Rules for Strategic Innovators* (Boston: Harvard Business School Press, 2005).（『戦略的イノベーション：新事業成功への条件』酒井泰介訳、ランダムハウス講談社、2005年）

2. Clayton M. Christensen, *The Innovator's Dilemma: When New Technologies Cause Great Firms to Fail* (Boston: Harvard Business School Press, 1997).（『イノベーションのジレンマ 増補改訂版』伊豆原弓訳、翔泳社、2001年）

3. Clayton M. Christensen, Scott Cook, and Taddy Hall, "Marketing Malpractice," *Harvard Business Review*, November 2005.（セグメンテーションという悪弊：「ジョブ」に焦点を当てたブランド構築が必要、DIAMONDハーバード・ビジネス・レビュー 2006年6月号）

4. Clayton M. Christensen, Scott D. Anthony, Gerald Berstell, and Denise Nitterhouse, "Finding the Right Job for Your Product," *MIT Sloan Management Review* 48, no. 3 (2007): 38–47.

5. Clayton M. Christensen, "Continuous Casting Investments at USX Corporation," Case 697-020 (Boston: Harvard Business School, 1996).

6. Clayton M. Christensen, Stephen P. Kaufman, and Willy C. Shih, "Innovation Killers: How Financial Tools Destroy Your Capacity to Do New Things," *Harvard Business Review*, January–February 2008.

7. Theodore Levitt, "Marketing Myopia," *Harvard Business Review*, July–August 1960.（[新訳] マーケティング近視眼、DIAMONDハーバード・ビジネス・レビュー 2001年11月号）

8. Clayton M. Christensen and Michael Overdorf, "Meeting the Challenge of Disruptive Change," *Harvard Business Review*, March 2000.

9. Clayton M. Christensen and Michael Raynor, "Skate to Where the Money Will Be," *Harvard Business Review*, November 2001.

10. Clayton M. Christensen, "Identifying and Developing Capable Leaders," Case 601-054 (Boston: Harvard Business School, 2000).

11. 企業が破壊的イノベーションによる変革を実現する上で、自立性の提供が万能の解であるという結論に至ってしまう読者もいるようだが、これは残念なことだ。自立型の組織が失敗する理由は数多く存在する。本書の第四部では、破壊的イノベーションを活用するために、単に独立した組織を作るだけでなく、それ以上の方法を紹介する。

はじめに

1. Clayton M. Christensen and Michael E. Raynor, *The Innovator's Solution* (Boston: Harvard Business School Press, 2003).（『イノベーションへの解』櫻井祐子訳、翔泳社、2003年）この本の第一

ま行

や行

ら行

た行

な行

は行

さ行

英数

あ行

か行

人名

■索引

企業名・商品／サービス名

本書の内容に関するお問い合わせについて

このたびは翔泳社の書籍をお買い上げいただき、誠にありがとうございます。弊社では、読者の皆様からのお問い合わせに適切に対応させていただくため、以下のガイドラインへのご協力をお願い致しております。下記項目をお読みいただき、手順に従ってお問い合わせください。

●ご質問される前に

弊社Webサイトの「正誤表」をご参照ください。これまでに判明した正誤や追加情報が掲載されています。

正誤表　http://www.shoeisha.co.jp/book/errata/

●ご質問方法

弊社Webサイトの「刊行物Q&A」をご利用ください。

刊行物Q&A　http://www.shoeisha.co.jp/book/qa/

インターネットをご利用でない場合は、FAXまたは郵便にて、下記"翔泳社 愛読者サービスセンター"までお問い合わせください。

電話でのご質問は、お受けしておりません。

●回答について

回答は、ご質問いただいた手段によってご返事申し上げます。ご質問の内容によっては、回答に数日ないしはそれ以上の期間を要する場合があります。

●ご質問に際してのご注意

本書の対象を越えるもの、記述個所を特定されないもの、また読者固有の環境に起因するご質問等にはお答えできませんので、予めご了承ください。

●郵便物送付先およびFAX番号

送付先住所	〒160-0006 東京都新宿区舟町5
FAX番号	03-5362-3818
宛先	(株) 翔泳社 愛読者サービスセンター

■訳者紹介

栗原　潔（くりはら　きよし）

日本IBM、ガートナージャパンを経て、現在は株式会社テックバイザージェイピー代表として情報通信技術および知的財産権の動向調査・コンサルティング活動に従事。東京大学工学部卒業、MIT大学院計算機科学科修了。弁理士。金沢工業大学客員教授。著書に『グリーンIT　コスト削減と温暖化対策を両立する』（ソフトバンククリエイティブ）、訳書にダートウゾス『MITコンピュータサイエンス・ラボ所長ダートウゾス教授のIT学講義』、ムーア『ライフサイクルイノベーション』、チェスブロウ『オープンビジネスモデル』（ともに翔泳社）などがある。

http://www.techvisor.jp/

た新ビジネスモデルを作成・管理するための支援を行なった。ビジネスモデル・イノベーションを題材にした著作（Harvard Business Pressから2009年に刊行予定）では中心的役割を担っている。
イノサイトを共同設立する以前は、ブーズ・アレン・ハミルトンのコンサルタントとして、イノベーション管理と包括的な企業変革プログラムについて顧客に提言を行なってきた。同社入社以前は米国海軍に所属しており、現在、合衆国海軍協会の役員も務める。

ジョセフ・シンフィールド（Joseph V. Sinfield）
バックネル大学にて土木工学の学士を主席で取得後、MITで土木工学と環境工学の修士号と博士号を取得。現在は、イノサイトのシニア・パートナーであり、パーデュー大学で土木工学の教鞭を執る。イノベーション、ビジネス、テクノロジーの接点にフォーカスした研究と授業を行ない、学外でも活動する。大手から中小までさまざまな規模の企業を率いるリーダーのために成長、技術投資、イノベーション管理、市場参入戦略の問題に関連するアドバイスを十年近く行なっており、特にハイテク業界のB2B企業に重点を置く。経営・技術的環境でのイノベーション原理の調査・適用に関する研究は学会および産業界からの支援を受けている。スローン・マネジメント・レビューやマーケティング・マネジメント、および、科学工学関連の専門誌に精力的な寄稿多数。
前職は、マッキンゼー&カンパニーで5年間コンサルタントを務めたほか、ハーレー&アルドリッチで地質工学技術者として、またMIT土木工学部と核工学部の共同研究で研究員として勤務した。

エリザベス・アルトマン（Elizabeth J. Altman）
コーネル大学で機械工学の学士号を取得後、MIT大学院のリーダーズ・フォア・マニュファクチャリング・プログラムの特別研究員として、機械工学と経営の二重学位を取得。モトローラの携帯端末事業部の戦略およびビジネス開発を担当するバイス・プレジデント。数十億ドル規模の事業部におけるビジネス戦略の開発と実行、競合のビジネス・インテリジェンス提供、パートナー各社との関係管理に携わる。モトローラで15年間勤務する間に、工業デザイン、製品開発工学、製造、マーケティングの各ポジションに就いてきた。2001年から2005年にかけては、同事業部の戦略およびビジネス開発担当バイス・プレジデントとして戦略的提携を手がける。
コーネル大学委員会、コーネル大学工学部諮問委員会、コーネル大学女性プレジデント委員会に所属。ニューイングランド州の年次サミットで、技術とビジネスにフォーカスしたフューチャーフォワード会議の諮問委員を務め、コーネル大学とMITに定期的に招待され講義を行なっている。

■著者紹介

クレイトン・クリステンセン（Clayton M. Christensen）――序文

1975年ブリガムヤング大学経済学部を首席で卒業後、77年英国オックスフォード大学で経済学修士、79年ハーバード大学ビジネススクール（HBS）で経営学修士取得。卒業後、米国ボストン・コンサルティング・グループにて、主に製品製造戦略に関するコンサルティングを行ないながら、ホワイトハウスフェローとして、エリザベス・ドール運輸長官を補佐。84年MITの教授らとともに、セラミック・プロセス・システムズ・コーポレーションを起業し、社長、会長を歴任。92年同社を退社し、ハーバード大学ビジネス・スクールの博士課程に入学し、わずか2年で卒業した（経営学博士号取得）。その博士論文は、最優秀学位論文賞、ウィリアム・アバナシー賞、ニューコメン特別賞、マッキンゼー賞のすべてを受賞。マサチューセッツ州、シンガポール、インドに拠点を置き、イノベーション・コンサルティングと投資業務を提供するコンサルティングファーム、イノサイトを創設。

スコット・アンソニー（Scott D. Anthony）

ダートマス大学で経済学を学び、主席で学士号を取得。HBSでは優等でMBAを取得と同時にベイカースカラーを受賞。イノサイトの社長。コンサルティングを行なった業種は幅広く、規模もフォーチュン500企業からスタートアップ企業に及ぶ。2005年から1年間、ニュースペーパー・ネクストというプロジェクトの陣頭指揮を執り、業界の変化に取り組む新聞業界への支援を行なっている。

クリステンセンとの共著『明日は誰のものか』（ランダムハウス講談社、2004年）がある。ウォールストリート・ジャーナルをはじめ多数寄稿。イノサイトとクリステンセンが隔月で発行するニュースレター「ストラテジー・アンド・イノベーション」の論説委員でもある。前職はHBSでクリステンセンとともに、イノベーション研究を行なうグループの牽引役を務めた。また、マッキンゼー&カンパニーではコンサルタント、アスペン・テクノロジーでは戦略プランナー、ワールドスペース・コーポレーションでは製品マネジャーとして業務に携わってきた。

マーク・ジョンソン（Mark W. Johnson）

HBSのMBAを二年次優等生として取得。コロンビア大学にて土木工学と工業力学の修士を取得し、米国海軍兵学校で航空宇宙工学の学士を取得。クリステンセンとともにイノサイトを設立し、現在は会長。多くのフォーチュン500企業においてコンサルティングの経験を積み、業種は一般消費財、医療機関、ビジネス・エンタープライズIT、エネルギー、自動車、航空宇宙・防衛にわたる。シンガポール政府のためにイノベーションと起業活動に関する提言を主導するなど、国際的に活躍する。直近では、ビジネスモデルのイノベーションを中心都市、企業が新規市場の成長に合わせ、優れ

イノベーションへの解　実践編

2008年9月18日　初版第1刷発行
2016年1月10日　初版第3刷発行

著　者：クレイトン・クリステンセン（序文）
　　　　スコット・アンソニー
　　　　マーク・ジョンソン
　　　　ジョセフ・シンフィールド
　　　　エリザベス・アルトマン
訳　者：栗原　潔
発行人：佐々木 幹夫
発行所：株式会社 翔泳社（http://www.shoeisha.co.jp）
DTP＆編集協力：有限会社 風工舎
印刷・製本：大日本印刷株式会社

ISBN978-4-7981-1673-0　Printed in Japan

本書へのお問い合わせについては、402ページに記載の内容をお読みください。
落丁・乱丁はお取り替えいたします。03-5362-3705までご連絡ください。